作者简介

延百亮，郑州大学新闻与传播学院教授，硕士生导师，全国高校摄影专业委员会副秘书长，河南省高校摄影学会秘书长。曾先后讲授新闻摄影、视觉传播、摄影创作等课程，出版《新闻摄影》《“荷赛”之道——世界新闻摄影比赛与参赛策略》《实用摄影技术》《摄影一本通》等著作8部。1984年加入中国摄影家协会为会员，1985年在北京劳动人民文化宫参加《大众摄影》举办的摄影艺术联展。其摄影作品《祁连山下的女孩》于1988年在日本东京首次获得国际摄影比赛奖牌（铜牌）；1991年，《有福同享》获联合国教科文组织举办的“人与动物”专题摄影比赛主席奖，成为该年度《中国摄影报》十大新闻之一；《乡村一幕》于1996年获第十九届亚太摄影比赛“亚洲文化中心奖”；《北京胡同》《中国乡村青铜器制造》《深山古寨》在联合国教科文组织与中国民俗摄影协会联办的国际民俗摄影比赛中获奖；1992年、2007年先后两次获得“河南省文学艺术优秀成果”政府奖。1998年获得中国摄影家协会“德艺双馨优秀会员”称号，2004年获全国高校摄影联合会“红烛奖”。2004年，主持完成国家社科基金项目“世界新闻摄影比赛研究”。

《尼日尔紧急救护中心的母亲与孩子》世界新闻摄影比赛2006年度最佳新闻奖作品
（加拿大Finbarr O' Reilly）
——现代新闻摄影作品较先前的摄影作品更具概括力，其画面也更凝练，更具散发性。

《纽约一家人》2009年度世界新闻摄影比赛“日常生活类”系列照片一等奖作品之一
（美国Brenda Ann Kenneally）
——现代新闻摄影者尤其重视自我感受，众多摄影师认为“自我感觉强烈的新闻情景便是瞬间精华”。

本书插图除署名作者外，其余均为延婧、延百亮摄影。

图7 印度尼西亚爪哇岛一辆满载学生的汽车翻车
第39届世界新闻摄影比赛突发新闻类一等奖
（印度尼西亚）Sholihuddin

图9 从地球看星空
(美国) 大卫·麦林

图17 人像模式画面效果

图25 八月的腾格里

图27 西班牙舞蹈团的梦幻舞蹈
Fernando Marcos Ibanez

图28 2005年暑期，北京昌平国学班里的儿童学员

图30 公元2001年，山西柳氏民居的新生代

图45 获胜的达盖尔·迪弗斯
（加拿大）Stan Behal

图46 僧人
胡卫国摄

图50 觅食的北极熊
美国《国家地理杂志》稿

图53 九月陕县——黄土塬上的地坑院

图57 2002年，在伯利恒Nativity教堂里
（美国）Carolyn Cole

图62 生活在黄土高原东段的黄帝后裔
公元2000年12月荥阳潘窑

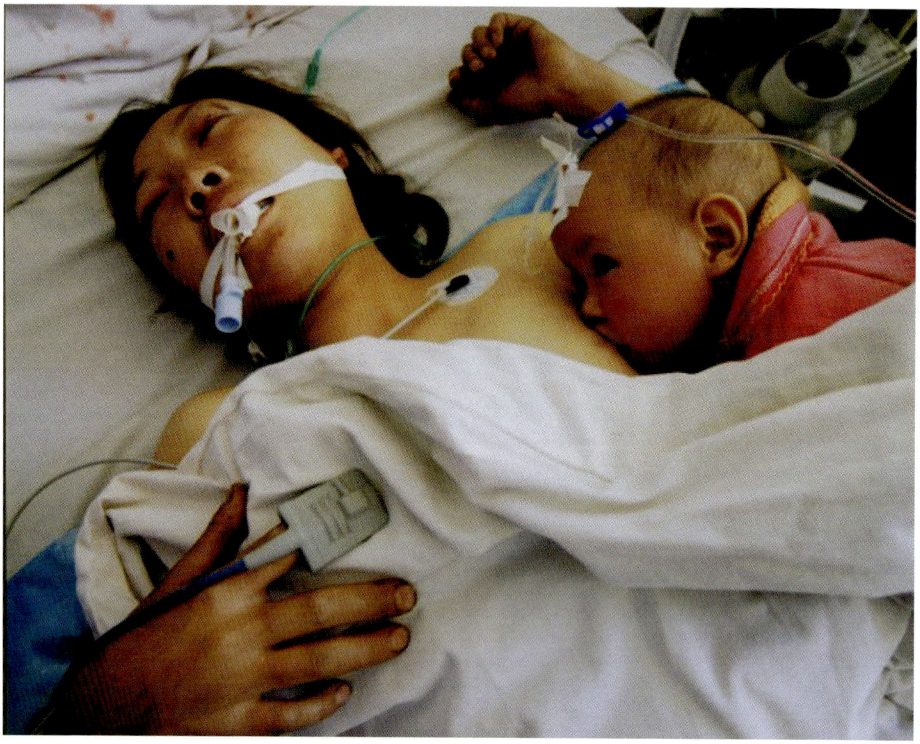

图69 伟大的母爱——这位母亲遭遇车祸后，在神情恍惚中听到女儿的啼哭声，向人示意让孩子回到自己的怀抱

韩忠强摄

图82 瓦窑村的国学班

图96 1999荥阳潘窑，一个热爱明星的家庭

图110 悉尼大火
（澳大利亚）Nick Moir

图112 一月,车臣武装冲突
(美国) Patrick Chauvel

图120 2003年，2月，古都睢阳的百岁老人

图125 步入天堂——美国街头的现代雕塑
Nicolas Khayat

普通高等院校新闻与传播学精品规划教材

现代新闻摄影

第二版

延百亮◎著

WUHAN UNIVERSITY PRESS
武汉大学出版社

图书在版编目(CIP)数据

现代新闻摄影/延百亮著.—2版.—武汉：武汉大学出版社,2010.8
(2022.1重印)
普通高等院校新闻与传播学精品规划教材
ISBN 978-7-307-07953-3

Ⅰ.现…　Ⅱ.延…　Ⅲ.新闻摄影—高等学校—教材　Ⅳ.J419.1

中国版本图书馆CIP数据核字(2010)第119631号

责任编辑:王雅红　陶洪蕴　　责任校对:刘　欣　　版式设计:詹锦玲

出版发行:**武汉大学出版社**　(430072　武昌　珞珈山)
(电子邮箱:cbs22@ whu.edu.cn　网址:www.wdp. com.cn)
印刷:武汉市宏达盛印务有限公司
开本:720×1000　1/16　印张:18.5　字数:322千字　插页:6
版次:2006年6月第1版　2010年8月第2版
2022年1月第2版第6次印刷
ISBN 978-7-307-07953-3/J·139　定价:38.00元

目　录

绪论
现代新闻摄影的脉络

随着技术的更新，人类文化观念的变化，新闻摄影进入了现代新闻摄影时代。何谓现代新闻摄影？概括起来这一影像类别具有如下特征：

工具数码化　1991年第一台数码相机问世，由于这种相机无须胶片、于瞬间便能完成影像，省去了胶片冲洗程序和照片制作过程，其新闻时效性远远超越了传统的化学感光影像。至此，数码相机在新闻摄影领域迅速普及，拉开了新闻摄影进化的序幕，从而进入现代新闻摄影时代。

数码相机与胶片相机的主要区别是影像感光的介质：用胶片相机拍摄图像需对胶片进行感光，在其涂了化学感光层的胶片上留下“潜影”，之后经过显影液显现影像，再经定影液冲洗最终将图像信息凝固在“底片”上；而用数码相机拍摄照片需要对“CCD”或“CMOS”感光，之后数字技术将光信号转化为电信号，再由“数字处理器”将不同明暗的光线和物质形象所呈现的不同强弱的色彩精确地转化为数据而缓存引擎到影像存储卡上。由此两类相机的信息承载方式有了突出差别：即化学感光相机用胶片承载信息，数码相机用芯片构成的影像存储卡承载信息。有人称数码相机这种图像承载方式是对胶片相机的一次革命。这种革命给新闻影像生产和传输流程带来了一系列变化，继而带来了摄影人的观念变化和思维方式、叙事方式的改变。在这种情势下，一个新闻摄影师的转型仅凭更换摄影工具是远远不够的，还必须与时代同呼吸，用新知识和新视野促使自己改变以往的思维定势，在自我挑战中胜任现代新闻摄影工作。

影像彩色化　由于数码相机的影像传感器能够感应客观世界的各种色彩而一次性形成图像，其数字化的图像的色彩也就与生俱来。在这种情况下，用数码相机拍摄彩色照片无须额外开支，也无须像化学感光的彩色胶卷那样为获得彩色成品照片烦琐操作，无论高档还是低档数码相机拍摄彩色图像都能唾手可得。

在新闻传播中彩色图像有众多优势：首先，数码相机可还原新闻现场的各种色彩，所摄图景具有一种身临其境之感，这无疑可以增加图像信息的吸引力；其次，任何一种色彩都打上了情感的烙印，运用得当，其新闻照片具有显著的感染力；再次，彩色图像可将物质的细微层次相对透彻地显现出来，其彩色图像的清晰度高于黑白图像。

数字化的图像固然有着明显优势，但它与计算机的图像处理功能相结合，摄影师不可能不借助这种快捷高效的辅助工具调整完善图像，此时操控不能没有度，对图像的亮度、影调的反差对比以及色彩的饱和度调整不可过火，图像过度明亮，其画面情景必然失真，色彩过于饱和、艳丽，也会夸张到令人难以置信的地步。数字化的图像处理是一把双刃剑，它在给我们带来快感的同时，也会伤及新闻摄影的真实性，因此新闻图像在色彩调整时要慎重，对于那些可以“张冠李戴”、“移花接木”、“断章取义”、“改头换面”等强大的图像处理功能更要慎用。

在彩色图像大行其道的今天，我们仍应给黑白图像一席之地。现阶段的世界新闻摄影比赛获奖作品黑白照片占半数以上，那些老牌摄影师仍有挥之不去的黑白情结，因为黑白影像含蓄凝重，具有较大的想象空间，对于诸如战争、灾害之类的重大新闻事件，可以营造一种冷峻、深沉的文化气息，有力地表达作者的主观感受。

摄影构图表意化 新闻摄影构图是介于其技术与专业的一个重要操作环节，如若操作不当，将会导致一幅画面失败。新闻摄影构图也是在实践中发展，在发展中拓展操作空间的。早期的新闻摄影实践者在拍摄新闻照片的过程中处于懵懂状态，没有明确的构成意识，20 世纪三四十年代第二次世界大战和美国的经济大萧条给西方摄影师提供了大量的新闻摄影实战的机会，其构图意识才变得逐渐明晰。此时中国处在抗日战争阶段，国共军队都有战地摄影师，且新闻摄影均处在起步阶段，其画面构成意识相对落后于西方摄影师。新中国成立之后，传媒业受政治影响，新闻摄影业走上了形式主义的道路，此时摄影师有强烈的构成愿望，却脱离了纪实的轨道而陷入了导演摆布的泥潭，其视觉表达在“形式主义”上徘徊。到了 20 世纪 80 年代，随着世界新闻摄影比赛作品的引进，中国摄影师才发现真正的新闻摄影作品应该是形式与内容立体结合的产物，缺少意境的画面没有精神境界是无法令读者产生共鸣的。摄影工具的更新促使摄影师理念更新，其构图表意才成为新闻价值实现的重要指标。

所谓构图表意化，即所有新闻照片都要从画面形式入手，让形式成为信息的载体，使其在第一时间产生磁力吸引读者的目光，与此同时还要力求通过每一形式构成元素成为表意的符号，最大可能地丰富图像信息。

作品画面情感化　新闻照片所发挥的是信息传达作用，在信息中包含着是非、善恶、美丑等情感道德因素，总之，新闻摄影作品就是一种精神产品。那么新闻照片何以动人？其打动人心的秘密武器便是情感——这是包括影视、音乐、舞蹈、绘画乃至一切精神产品的共有属性。

对于画面情感，早期的新闻摄影实践者并没有意识到，只是将所谓的新闻图片作为见证的工具。在这种情况下摄影人的视野只能停留在“照相”的层面，至于画面如何构思则不作深入探究。

新闻摄影由机械记录到情感诉求，即是从技术操作向艺术表达层面跃升。时光进入21世纪，各类摄影的边界似乎变得模糊了，总能见到“你中有我，我中有你”的融合现象，新闻摄影为什么要有艺术因素？艺术因素能否对抗新闻性？许多人为之担忧，其实只要坚持纪实的原则，摄影人不干预新闻事物的发展进程，用发现的眼光和思辨的头脑运筹画面，把发人深思的事物借助某种表达方式将作者的主观感受智慧地表达出来就是艺术，这种艺术因素非但不会影响新闻照片的新闻性，反倒可以强化新闻的魅力，增强新闻照片的可读性。

情感是艺术经营的对象。艺术有艺术手段和艺术感染力之别：前者是创作过程的一种主动把握行为，后者是经营的结果，此时情感则是艺术力量的母体。新闻摄影的艺术创造必须在真实的前提下行事，以往人们总以为新闻摄影的艺术性和新闻性是矛盾的，好像纪实中不可能有艺术，似乎艺术因素会破坏真实的纯洁性，而实情则是新闻摄影在尊重客观的前提下存有艺术回旋的空间。例如新闻摄影的高度概括性就是一种艺术表达的手段，在一个静止的有限空间内锁定一个瞬间，再由这个瞬间折射一个事件，给人带来联想与回味，这本身就是艺术。《尼日尔紧急救护中心的母亲与孩子》（见书前彩色插页）是2005年塔瓦地区一个母亲与孩子的痛苦遭遇，母子俩虽然大难未死，却要经受饥饿的折磨。这个画面所记录的是整个自然灾害中的一个微观情景，就是这个小小视觉空间的背后却隐藏了一个庞大的新闻背景，与此同时这一形象细节还传达了人与自然的关系，传达了母亲的责任和孩子的生存反应以及人与苦难的抗争之情，这幅作品无疑是新闻与艺术的结合体。

新闻摄影的艺术操作无处不在，诸如构图过程中的视角发掘，拍摄过程中的时空把握，借助矛盾关系反衬主体，借助某种思维方式和表达方式营造新的精神空间这都是表达的艺术。

如前所言，情感是艺术表达的重要内容，无论何种情感的事物只要典型，都能产生预期的社会影响。作品从人性角度发掘，揭示人间真情能够感人肺腑（见书前彩色插页《纽约一家人》）；作品用于舆论监督，揭示人性的假、恶、丑也能触动人的心灵。

新闻事件是在人的情感驱使或人的心灵感应下呈现的，无不具备情感意味，只是存在着情感色彩和情感强弱的差异。因其专业素质不同，摄影师面对同一新闻事件对情感把握的力度便有所不同，好的摄影师在由生活形象到画面形象转换的过程中能牢牢把握情感因素，强化画面的感情色彩，而素质差的摄影师在画面中则会弱化感情色彩。后者将难以适应未来视觉传达的需要，那时在媒体工作的职业摄影师都将是精兵强将，所发新闻摄影作品将是情感的写照。

信息表达视觉语言化 20 世纪 80 年代以前，人们总是用“一目了然”评断一幅新闻照片的成败。当我们将世界新闻摄影比赛引入国门，通过交流看到获“普利策奖”的新闻摄影作品之后，才发现我们对新闻照片标准的要求太低了，在局限的静止画面中还有更大的信息开发空间。“一目了然”的照片充其量只能“说明问题”，而真正的新闻摄影作品应该是“耐人寻味”，甚至是“一图胜千言”的。

新闻摄影的视觉语言化，就是要求摄影人不要依赖照片说明词告知读者画面中的事物“是什么”，而应借助视觉符号传达信息，凡是见诸报端以及其他面向大众传播的新闻摄影作品都要用丰富的影像语言讲述画面本身与画面背后的故事。视觉语言也被称作“画面语言”、“影像语言”。其中有直表性语言，这类语言多由鲜明形象特征的视觉符号形成；有隐含性语言，该类语言多由影像关系和某些象征性且可引发联想的视觉元素形成。

现阶段中国的报刊有不少新闻照片必须借助文字表述才能说明问题，用丰富的视觉语言传递信息者较少；照片表面轰轰烈烈的多，精神内涵深邃的更少。随着社会的发展，人们对未来新闻照片的素质将会提出更高要求，那时以摄影为生的记者们将更敬业、更专业，他们会集体催生一个“信息表达视觉语言化”的局面。

作品品格人文化 一件想要通过传播产生社会影响的作品不能没有品格，如果缺少了这种质素便不能称其为作品，因为作品是画面形式与思想的结合体。

摄影作品的品格就是人文品质。要做到这一点，摄影者不能满足于通过技术操作获得光影效果，而应加强综合文化素养，充实社会学、人类学、国学、传播学、文学艺术知识。知识面宽了，其胸怀就会远大，思考问题就有一定高度，观念也就会有开拓意识，观察事物就会寻求新的视角，判断问题强了，在城市的住宅小区里可以看到大量的个人订户订阅报纸杂志，有的家庭甚至订几份报纸。在资讯发达的时代，到处都有信息扑面而来，“受众大众化”的局面已经形成。

在时间就是效益的今天，新闻图片以其直观可视的优势成为大众青睐的信息快餐。他们每每捧起报纸，首先浏览的是图片和新闻的标题，因为读图轻松快捷，好的作品能够引人入胜。新闻图片之所以有庞大的读者群，是因为该类信息传达可以超越民族和国界作为国际语言被整个有视力的地球人所通读，这方面显然优于文字报道。普通百姓之所以订报踊跃，是因为经济条件允许，精神生活需要，尽管通过电视上的活动图像可以了解当天世界发生的大事，但阅读静止图像别有一番味道，读者的新闻口味也变得多样化了。“受众大众化”的最大赢家是报业：有了读者量就能吸引广告商——广告多了报社就有充裕的经济收入——钱挣多了可以提高新闻从业者的工资待遇，并用于媒体发展——个人的劳动价值高，事业兴旺，可进一步激发员工的工作热情提升信息的质量——信息质量有保障可以巩固甚至扩大读者群——做广告的企业更多……如此循环往复形成良性办报机制。

受众大众化是集体与个人发展的契机，同时对摄影师与图片编辑也是更大的挑战，因为受众读图的口味在变化，对图像信息的质量要求也越来越高。

上篇

新闻摄影技术知识

第一章
现代新闻摄影的工具

新闻摄影者工作的目的是通过自己的脑力劳动和体力劳动生产新闻照片，而生产照片的目的是向公众提供视觉信息。这些信息质量的高低取决于一个摄影师的文化素质、专业素质，同时与影像生产的工具——照相机关系密切。再高明的摄影师没有照相机想获得影像是万万不可能的。照相机是新闻摄影的一种先决物质条件，此外它还关系到影像的质感、层次和整个影像的技术质量，决定工作效率。其效率体现在两个方面：一是瞬间捕捉的成功率；二是图像处理的速度。数码相机在工作效率方面与传统相机（用胶片承载图像的相机）相比占有突出优势，因此全球报业的职业摄影师（摄影记者）自20世纪末纷纷弃“传统”，改“数码”，在短短的两三年内新闻摄影便走入数码影像时代。

第一节　数码照相机

数码照相机（见图1），即用影像传感器（CCD，或CMOS，见图2）和影像处理器（见图3）把拍摄场景的光信号转换为电信号，之后通过A/D转换器把电信号转化为数字图像（详见图4）的照相机。这种相机从20世纪90年代初期开始成批量地投入市场，起初许多摄影人用异样的眼光打量这一“新玩意儿”。当时由于像素量低，所摄照片影像质感差，色彩飘，画面的空间感也远不如胶片的银盐影像，不被专业摄影师看好。然而数码相机毕竟是新技术革命的产物，它充满着希望的光辉和发展动力，得以在产业竞争中不断更新换代，其影像传感器的像素量由最初的100万、200万、300万，迅速发展到500万乃至更高。由于成像质量不断改观，已经可以基本满足图像信息传播的质量要求，此时日本的佳能（Canon）和尼康（Nikon）公司推出与传统相机镜头匹配的数码机身，立即受到报刊摄影记者的青睐，至此新闻摄影领域呈现数码化趋势。

图 1　数码专业相机

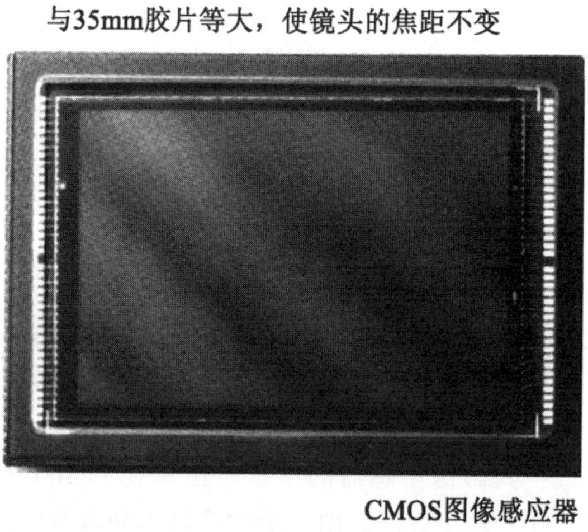

图 2　影像传感器

图3　影像处理器

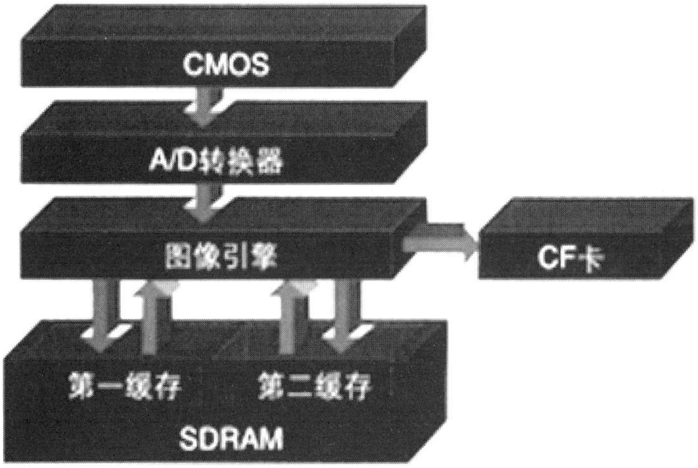

图4　图像处理流程图

一、数码相机在新闻摄影中的优势

数码相机之所以受到摄影记者的欢迎，是因为它具备多种优势：

1. 承载影像的记忆卡可重复使用，无须频繁报废影像材料

数码摄影的过程是影像通过镜头成为光电信号，之后感应在影像传感器上，接着转化为数据，再经过缓存引擎，最终驻足在小型芯片上。这种可被自由移动的芯片称其为“影像记忆卡”（见图5）。因存储是其专有功能，人们也把这种卡叫做“影像存储卡”。任何影像在记忆卡上都是暂时的停留，不能将其作为“永久家园”，因为记忆卡上的图像需要不断删除，不断更新。重复使用是影像记忆卡的一大特色。

图5　影像记忆卡（CF卡）

传统相机是通过感光胶片承载影像的，属“一次性”报废材料，一经感光便不能再用，摄影师每拍完一个胶卷，都必须更换新胶卷，不断地拍摄就需要不断地消耗，而不断地消耗也就意味着不断地“吃钱”。在这种情况下，摄影者尤其是普通消费者每按一下快门都可能增加一点经济压力，因而照相机上的“连拍”功能极少启用，拍一张照片需要花几毛钱，按下快门不动在一秒之内相机就能吃进去几块钱。与传统相机比，数码相机的影像承载方式有突出优势，拍摄过程尽可放开手脚。减轻消费负担之后摄影的兴趣就会得到充分释放，抓取更多的瞬间情景，也就拥有更大的挑选余地，提高新闻照片的质量。

影像记忆卡固然可以反复使用，但它不是牢不可破的，也有寿命终止的时候，至于一张卡能使用多长时间，可能是几个月，也可能是几年，这要视

其生产质量和使用环境而定。一个胶卷是十几元，一张记忆卡是一百多元，甚至几百元。就影像承载方式而言，数码相机占有相对优势。

2. 简化了图像处理程序，为其视觉信息在第一时间与观众见面提供了保障

用胶片相机拍摄新闻照片需要冲洗胶卷，扩印照片。如果手工冲洗，还需要钻到暗室配制胶片显影液和定影液，须经过水洗——显影——停影——定影——水洗——底片晾干——配制相纸显影液和定影液——放大曝光——相纸显影——停影——定影——照片水洗——照片烘干等一系列程序，十分烦琐，从冲卷到拿到照片最快也需要一两个小时，即使拿到彩扩店用自动彩扩机自动冲洗，加之途中往返时间也需要两个多小时；如果记者外出执行任务所摄照片就需要通过邮局传递，最终到达编辑手中需要数日，如果在国外发稿则需十几日，其“新闻”也就变成旧闻了。当然，以往有些记者为了争取时间也用传真机传送照片，但收到的图像眉眼模糊，清晰度极差。数码相机诞生之时，网络的信息高速公路已经开通，记者用数码相机拍完照片之后上网用“E-mail”传输只需要数分钟就可完成图像的附加粘贴程序，一经点击“发送”，眨眼工夫就可进入编辑部的电脑。编辑可以直接在电脑上编排照片，在数小时内完成报纸印刷程序与读者见面。其图像处理过程简化，时间缩短，可确保新闻的时效性，满足读者的需要。

3. 影调调整快捷，便于弥补先天性不足，提高图像质量

无论银盐影像还是数码影像，如果出现光比失调、曝光失误都涉及影调（影像明暗反差，色彩强弱对比和层次丰富程度所形成的总体态势）调整问题。记者、编辑和制版工人酌情调整，可获得相对适中的影调，提高影像素质。银盐照片调整需要选择相应的相纸降低或提高影像的明暗反差，需要通过减少或增加相纸的曝光时间强化影像的质感层次。其程序同样烦琐，花费的时间同样长。而数码照片调整影调只需用 Photoshop 点击“自动色阶”，其影像的对比度、色彩的亮度、影像的层次于刹那间同步调整到位，而且成效显著。对于制版印刷所形成的最终图像效果，其数码影像同样优于银盐影像。用照片制版在扫描过程中将会损失部分层次，最终的报纸图像像素比底片像素量损失 70%以上；而数码照片在制版过程中无须扫描，可直接拿来制版，其报纸图像的像素量比原始图像数据损失在 40%左右，后者的图像清晰度远远超过前者。

4. 保存的图像质量不会退化，可永葆光影魅力

新闻图像当时用过之后，不等于报废。其后还可用于影展、影赛、学术

交流、个人专集出版，还可作为文献资料留给后人佐证历史。一个新闻摄影师不能不珍藏自己的得意之作。用胶片所承载的新闻图像保存的期限有限，在高温和湿度大的条件下存放几年影像的色彩就会退化，胶片也会变质；在低温干燥的条件下科学保存，充其量能维持一百多年，到那时新闻图像也就寿终正寝了。数码新闻图像不存在影像退化问题，只要保存的方式得当，千百年之后还会完好如初。

二、数码相机与传统相机的异同

在新闻摄影界，数码相机已经一统天下，但谁也不能阻止传统相机入围，只要能拍出有价值的新闻照片，媒体不会追究你使用了何种工具，编辑看的是结果。在一些人看来，数码相机与胶片相机有天壤之别。数码相机的现代化功能已经变得神奇无比，只要拥有这种工具，在新闻现场谁都可以拍到新闻照片。这未免夸大了工具的作用。其实数码相机与传统相机只是部分差别，在关键操作环节两者有更多的相同点。认识其异同，有利于了解两类相机的特点，以扬其长避其短，辩证地处理人与工具的关系。

（一）主要不同点

数码相机与传统相机的突出差别体现在机背上面。首先它比胶片相机多了个液晶监视器，围绕监视器还有与其相关的数码影像操作部件，每个部件内又包含一些具体选项。这些环节看似复杂，结合说明书学习操作，只需数小时便可掌握。照相机的操作常识都是初级技术知识，在短期内可以无师自通。

就相机的轮廓而言，数码与胶片相机趋于一致。这里只就两者内在有某种相通而外在有明显差别的重要技术环节作说明。

1. 影像承载方式

摄影人的工作目的是把现实生活中那些撞击心灵的景象留住，把一种精神与物质的结合体变成另一种精神与物质的结合体，即我们所看到的图像。那么，这种犹如生活切片的图像必须附着在某种物质上方能自由利用。早在1839年摄影术诞生之日，胶片就承担了承载影像的使命。胶片上的影像是在银盐密度的大小变化中形成的，其物象亮度高的部位银盐密度大，物象亮度低的部位银盐密度小，无亮光的部位密银盐度为“0”。数码影像则是借助装有芯片的存储卡承载影像，其成像的过程是摄影人在拍摄现场驱动快门对进入镜头的影像感光，通过影像传感器和影像处理器把光信号变成电信号，再由电信号把光与色转化为数据，尔后通过缓存、引擎最终存储在影像记忆卡上。两种影像承载方式的差别是银盐与数码之别。论影像质量，后者诞生之初与化学感光照片有较大差距，其特征是：化学感光照片的色彩真切厚实，图像质感强，清晰度高；数码照片的色彩失真虚飘，影像缺少细部层次，清晰度差。数码相机发展的中期，数码影像的色彩还原接近化学感光影像，细部层次变得丰富，清晰度明显提高；与此同时化学感光胶片、相纸与冲洗工艺停止不前。两种影像相比，数码与胶片的图像质量仍有差距。待数码相机成熟，两种图像素质相当之时，传统相机将被绝大多数人冷落，数码影像呈现超越胶片影像的趋势，整个消费市场被数码相机主宰。

2. 影像浏览方式

装有 LCD 液晶监视器，这是数码相机与传统相机的主要区别之一。这也为新闻摄影师及时检验拍摄效果提供了方便。而传统相机必须等到拍摄任务结束再经一系列冲洗工艺完成后方能检验自己的拍摄情况。

液晶监视器是数码相机的重要装置，与其匹配的相关系统有：

（1）播放按钮（）

这个操作按钮按下后，其所摄图像随时闪现，之后旋转快捷操作拨盘可浏览所拍摄的每一幅画面。

（2）检索/放大按钮（）

按下这个按钮可以放大观看该幅画面的各个细部环节，可以清晰地查看影像的虚实情况、影像的质感强弱、人物的表情好坏、色彩的还原程度，对画面的技术状况和影像的表现力可以真正做到心中有数。

（3）删除按钮（）

按下这个按钮，再旋转快捷操作拨盘，按下正中的“SET”设置按钮，可以及时把不理想的画面删除，腾出 CF 卡（影像记忆卡）上的空间，以便摄取有效画面。

（4）跳转按钮（JUMP）

按下该按钮，旋转快捷操作拨盘可一次跳转 10 幅画面，这为使用大容量的存储卡检索某一幅画面提供了方便。

（5）信息按钮（INFO）

这是所摄技术信息的查看系统。按下该按钮，正在浏览的画面的镜头焦距的长度、拍摄时的 ISO 感光度、白平衡设置、曝光值、现场光线轮廓的反差等技术状况即可显现。如果照片上出现什么技术问题，可以在这个系统中查找原因，以便及时修正。

数码相机的影像浏览检索系统的最大优势是：及时掌握拍摄情况，发现技术状况、画面构成状况、形象表现状况中的问题，可以随时修正，尽可能争取满意结果，为整个新闻摄影任务的执行提供一份技术保障。而胶片相机可能会因其影像检索的滞后性和现场模糊性而丧失某种成功的机会，待明白失利时已为时晚矣。

3. ISO 感光度设置

感光度，即胶片感光的快慢速度。它是为传统相机拍照稳定画面影像而设置的。而影像稳定与否，与按下快门后镜头对拍摄目标曝光时间长短有关系：曝光时间长（采用低速度），摄影者的脉搏跳动频率高，导致胶片上的图像颤动，其照片影像便出现模糊现象；反之，曝光时间短（用高速度），摄影者的脉搏跳动频率低，甚至在脉搏跳动的间隔不会有任何震动的情况下完成曝光过程，其图像就稳定清晰。总之，胶片感光度是为提高快门速度保证获得清晰的影像而设置的，快门速度愈高，曝光的时间愈短，手持相机拍摄成功的把握愈大。

数码相机取代胶卷的是影像传感器，它也需要通过感光成像。为确保在低照度情况下用数码相机拍出清晰的图像，照相机制造商在机身上设置了感光度调节系统。实际使用时摄影师可以根据光线的明暗灵活地调节感光度，十分方便。而传统相机拍照所用的胶卷，一卷胶卷只有一级固定的感光度，在光线微弱的情况下用高感光度拍照，还需要购买高感光度胶卷。

4. 像素量

像素，即构成影像的像点，这个点在每平方英寸（25.4mm×25.4mm）内排列得越多，其像素量越大，则影像分辨率就越高，所摄画面的质感、层次就越好。数码相机的影像传感器和传统相机的胶片都涉及像素量问题。目前胶片的像素量约在 2 000 万以上，数码相机的像素量则不等，一般民用相机的像素量在 500 万左右，准专业相机的像素量在 800 万左右，而专业相机的最高像素量已经上升到了 1 670 万像素，如 Canon EOS-1Ds Mark Ⅱ。数码相机的像素量与胶片的像素量显然还有一定差距。在市场竞争的前提下，数码相机的像素量在不断攀升。因此，不同时期对相机水准的衡量便有所不同。发展与淘汰是数码相机生产、消费的总趋势。

数码相机像素的突出特点是可变性，即在最高像素的范围内可以根据影像质量的追求和拍摄数量的需要灵活调整像素量。其像素量高，则电子文件大，拍摄的画面少；反之电子文件小，拍摄的画面多。数码相机像素的可变性给摄影者提供了酌情调整的自由度。

5. 影像处理方式

传统相机需要通过拍摄、冲卷、洗印照片等多种程序完成图像，数码相机只需拍摄一步完成图像。

无论数码图像，还是感光图像都可能存在污染问题，前者的图像传感器吸入灰尘，画面出现白斑，用电脑的 Photoshop 软件可以轻松清除；后者底片沾上灰尘导致照片画面出现白点，必须用修像笔一丝不苟地清除，其画面的清洁方式截然不同。

由于两种影像的形态不同，向编辑部发送的方式也有了明显差别：使用传统相机，记者若在外执行任务需要通过邮局以信件形式发送，其传递速度缓慢；而数码影像可通过因特网以电子邮件形式发送，其传送速度极快。

两种影像形态的差异也导致编排方式出现差异：化学感光影像时代照片版面用手工编排，经过再次照相制版才能与文字合成；数码影像时代可在电脑上对数码照片排版，与文字一次合成。

（二）主要相同点

数码相机与胶片相机在机器操作环节上虽有部分差别，但也有更多的相同点。超出机器本身到达新闻摄影的高层操作——新闻摄影的专业知识层面，则是完全相通的。了解其相同点有利于透彻理解工具的性能，发掘设备的潜力，发挥人的主观能动性。

1. 曝光模式

摄影术自诞生之日起，就与光结下了不解之缘。早期的摄影只有一个手动曝光方式，而且这个阶段相当漫长。20 世纪中叶，随着电子技术的发展，日本的照相机工业将其运用到相机技术革命中，于是相机的操控盘上就出现了“AUTO”（自动）曝光系统。为了满足专业摄影师快速调节画面景深和把握影像动静效果的需要，于瞬间实现自己的表现目的，美能达、尼康和佳能等有研发能力的株式会社相继推出 Av（光圈先决）、Tv（速度先决）、P（程序式自动曝光）、M（手动）等可供艺术表现选择的多种曝光模式，使摄影师同步完成曝光控制和艺术表现。对于这些模式，外行人有一种“隔行如隔山”之感，不少有志于做“摄影爱好者”的人对此也敬而远之。为了扩展市场，满足众多摄影爱好者，使他们一开始就能踏入“艺术摄影”的门槛，照相机制造商们又在曝光操控盘上增添了以图形为代表的人像、花卉、风景、夜景、运动等程式化自动曝光模式。数码相机诞生虽是在传统相机基础上的一场革命，但摄影曝光的核心技术操作不能变，胶片相机的曝光原理和影像模式同样有效，在这种情况下，数码相机在曝光系统上也就采用了与胶片相机同样的技术选项。

2. 聚焦模式

任何一幅照片都应该有一个主要视点，这个点就应该是画面的焦点。照相机聚焦如同人注视某一目标一样，必须把目光汇聚到那个点上才会呈现一个清晰的视点。而照相机聚焦必须控制一束光或粒子流汇聚于一点，这个点才得以清晰。早期的相机聚焦方式是目测聚焦，即摄影者在拍摄前用目光估计机位与拍摄目标的距离，然后根据目测的米数（或英尺）调节镜头的距物刻度。20 世纪上半叶双镜头反光相机和单镜头反光相机相继诞生，调焦与取景得以同步进行，实现了取景、测距、聚焦一步操作到位。由于摄影是瞬间艺术，尤其新闻摄影需要抓拍，反光相机虽比目测调焦相机加快了调焦速度，但有许多精彩瞬间因为未能聚焦到位而丧失了成功机会，为此，各大相机生产厂家不遗余力地研究自动聚焦相机。时至 1985 年，日本美能达（MINOLTA）公司率先推出自动聚焦相机，一个以 AF（英文 Automatic Focus，“自动聚焦”的缩写）为特征的相机电子化时代正式到来，于是相机的聚焦系统就派生了手动和自动两种聚焦模式。后者的出现，缩短了聚焦时间，尤其给视力不佳的摄影师提供了方便。数码相机与胶片相机主要是影像承载方式的差异，数码相机的聚焦系统沿用了胶片生产技术，未作任何改变。

3. 单拍与连拍驱动模式

AF 相机的电脑化不仅具备自动聚焦、自动测光、自动曝光功能，就连过去的手动上片功能也被自动上片所替代，与此同时，相机的 DRIVE 驱动模式也使得相机具备了连续上片的能力，传统相机中顶级专业相机以每秒钟连拍 8 张的速度供摄影者享用，这为抓拍提供了保证，尤其是体育摄影记者，可利用这种功能对精彩动作实施连拍，以避免最佳瞬间的漏失。当然，这种功能一般人不会轻易启用，因为十几块钱的胶卷在数秒钟内就会消耗掉。专业数码相机同样具备连拍功能，只是拍摄时不会再有经济压力，因为 CF 卡中的图像数据转存到“数码伴侣”之后，作“删除”处理可重新使用。目前数码相机的连拍功能还达不到每秒 8 张的处理速度，实现这一功能目标只是一个时间问题。当然连拍应因情而宜，滥用没有意义。凡是具备连拍功能的照相机都有单拍功能，报纸上的新闻照片大多采用的是“单拍”模式。

4. 光圈与速度的功能

照相机的镜头内由金属叶片组成的能够伸缩的光孔叫“光圈”。它是摄影曝光的一个控制系统，快门按下，影像的光色穿过光圈感应在影像传感器上，之后经过影像处理器把所感应的光线与色彩转化为数据存储在影像记忆卡中。其影像传感器受光多少，还与光圈开启后的曝光时间长短密切相关，那么，这个时间控制系统是“速度”，因其受快门驱动，也称“快门速度”。摄影曝光的过程就是光圈与速度组合对影像传感器（或胶片）感光的过程。光圈与速度除了发挥曝光控制作用对胶片和影像传感器实施适量曝光之外，还各自发挥着摄影表现功能：光圈可用来调节画面的清晰范围，即景深大（见图 18）小（见图 17、图 28）作用；速度可用来调节影像的动静效果，即画面影像虚（见图 26、图 27）实（见图 15）关系。

在曝光控制和影像的表现方面数码相机与胶片相机承担着相同使命。

光影效果　影像的光色与影像轮廓直接作用于人的感官。一件新闻摄影作品能否在第一时间抓住读者的眼球，取决于画面中光影效果的强弱。而对于光影的强度，相机种类并不重要，在数码相机达到 500 万像素之后，用同价位的胶片拍摄同一新闻场景，可达到同样视觉强度的光影效果，因为两者的物理条件相同，相机的解像力相当。同一新闻场景在不同方向和不同拍摄距离拍摄会产生不同的光影效果。在这种情况下，在光影上突出新闻照片的特色，不能把工夫下在相机种类的追求上，而应在新闻现场对光线以及瞬间的状态作出选择。

画面构成　同一新闻场景会产生不同的画面形式。其形式的变化与使用数码相机和胶片相机无关；相反，与相机的主宰者对新闻现场的审美观念、构图素养、创新意识有关。一个优秀摄影师必须有良好的构图素养，有驾驭画面的能力，还要有标新立异的观念。

画面形式是图像信息的载体，没有理性的动人画面，便无法准确透彻地表达作者主观感受的东西。

摄影观察　摄影观察是新闻摄影的一个专业操作环节，与技术操作无关，谈论用数码相机还是胶片相机没有任何意义。

新闻摄影观察的目的是发现新闻题材。能否发现新闻题材，不在于你的眼睛大小，不在于你是青年、老年，更不在于你是男人、女人，而在于你是否明白你的角色，是否有社会责任感，是否有锐意进取的精神，是否有新闻意识，是否有好的摄影眼力。

题材表现　无论用数码相机，还是用胶片相机，都要面对新闻题材。拥有好的新闻摄影题材，不等于就能获得好作品。题材是拍好新闻照片的基础，然而，这是对新闻摄影行家而言的。不懂得生活形象和画面形象的差别，不懂得由生活形象向画面形象转化的规律，不懂得新闻摄影的表现方法，不懂得瞬间状态对画面构成的影响，使用顶级的数码相机和顶级的胶片相机都无济于事。

画面语言表达 新闻摄影师产生的视觉信息，要靠画面形象表达自己的内心感受，用画面语言诉说自己的心声。画面语言是摄影师技术倾注和专业打造的终极目标。这需要摄影者对新闻现场的理解能力，需要运用自己的思维方式，需要寻找语言符号，需要解读物象之间的关系。所有这些，仅靠电脑化的数码相机是无能为力的。因为新闻摄影需要对新闻现场作出理性判断和视觉语言化表达，其中涉及政治、经济、法律、道德、历史等社会问题，所有这些，冰冷的电脑和没有神经的胶片无力应对，无法找到问题的答案和解决问题的方法，只有靠具有血肉之躯的人来解题作答，而工具只能提供物质保障。

文字表述 文字说明是图像信息的一个组成部分。新闻摄影的文字表述是一种“脱机”操作的行为，CCD、CMOS和银盐胶片的物质属性不会改变新闻事物的原委，与其密切相关的倒是什么人对存在的事物作了什么样的表述。图片故事（组照）需要一篇文章向读者交代照片背后的故事，单幅照片的文字说明一般不过百余字，要切入事物的实质，反映事物的特色，高度概括一个事件，使其成为图像的延伸，发挥建设性作用，因此也需下一番工夫。

传播方式 无论数码照片，还是化学感光照片，最终都需要借助某些载体向大众传播，这是新闻摄影作品实现社会价值的必由之路。图像新闻的主要载体是报纸，它几乎每天都要和读者见面，信息循环的速度极快。在这种情况下，不管你是通讯员、自由摄影师，还是本报记者都要有“时效”观念。除了报纸，新闻照片还有其他传播渠道，诸如电视、网络、杂志，还有摄影展览和摄影比赛。这些都是拓展作品功效和个人成就的空间，为此，一个职业新闻摄影师必须有“立体经营”的意识。

第二节 闪光灯与三脚架

与照相机比，闪光灯与三脚架是新闻摄影的辅助工具。这两种附件虽然远不如照相机的利用率那样高，但对职业新闻摄影师却是必不可少的，有时候缺少这两样工具中的某一种，就可能丧失良机。

一、闪光灯

闪光灯是瞬间发光转瞬即逝的一种照明灯具，有专业和业余之分。专业型闪光灯的特点是价位高（一般在 1 500 元以上），电脑化，功能多，发光指数高，照射面积大，所摄照片光线相对均匀柔和。业余型闪光灯的特点是价位低（最廉价的只需要 30 多元钱），轻巧便携，多为手动型，闪光指数低，照射的范围小，所摄影像明暗反差大，光质硬。用闪光灯拍摄新闻照片利弊同在。在关键时刻，有可能发挥决定性作用。

（一）闪光灯的种类

步入摄影器材商店，闪光灯琳琅满目，其生产的厂家、品牌繁多，样式各异。每一种灯具都有它存在的合理性，一个准备踏入新闻摄影门槛的摄影新人应该根据闪光灯的性能、用途和经济承受能力选择适合自己的款式。闪光灯的种类可从以下几方面区分：

1. 以外观形式区分

外观是闪光灯的外在特征，灯上有品牌名称、生产国家、灯具性能、灯具功率（电量或发光指数）、灯具编号以及各种操作部件。总体来看，种类有三：

（1）外置式闪光灯。也叫附加式、分体式闪光灯。使用时将其插入固定在相机顶端正中的热靴铁上，不用时卸下。这种灯具装卸自如，便于携带，发光功率高于小型的内置闪光灯。这种灯的电能多来自 5 号充电电池或 5 号民用电池，中国市场常见的品牌有佳能、尼康、美能达、理光、宾得、银燕、海鸥、凤凰等。

（2）内置式闪光灯。这种灯具与相机是一个不可分离的整体，在照相机取景器的前端。强光时隐藏在卡槽之内，弱光时自动弹出。这种灯具更便于携带，相机走到哪里，它就跟随到哪里。这种灯具的电能多来自 BP-511 电池组或 CG-580 电池组。该类闪光灯闪光指数低，多作补助光源，也可在光线微弱的条件下应急拍摄小型新闻场景。

（3）影室闪光灯。此类灯具固定在金属架上，也称其为“固定式闪光灯”。这种灯具多用于婚纱人像、广告产品拍摄，很少用于新闻报道，个别时候拍摄新闻肖像或其他静态新闻形象可派上用场。这种灯具有主灯与辅灯、聚光灯与散光灯、硬光与柔光、冷光与暖光之分，用多支灯具照明可营造立体的光影效果和空间效果。

2. 以性能区分

不同种类的闪光灯有不同性能。作为一个新闻摄影师必须熟悉自己的闪光灯，了解各种性能的用途和可能产生的影像效果，只有这样，在新闻摄影实地操作时才可能得心应手，抓住不该失去的机会。

（1）手动型闪光灯。它是完全凭经验手工操作的一种照明工具。这种灯价格相对来说比较低廉，但有高低不同价位的灯具可供选择。对初学者来说，掌握此类灯具的最大难题是正确曝光。其科技含量低是价位低的一个重要原因。手动型闪光灯的背后一般印有曝光参考表，摄影者可根据取景后的物距（机位距主拍摄点的米数）在该表内相应的距离刻度、感光度的交会点查找光圈值。随着时间的延伸和经验的积累摄影曝光的未知数可变为可知数，此时可脱开曝光表，凭经验把握曝光数据。与专业数码相机或准专业数码相机相匹配的应是专业型或准专业型闪光灯，在财力不济的情况下，手动型闪光灯也可与其搭配使用，不过，此时相机上的自动闪光系统处于休眠状态。

（2）自动闪光灯。通常用 AUTO 或 TTL 表示的闪光灯具。这类闪光灯的功能模式与 AF 胶片相机及专业数码相机相匹配，有全自动、P、Av、Tv、M 等多种曝光模式。这种灯的突出特点是：自动化性能高，功能多，操作轻松快捷，光影相对柔和，用 Av、P 和全自动模式可以摄入环境光，缩小主体与背景的强烈反差，丰富画面的影像层次。由于功能多，初期操作具有一定的复杂性。该类灯具有基本闪光摄影操控区、高级闪光摄影操控区、无线闪光操控区，每种区域内有 5~10 项子功能。

3. 以档次区分

闪光灯是商品，也是摄影师手中的武器，当然有高低贵贱之分，那么档次的高低也就有了实际意义。

（1）业余型闪光灯。这种灯具结构简单，造价低，为手动型，适合初学者使用。与业余闪光灯相匹配的是业余型手动相机，即胶片相机。当然，在一个专业摄影师使用专业数码相机手头没有照明工具又必须用灯光照明的话，业余闪光灯也可解燃眉之急，只能发挥手动功能。

（2）准专业型闪光灯。一种有 TTL 自动装置但功能少于专业型闪光灯的一种灯具。这种灯的价位一般在 1 000~2 000 元。与其相匹配的是准专业型相机，用在专业型相机上同样可以发挥其自动曝光的性能，只是闪光指数稍低，照射的范围稍小了一些；将其装在手动相机上同样能够拍照，只是要凭借手动曝光的经验选择适当的光圈。

（3）专业型闪光灯。在所有闪光灯中它是最高档的一种灯具。其功能多样，可供选择操作的空间大；亮度高，照射的范围大，价格一般在 2 000~3 000 元。这种灯具既方便又复杂：方便的是，当选择某种曝光模式后可以轻松惬意地拍出理想的影像效果；复杂的是操作环节繁多，解读其全部功能、熟练掌握各种操作方法至少需要 30 个学时。其专业闪光灯可以用在准专业型相机上，并能正常发挥自动功能；也可用到手动相机上，发挥其手动曝光功能。

（二）闪光灯在新闻摄影中的作用

（1）对新闻人物补光。新闻人物是摄影记者在新闻现场所关注的一个主要视点，这个点的形象刻画得好，就可以支撑整个画面。其人物刻画无非是光影效果和人物状态。所谓光影效果就是首先保证其在画面中的亮度、层次、色彩和光感，其中亮度是技术操作的第一要求，因为灰暗的影像不为读者所接受。那么明快的人物形象来自何方？人物所在的新闻现场具备一定亮度是获得画面影像亮度的重要保障。然而，有时由于时间和朝向原因，现场光未能达到摄影师需要的亮度，如新闻人物背对阳光或傍晚和拂晓中的新闻人物，其面部亮度都没有达到正常曝光的亮度，手持相机拍照有一定困难，这时如果用闪光灯适当补光，问题即可得以解决。例如图 6 作者在黄昏时拍摄日常生活新闻场景，人物的面部光线微弱，且又在动态中，手持相机无法拍得清晰的影像。作者在这种情况下启用了闪光灯，保证了人物面部的亮度，同时也保留了天空的层次。

图 6　澳大利亚西部街头（第 48 届世界新闻摄影比赛日常生活类单幅三等奖，Trent Parke 玛格南图片社）

光线的强弱是相对而言的，人物背对太阳就没有面对太阳光线强，这似乎为拍照带来了难度，此时有两种应对的措施供选择：一是用闪光灯布光，以提高亮度，达到手持相机把照片拍清晰所必需的快门时间（速度）；二是无需补光，按人物面部测光直接拍摄，手持相机也能获得理想的影像质量。其成功的条件是太阳光下的人物面部仍有一定亮度，快门速度可以调整到能够控制的范围。有些弱光是无法把快门速度调到所需要的高度的，如拂晓与傍晚天幕下人物的亮度……

（2）在微弱光照条件下或无光条件下抓拍突发新闻事件。动感影像是最具魅力的影像状态，突发新闻事件也就成了新闻摄影者主攻的目标。许多突发新闻事件发生在白天的明亮日光下，然而在清晨傍晚和深夜谁也无法阻止人类社会和自然界突然爆发新闻事件，摄影师不能因为光线昏暗而拒绝拍照，即使在伸手不见五指的亮度条件下同样肩负着新闻摄影的使命。此时闪光灯就成了绝好的照明工具。图7（见书前彩色插页）是印尼爪哇岛满载学生的卡车翻车的情景，可以看出现场光线很暗，没有照明工具是无法抓拍这个新闻现场的。好在作者与这一场景相遇时带有照相机和闪光灯，把一个千载难逢的机会紧紧抓住了，并夺得了世界新闻摄影比赛的桂冠。如果说世界上有上帝的话，那么这张照片就是上帝赐给作者的礼物。假设作者当时没有闪光灯在手，那么会因其没有驾驭的条件而与机遇失之交臂。

诚然，在照度不足的情况下，有时把相机固定在三脚架上通过长时间曝光也能使拍摄对象达到正常的亮度，这只是对静态影像而言的，对于低照度情况下的动态影像，一是来不及展开三脚架；二是用三脚架也拍不到稳定、清晰的影像。

（3）拍摄特殊画面效果。新闻摄影的对象是客观存在的事物，为了影像信息的可信度，所摄画面必须真实。为了保证画面形象的真实性，摄影者必须尊重客观，用朴素的手段记录生活形象的真实状态。长期以来，有人为了捍卫新闻摄影的真实性，在拍摄过程中总是小心翼翼地记录现场，唯恐跨越雷池一步。而事实上真正的新闻摄影作品是客观与主观结合的产物，只重客观，用所谓的真实性束缚自己的手脚去机械地记录，所摄照片不能抓取事物的特点，切中事物的本质，未必能够确保新闻信息的真实性。相反，尊重客观，根据事物的特点选择相应的表现方法表达事物，反能展示真实的一面。例如奥运场上一个田径运动员飞驰冲刺的过程是一个动态过程，当你的目光高度注视其竞争状态时，他的身影是前进的，而他旁边——你对面的景物是向后跑的，这是最真实的感觉，对此机械记录者可能用一般“照相”

的快门速度（1/125s 和 f/11）进行曝光组合，把动态的人和动感的景物都拍成实像，这是对客观真实的还原吗？如果换一种表现方法——用 1/30s 的速度，f/22 的光圈数值“追随摄影”，把人拍成实像，景拍成感觉到的那种流动状态，这失真吗？应该说后者才是事物的本来面目。新闻摄影是一种纪实过程，并不排斥用创造性的思维方式，大胆启用相机的各种性能，别出心裁地表现作者的主观感受。专业数码相机上有连拍功能，结合一个新颖精彩的动作过程运用这种功能，可拍摄数幅具有节奏感的画面，整体浏览就是一个有新闻情趣的情节。再如专业闪光灯有频闪装置，通过 MODE 选取这一功能就能把某个运动的过程锁定在一幅画面里（见图 8）——这并没有改变事物的本来面目，却很精彩！

当然并非器材的所有功能都能保障事物的真实性，如多次曝光、镜头附加镜的某些特技效果……应具体情况具体分析。对新闻摄影来说，设备上的功能不能不用，但不可滥用。

图 8　在 2004 年 8 月 19 日的雅典奥运会上，美国选手加里帕特森的跳马动作。她最终获得了女子全能冠军（Maxp Photocome 稿）

（三）闪光摄影的基本常识

闪光灯是新闻摄影随身携带的一种工具，它的使用率虽然不像相机那样高，也应与其形影不离，因为有备无患。但在把闪光灯装入采访包之前，应该把它读懂弄通。

（1）明确闪光摄影的原理。在外行看来，拥有闪光灯，照片似乎就有质量保证。其实，闪光灯只是为获得清晰的影像提供一种条件，在低照度情况下能否把照片拍清楚，还取决于能否正确使用闪光灯对影像传感器或胶片进行适量曝光。手动闪光灯的曝光程序是：把曝光时间调至闪光与快门开启的“同步速度”——取景构图——调焦，以清晰为准——在焦距调节的刻度上确认物距（照相机与主要拍摄点的距离）——根据调焦环基准线上的米数在闪光灯背后米与感光度的交接点上确认光圈数值——把已知的光圈系数调节到照相机的相应位置。初用手动型闪光灯按这一程序操作即可实施正确曝光。使用闪光灯应根据拍摄距离确定光圈的大小，其曝光规律是：距离（机位与拍摄点）近——光圈小，距离远——光圈大。自动闪光灯同是这一曝光原理，因为随着物距的变化，被摄者受光也发生强弱变化，即离闪光灯远，光线弱，需用大光圈获得相应曝光量；反之，光线强，需用小光圈获得相应曝光量。自动闪光灯与手动闪光灯的曝光区别是：手动是人工确认物距，人工调节光圈；自动是电脑判断物距，自动调节光圈。

（2）闪光灯下的立体影像营造。一幅新闻照片获得成功有多种因素，首先是题材具有新闻价值，画面要有形象表现力和思想感染力；其次是技术操作到位。后者尽管居于次要位置，有时也会因技术应用的某些不足而导致全盘失利。比如作品的发表权在图片编辑手里，而图片编辑面对一个省甚至一个国家成百上千名摄影师对版面的竞争，在这种情况下佳作迭出，编辑对发表照片选用的标准也就变得苛刻了，完美的照片未必能全部用上，有技术缺憾的照片更不在考虑的范围。因此，新闻摄影首先需要技术过硬，仅仅满足于把照片拍清楚是远远不够的。在获得清晰影像之后，还应争取光影效果出色。闪光灯的最大优点是，将其携带到哪里，哪里就有光明；最大不足是“正常”使用会导致用光不力。

所谓“正常”使用，是指把闪光灯固定在相机顶端采用M模式用一只灯对拍摄对象正面打光。由于这种灯位所发射的光线可以把镜头内的景物覆盖，并且是闪光灯的本有位置，来得快，人们也就习以为常地这样拍摄人像和一般新闻场景。如此操作所摄的照片光线平淡，空间感差，却也是不争的事实。为此许多摄影师在条件允许的情况下利用如下闪光功能扭转不力的用光局面：

①用自动曝光模式。让主体周围的现场光进入镜头，强化画面的空间效

果。使用时首先把闪光灯曝光模式调至“TTL”或“ETTL”，之后选择相机的 Av，或程序影像控制区的风景、人像或花卉模式均可达到预期目的。如果拍摄目标是强势的动态形象，不便使用风景模式和夜景模式，否则会因曝光时间过长使影像虚化。

②单灯侧打，营造侧光效果。此法适用于手动与自动两种闪光模式，前提是必须有一只闪光灯遥感器（也称“同步闪光器”）。这种器件内部装有光敏管，能在闪光灯的强光激励下自动触发所服侍的闪光灯，并使其同步闪光。单灯侧打，就是把热靴上的闪光灯取下，在灯顶放置遥感器，请助手将闪光灯置于被摄体一侧，之后在相机与闪光灯之间接一条闪光连线，快门按下闪光灯便可在一侧发光，形成侧光效果，正面那种平淡的光照局面即可改观。这种方法适用于一般的活动场景和静止场景，不适合剧烈动荡的新闻场景。

③主辅灯同闪，营造逆光效果。所谓主辅灯，就是主灯与辅助灯。主灯的亮度通常弱（用低闪光指数的灯或在高闪光指数灯前蒙纱布），辅助灯的亮度通常强（用高闪光指数的灯），拍摄过程中主灯在相机的热靴上，辅助灯必须装上同步闪光器，在被摄体后方或侧后方的上端斜扣（不能把助手摄入镜头），摄影者按下快门，前后两只灯同时发光，一幅逆光照片即告形成。其限制条件同上。

（3）闪光摄影缺陷修补。在用单灯从正面拍摄时容易出现三种缺陷：

①“鬼影”，即紧贴主体形象出现与其轮廓相同的阴影，如同鬼神附身，带有恐怖色彩，“鬼影”之称因此而得。修补方法有二：一是远离墙壁；二是提高机位高度，从上向下俯射光源。

②“红眼”，即人的眼睛为红色，有些狰狞，将相机菜单的防红眼选项确认为“开”即可。

③前白后黑，影调生硬，这是闪光摄影无法改变的照射规律，但可以通过间接反射或提高光位的方法使影像变得柔和。

二、三脚架

三脚架是照相机连带的附件。对经济拮据的初学者来说，它不是必备器材；对于专业新闻摄影师来说，却是必不可少的，因为拥有三脚架就可以争取一些拍摄时机。

（一）三脚架的作用

把照相机固定在三条腿的支架上，可以把自己的左手解放出来，使颤动的相机得以稳定，从而获得坚实、清晰的影像。三脚架不是每个拍摄场景都必需的“拐杖”，但在下列情况下可派上用场：

（1）快门速度低于1/30秒。人对单机（机身+标准镜头）或其他小型相机的手控能力是1/30秒。当测光系统测出拍摄对象的亮度为1/30秒时，只要注意控制左手晃动，不使按快门的右手用力过猛，就能把照片拍摄清楚。而低于1/30秒就无法保证获得稳定的影像，并且是速度越低，曝光的时间越长，在快门开启曝光过程中脉搏跳动的次数越多，影像晃得越厉害，最终的图像越模糊。把照相机固定在三脚架上，可以消除这样的顾虑。

（2）B门长时间曝光。B门，即BULB长时间曝光系统，也是照相机快门速度最长的曝光时间档位。拍摄之前将快门速度调至此位，按下快门不松手，相机就会一直处在曝光状态。用这个装置可在任何微弱光照条件下拍摄新闻照片，如流星雨、月全食、星月下的自然景观或有新闻价值的人文景观。图9（见书前彩色插页）为地球自转的景象，如果没有三脚架我们是无法看到地球自转真相的。

三脚架只能把左手解放出来，用B门曝光有时需要持续几分钟、几十分钟，还必须把右手解放出来——用快门线把快门押下锁定。

（3）使用长焦距镜头。镜头焦距越长，体积越大，分量越重。手端相机拍照的能力是有限的，一台带有28～70mm的小变焦镜头的相机尚可端住，而一台带有28～280mm的10倍长变焦的专业相机要端稳却很困难，至于奥运会那些操持着“长枪短炮”的体育摄影记者要把照相机端稳更难，因此，其庞大的记者阵容中总有三脚架的支撑与陪伴。一幅作品的质量首先需要清晰的影像作保证，即使进入镜头的瞬间精彩绝伦，也会因影像的恍惚而败北。严肃的摄影师极为重视影像质量，在条件允许的情况下，能把相机架在三脚架上就绝不会用手端着。虚晃的照片经不起放大，放得越大，图像越虚，认真的读者不会体谅你在现场的操作难度，只会看效果。

（二）三脚架购买须知

购买什么样的三脚架是有讲究的。三脚架五花八门，无论是品牌、材质、长度、重量、稳定性、耐用程度、价格都有很大差别。三脚架也有专业和业余之分，专业的售价高达2 000元以上，最好的要花近4 000元；业余的价格也不等，便宜的仅需几十元，好点的也得花上1 000多元。这两类三脚架的主要差别是：专业的材质好，做工精细，坚固稳定，操作自如，能承受专业相机和任何长度和重量的镜头；业余三脚架材质差，做工粗糙，稳定性能差，易损坏，只能用于小型相机，无力承受专业相机的重压。三脚架应该量机选购：小型相机应该选择低价格，轻便，能够承受相机的重量，稳定性能相对好，相对耐用的三脚架；专业相机应该选择价格相对较高，材质好，稳定性好，经久耐用的三脚架。

重量是必须考虑的一个问题。一般来说有重量，其架腿的稳定性就好，但过重了，摄影者在远途执行任务时体力难以承受。近几年厂家为了解决稳定性与轻便性的矛盾关系进行了不断的探索，如专业三脚架采用碳纤维做材料，重量虽减轻了许多，但价格比金属材质增长了数倍。

真正合格的三脚架必须具备两个条件：腿稳，云台稳。

(三) 三脚架操作常识

三脚架结构简单，操作并不复杂，但如果有些环节被疏忽，其稳定性就遭到了破坏，那么用三脚架拍照也就成了一种形式。

如果三脚架没有问题并且一切操作到位的话，任何时候使用三脚架都比手握照相机拍照更能获得坚实可靠的影像效果。但是，有时客观条件不允许我们使用它，譬如突发新闻事件到来时，时间极为仓促，稍纵即逝，还没等你把三脚架架好可能就会时过境迁；再如在站立困难的狭窄地带把相机架在三脚架上未必有手握相机拍照轻松。只有在场地允许、时间允许、手持相机没成功把握时才能真正显示三脚架的效能。

用三脚架拍照首先要把三条腿固定好，在摄影曝光过程中不得碰撞其任何一个部位，相机上架之后要固定好各个活动关节，要知道，只有稳固的腿，没有稳定的“头”，是无法达到预期目的的。

第三节　电脑、扫描仪与打印机

胶片时代的摄影记者除了现场拍摄所直接需要的器材之外，还必须有一个可供冲洗胶卷和制作照片的暗房，数码影像时代取而代之的是明室操作的影像处理设备——电脑、扫描仪、打印机。

一、电脑

电脑有台式和笔记本之分，摄影记者所配备的当然是后者。因为需要随身携带，随时准备使用。

(一) 电脑在新闻摄影中的作用

笔记本电脑与数码相机一样，都是数字化的产物，两者连接在一起进行全程合作，能把影像处理到最佳状态，让处理的图像插上翅膀飞到图片编辑面前。

（1）影调调整。一般情况下，影像曝光正常、明暗对比度正常、色彩还原正常的新闻图像无需调整。有时因种种原因曝光失误，影像灰雾或生硬均可用电脑中的Photoshop软件把影像调整到比较理想的状态。色彩偏色或者饱和度不够也可轻松调整。画面斑点修整比传统的修相笔修得快、修得好。

（2）构图剪裁。新闻摄影构图可分两个阶段：一是拍摄过程中边取景边构图；二是事后构图，即因现场匆忙，画面构成不够严谨，在拍摄之后通过Photoshop中的剪裁功能把画面周边多余的部分裁去，使照片在原有的画面基础上变得更紧凑、更精练、更具形象表现力。

（3）打印照片说明词。有了笔记本电脑，写作照片说明就可告别纸笔，打出规范的文字来。

（4）发送照片。这是随身携带笔记本的主要理由。照片拍完之后无需取出CF卡，可通过相机与电脑的连接线直接输出影像，通过E-mail把照片发送到报社的邮箱。

（5）存储新闻照片。每台电脑都是一个图像仓库，外出执行任务，仅靠一两张影像记忆卡是远远不够的，如果没有"数码伴侣"存储所摄照片的话，笔记本就是最好的临时"仓库"。

（6）浏览网上的新闻照片。通过笔记本电脑上网，可以尽情搜索国内外网站的新闻照片，且无需购买入场券，其影像视野极为开阔。

（7）搜索影赛信息。如今已是信息时代，国内外的任何一个新闻摄影比赛都会在网上发布，通过Google或其他网站搜索能够获得一串比赛信息，并可随时下载参赛表。

（8）浏览网上新闻摄影的理论文章。一个真正的新闻摄影师不仅应该有较强的动手能力，而且应该具备一定的理论功底，只有理论与实践相结合，自己才可能有发展。不接受新观念，不研究新闻摄影的新动向，到一定时候就可能落伍。网上有许多优秀论文可给我们以启示和指导。

（二）电脑图像处理操作须知

相对于传统的影像处理方式，用电脑的影像处理系统要方便得多。这种便利对广告摄影来说可以随心所欲，而对视真实性为生命的新闻摄影来说却要受到一定限制，否则会招来非议，甚至陷入尴尬境地。

（1）影像调整的空间与限制。为了保持新闻现场的真情实感，色彩调整仅限于还原或饱和度，改变原来的色调、过分夸张色彩都会失去新闻的可信度。Photoshop中的油画、水粉、木刻、浮雕、色调分离等特技功能对新闻图像来说是不可取的。原图影像反差偏小，可以将其调整到正常范围（既有一定的明暗反差，又比较柔和，色彩逼真，暗部的纹理层次得以保留，亮部与暗部衔接点自然过渡）；原图影调反差过大，会显得生硬，也可适当降低反差，将其调整到正常范围，不可偏小，更不能反差过大，如果丧失中间层次，变成版画效果，就会丧失新闻摄影的严肃性。原图上有脏斑可以修掉，但画面中某些景物不可随便删去，更不能更换整个背景；对于画面中的人物不得随意增加和删除，更不能张冠李戴、改头换面，否则就犯了新闻摄影的大忌。

（2）画面剪裁的原则与限制。画面剪裁的原则是为反映事物的特色和真实面目，可用裁切工具将主体和陪体周边的杂物及多余部分裁掉。通过剪裁使画面变得更有说服力和表现力。剪裁不能断章取义改变拍摄的初衷而偏离事实的轨道，也不能剪得残缺不全。

（3）网上发送照片文件大小受限制。这种限制来自两个方面：一是邮件发送速度的限制。电子邮件传送的速度取决于数字文件的大小，文件小传输的速度快，反之就慢。二是报社的邮箱空间限制。图片是最占空间的，专门用来存储来自四面八方图像信息的邮箱必须限制邮件尺寸，一般报纸发稿要求300KB，有时出于不同需要可能会做出特殊要求。如果你是特约记者或自由摄影师，在准备为某家报社（或杂志社）提供稿件时应先上网查看该社网页上的投稿规定，或者通过电话咨询具体要求。在图片发送的尺寸上不可盲目，文件太小无法用，太大浪费媒体邮箱的空间，容易引起编辑的反感。

二、扫描仪

扫描仪，即对图像进行扫描把已有图像转化为数字文件的仪器。这种仪器对已经装备了数码相机的摄影记者来说并不重要，但作为一个现代摄影师，不能没有这种影像工具。对仍在使用胶片相机拍摄新闻照片的摄影师来说，扫描仪就是一个助手。

（一）扫描仪在新闻摄影中的作用

扫描仪只在影像处理阶段发挥作用。它的作用是多方面的：胶片摄影师可把冲洗好的底片通过“底扫”将其转化为数字文件，通过电子邮件向媒体发送数码影像；与此同时还可把已经扫描的影像文件保存起来，待底片影像质量退化报废之时，数字文件仍保留着全新状态。扫描仪还可把已经洗印好的照片转化为数码影像发送稿件或者留存资料。不过与底片所扫描的影像比，其照片所扫影像质量相差甚远，即使文件扫得很大。扫描仪可扫取任何直观可视的图像资料，这为摄影师学习交流提供了便利，发现报纸杂志上的精彩图片，我们可以将其扫描下来慢慢品味；与他人交流或在网上发布自己的作品也可先把以往的精彩照片通过扫描仪转化为数字文件。

扫描仪还可以扫实物，例如照相机、闪光灯、雕像，某些自然物或者新近出土的文物，扫取的实物影像或许能使我们的新闻摄影受到启发。

（二）新闻图像扫描须知

扫描图像之前首先要明确自己的用途，根据用途设置图像的分辨率。如果往报纸发稿，其扫描的分辨率为 300～600dpi 就足够了，经过压缩保留在 300KB 左右即可；如果是往精美的杂志上发稿，一般应在2 400dpi以上，最终形成的文件不得低于 10MB；如果按专业要求留取影像资料，最终形成的文件应在 50MB 左右；如果往网上发布照片，有 60KB 即可，千万不要把文件做得太大，以免有人下载窃用你的新闻照片，当然，如果你的作品进入图片市场，经销商会另作要求。

使用扫描仪首先要明确以下三个问题：

第一，明确扫描对象。即在扫描类别选项中确认你所要扫的是照片、报纸，还是杂志，这涉及是否去网纹的问题：去网纹，扫描精细，花费的时间长，影像的清晰度高；反之，扫描快，图像清晰度差。

第二，明确分辨率和缩放比例的关系。扫描仪的分辨率通常以 dpi（Dot Per Inch 的缩写）表示，即每英寸所打印的像点，这是衡量打印机精度的重要参数。通常设定有 100、150、200、263、300、350、600、1 200、2 400、4 800、9 600、19 200等多个 dpi 挡位供选择，使用时应酌情点击相应数据。缩放比例是图像大小的控制系统，也就是图像的尺寸设定环节，其缩放比例通常有 10%、25%、50%（以上为缩小），100%（原大），200%、400%、800%、1 600%、3 200%、6 400%（以上为放大）等多种挡位供选择。

缩放比例解决的是照片清晰度的有效面积，分辨率解决的是每平方英寸像素点的密度。一幅照片与两者的设定情况密切相关：尺寸大，像素量小，照片清晰度低；尺寸大，像素量大，照片的清晰度高；尺寸大，像素量大，缩小后图像实，清晰度好；尺寸小，像素量大，放大后图像虚，清晰度差；尺寸小，像素量小，放大后图像极虚，清晰度极差。

第三，明确图像尺与分辨率之和与文件大小关系。图像与分辨率之和大，文件大；反之文件小。

扫描程序完成后存储文件需要用压缩格式对原始文件压缩，方可保存使用。通常多采用JPEG格式进行压缩。这种格式是数码照片输出的常用格式，可在大多数照片处理软件中使用。采用这种文件格式的好处是：节约储存容量，能方便地复制到光盘和其他硬盘上，便于携带；缺点是：经过压缩，图像质量受到轻微影响。

三、打印机

打印机有黑白打印和彩色喷墨打印两个类型，前者主要用来打字，后者主要用于打印彩色照片。作为一个摄影师如果拥有一个彩色喷墨打印机，可以用来打印彩色照片、打印黑白照片，也可用来打印自己的文字稿件。打印机的生产技术已经相当成熟，一台价值3 000元的打印机所打出的照片足以与数码彩扩机扩出的照片相媲美。

（一）打印机在新闻摄影活动中的作用

打印机一般不便于新闻照片投稿。作为数码影像无需打印可以直接发稿；作为化学感光影像，把胶卷冲洗成底片之后可以接着扩印照片，这样相对节约时间；如果把胶卷冲出来拿回单位（或自己的工作室）打印会占用更多时间，有悖于新闻的时效性；不仅如此，打印的成本还高于彩扩。打印机在下列方面有突出功效：

（1）作品展览。举办新闻摄影个展，对图像制作不仅影像的分辨率要求高，影调的控制更专业，而且应体现自己的影像风格。彩色喷墨打印机对影像的分辨率已经赶上甚至超过了彩扩照片，如用同一底片（或数码影像）分别用数码彩扩机扩印和用专业打印机打印，后者的图像清晰度明显高于前者。打印机的突出长处是作者可以按照自己的意图打印照片，而彩扩机掌握在别人手里，要完全满足自己的技术要求有一定困难。

（2）作品参赛。国内外都有新闻摄影比赛，作为一名职业摄影师和摄影发烧友应该参与其中。参加比赛不仅多了一个交流学习的机会，而且有望获得奖项。得奖多了，知名度和学识水平就会步步提高，而且能得到经济补偿，名利双收何乐而不为呢？专业型的彩色喷墨打印机可以满足摄影比赛的质量要求。

（3）满足摄影创作的要求。在市场竞争的时代，摄影师只有做新闻、艺术、广告摄影的通才，才能在一个较大的生存空间中把握自己的命运。彩色喷墨打印机可以打印自己借助于电脑创作的艺术照片，也可以打印自己的广告创意图案。

（二）打印须知

（1）选择打印机。要想打印出高质量的新闻照片，必须首先拥有分辨率高、性能优越的打印机。一幅高清晰度照片来自照相机镜头的解像力，来自过硬的操作的技术，也来自打印机对影像的分辨率，当然与打印技术也有密切关系。如果你准备购置打印机，应该选择被专业摄影师认可的品牌，诸如爱普生、佳能、惠普公司都有过硬的生产技术，花上两三千元就可买台称心如意的打印机。

（2）选择幅面。参展、参赛作品有规定的尺寸，有些比赛组织对此有严格要求，大于或小于规定尺寸者，会被取消参赛资格，因此在打印前应该先看展览与比赛细则，而后选择 A3 或 A4，或者更大的幅面。

（3）选择纸墨。这直接影响色彩还原效果，影响色彩的亮度和饱和度。打印纸有普通打印纸和照片纸之分，而且照片纸也有等级差别，要想打印出色的照片，应该选择最好的照片纸。市场上的油墨也有良莠之差，好相纸还要有配套的油墨。

（4）适当调整。借助电脑 Photoshop 中的打印功能打印照片便于调节色阶、对比度、色彩的亮度与饱和度。只有把各个环节调整到最佳状态，才能获得最佳的图像效果。

彩色喷墨打印机可以打印数码照片，也可打印化学感光照片。后者打印需先用底片通过扫描仪将其转化为数字影像存在电脑里，之后从电脑中调出打印。数码影像可以让照相机直接与电脑或打印机连接打印，或者直接把影像记忆卡插到打印机上打印。

第二章
数码照相机的重点操作环节

照相机操作并不难，买到数码相机后，先不要急于拨弄操作部件，应该先浏览一遍说明书，然后再对照说明书的具体内容熟悉操作各个功能部件。现代文化人只要有一台相机和一本说明书在手，就能驾驭相机。

为了加深读者的理解，充分运用数码相机的潜在功能，本章将把数码相机的重点操作环节作以解读。

第一节　菜　　单

由于数码相机比胶片相机多出了数字化功能操作部件，其操作环节的熟悉和把握也就比胶片相机更需要花费时间。菜单里的“菜”（见图 10）几乎是数码相机独有的，熟悉菜单内容，也就具备了某种个性化操作的自由度。

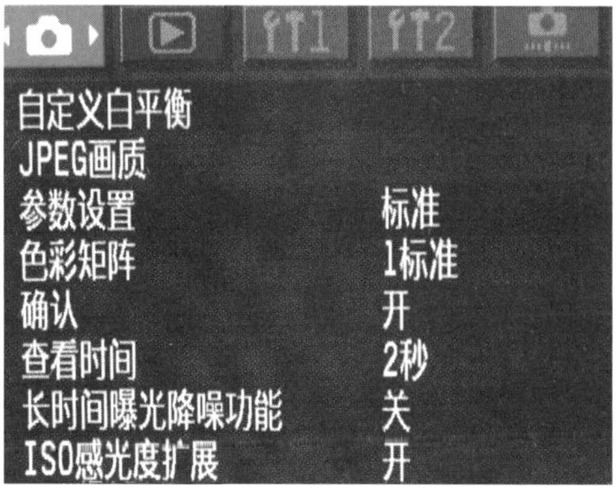

图 10　数码相机菜单

一、菜单中的内容

专业数码相机与业余数码相机机身背后都有菜单，只是内容多少而已。专业相机菜单里的“菜”品种繁多，它们被分别划分在拍摄菜单、回放菜单、设置菜单三个区域。

（一）拍摄菜单里的内容

（1）画质。有关图像像素量的不同设置。专业相机通常有六个等级，从高到低依次为大优、大普通、中优、中普通、小优、小普通以及 RAW 文件格式。其中前五种图像均采用 JPEG 压缩格式存储，对图像质量有一定损失，但足以满足新闻摄影报道的需要，用这种格式拍摄、存储图像也能满足一般的新闻摄影展览和新闻摄影比赛参赛的需要。由于 RAW 采用的是一种无压缩存储格式，其图像也就不会有损失，如果各个技术环节操作到位，可以获得高清晰度画面，满足专业摄影师的需要。但这种影像格式不便在屏幕上浏览，不便直接打印照片，使用时需要驱动软件进行专门处理。

（2）减轻红眼开/关。也叫“防红眼开关”。在光线较暗的情况下拍摄人像，人眼视网膜经过闪光灯的强光反射会导致瞳孔变为红色，出现“红眼”现象。防红眼功能实质上是将灯光柔化，使瞳孔缩小，降低红眼现象，消除恐怖感的功能。在这种功能里只有开与关两个选项：开，意味着启动防红眼功能，防止红眼现象发生，一般情况下应固定在这一选项上。

（3）提示音。是在拍摄过程中某些环节操作到位时所发出的声响。例如，聚焦到位提示音会发出“嘀”的响声，这为视力低下的摄影师提供了方便。在有些人看来这是浪费电能的一种噪音，将其确认在“关”的位置，提示音即可消除。

（4）未装卡也可拍摄。将其选项确认为“开”，不装影像记忆卡也能驱动快门，并可在液晶显示屏上显示图像，以确认快门工作正常，但这种图像不会被储存。将其选项定在“关”上，如果没有影像记忆卡，其相机快门将无法驱动。

（5）自动包围曝光。将菜单游动光标移至“自动包围曝光”处按下“SET”确认键，相机会自动更改快门速度或光圈，在±2 级范围内以 1/3 级为单位以连拍方式分别拍出曝光正常、曝光过度、曝光不足三种画面效果，最终选定正常曝光的一项进行正式拍摄，以防曝光失误，获得理想的影像效果。这种功能看似方便，实则烦琐，手动曝光只要掌握侧光方法，可“一步到位”解决正确曝光问题；采用自动曝光方式启用“点测光”也可轻松获得理想的影像效果。

（6）白平衡漂移/包围。将菜单移动光标移至该选项并确认，再将相机驱动模式确认为连拍，按下快门可同时拍三张不同色调的图像。在白平衡模式标准色温基础上，图像将进行蓝色/琥珀色偏移或洋红色/绿色偏移包围曝光，最终确认一张正常色温的画面，以使画面色彩得到准确还原。取代这项功能的是日光、阴影、多云、钨丝灯、白色荧光灯、闪光灯等白平衡选项。

（7）自定义白平衡。一种手动白平衡设置方式。确认这一选项之后，应选择一种白色物体为基准测试色温。选择该图像之后，其白平衡数据即输入相机进行白平衡设置。这项功能与 AF-WB（AWB）中的手动选项相同，其操作目标是解决照片的色彩还原问题。

（8）参数设置。这是对影调反差、锐度、色彩饱和度及色调设置的一个自动调节系统。其中“参数设置 1”可使图像显得鲜艳、锐利；“参数设置 2”可使图像变得柔和，色彩更加自然；“设置 1、2、3”可以对图像的反差、锐度、色彩饱和度以及色调进行调控；“黑/白”可以将五彩缤纷的景色化为黑、白、灰三种色阶的黑白图像。

其参数设置与 Photoshop 的色彩调整系统功能相同，如果相机上没有这种功能，计算机的 Photoshop 可以对此做出补偿。这种功能仍是个性化的设置。作为新闻摄影，如果追求真情实感和现场气氛，最好不要进行参数设置，不要损伤影像的自然状态，即使某一环节欠缺也可在后期通过计算机进行适当调整。

（二）回放菜单里的内容

（1）保护。该功能为防止某些图像被误删而设置，也就等于给应该受到保护的图像上了一把锁。影像记忆卡的图像不能久留，要删除被保护的图像还得解锁，否则总是留在卡上很讨厌。

（2）旋转。即液晶显示屏内的图像可以顺时针转 90°或 270°，使其在回放时按照正确的方向显示。该功能与“设置菜单”中的“横竖画面转换/开”发挥着同一功能。

（3）打印命令。使用 DPOF 数码打印命令格式可以进行以下操作：（1）通过 CF 卡插入兼容 DPOF 的打印机中，根据指令完成照片输出。（2）兼容从相机直接打印的打印机可以根据 DPOF 指令打印图像。（3）通过照相馆打印照片时，不需要填写任何表格指定要打印的照片及打印数量。数码相机显然不是专门为新闻摄影师设计的，它还适合于商业摄影和艺术摄影创作，只是更有利于新闻摄影。

（4）自动播放。当一张卡的空间被全部占用或者某一阶段的任务完成后，在菜单里按下这一功能键，其图像自动导入从头至尾实施自动播放，此时作者可以轻松惬意地浏览已经摄入镜头的图像，对其劳动成果做出自我评价。

（5）查看时间。即在拍摄之后图像在 LCD（液晶显示屏）上的显现时间。其设置的时间长度分别为：2 秒/4 秒/8 秒/继续显示/关。设置的时间过长不利于新闻摄影现场抢拍。

（三）设置菜单里的内容

（1）自动关闭电源。这是一种节能装置，也就是完成一个阶段的拍摄任务后用设定的时间控制电能无端消耗，以使电能发挥到有效的拍摄任务之中。其操作挡位有：关/2 分/4 分/8 分/15 分/30 分。如果出于节约动机的话，阶段性拍摄任务完成后让其电能持续 30 分再关闭似乎没有自动关闭的意义。

（2）横竖画面转换。这是专为竖拍而设置的，有了这个装置（将其调在“开”的挡位上）竖排的画面即可自动调整到横向浏览模式上。

（3）液晶屏亮度。为了方便不同视力和视觉习惯的用户，照相机设计师特将液晶屏幕中的图像亮度设计五级调节。

（4）日期/时间。即年月日设计，以便在画面上留下拍摄的年份、月份、日期，或者日期、时、分。这对一般的人像摄影有用处，新闻摄影显示拍摄的准确时间可以增加其新闻的可信度。专业摄影时一般不习惯应用这种功能，原因是：一是时间显示如同画蛇添足，分散读者对画面内容的注意力；二是不利于画面清洁；三是在时效操作上对作者是一种限制。

（5）文件编号。数码相机的文件编号类似于胶片编号，其区别是机上编号和脱机编号。数码相机的机上编号有“连续编号”和“自动重设”两种文件编号方法：前者是一种持久的编号方式，即使更换 CF 卡，文件的编号仍然递接延续，这样可以避免图像文件名重复，有利于计算机管理图像；后者为一次性编号，每次更换 CF 卡都要从第一个数字重新开始，便于按 CF 卡管理图像文件。

（6）语言。为了方便各国用户使用照相机，专业数码相机一般都用多种文字设置菜单语言，例如 CANON EOS-20D 相机有英、德、法、中、日、荷兰、丹麦、芬兰、意大利、挪威、瑞典、西班牙等 12 种语言，这有利于商家的市场扩展，也有益于用户。

（7）视频输出制式。通过视频电缆将相机连接到电视机上，可以通过电视机查看拍摄的图像。其制式有 NTSC/PAL 两种供选择。

(8) 数据传输设置。连接相机和打印机的一种设置，无须将 CF 卡取出，无须将图像数据输入电脑可以直接打印相机内的图像。

(9) 格式化。全新的 CF 卡需要经过初始化才能使用，旧卡用久了也需要格式化才好使用。旧卡在格式化的过程中其内存图像将被全部删除。

(10) 自定义功能 (c. Fn)。一种用户自选功能，用以满足不同摄影人的特殊拍摄要求。其操作范围是：快门按钮/AE 锁、反光镜预升、TvAv 和曝光量、自动聚焦辅助灯、Av 闪光模式下的快门速度、自动包围曝光顺序、快门帘同步、镜头自动对焦停止按钮开关、自动降低闪光补助、菜单按钮归位、拍摄时设置按钮功能、CMOS 传感器清洁、未插入 CF 卡时快门按钮功能等。

(11) 清除设置。用以清除自定义功能设置和全部相机设置。

(12) 清洁感应器。照相机用久了影像传感器会被灰尘污染而把斑点留在照片上，用这种功能可以使反光镜升起，用气吹直接把灰尘吹走。

二、菜单操作

菜单里的内容可谓名目繁多，论其操作，不过是几道通用的操作程序。只要掌握以下操作程序，一切功能运用也就迎刃而解。

1. 明确目的

菜单里每项功能都有一定的作用，都会产生一定的效果，并且是同一功能有多个子选项，每个选项之间都有大小不同的差异。例如“参数设置”，仅此一项就分出影调反差、影像锐度、色彩饱和度和色调调整多个子项目。在这种情况下使用其功能就要首先明确你要干什么，追求什么，最终达到什么样的表现目的。而表现目的不仅仅关系到技术操作，它还关联着画面的风格确认、气氛营造、情感表达等多种意识形态因素，因而对于菜单功能不可停留在玩弄技巧的层面，更不能盲目操作。新闻摄影既是一种技术操作，更是一种受文化理念支配的行为，其技术应该服务于理念的表达，在应用哪一功能和不应用哪一功能问题上必须做出理性思考。比如“色调调整”设置彩色和黑白影像，应该考虑新闻题材的感情色彩，如果拍摄喜剧色彩的新闻，用彩色影像更能表现明快喜悦的气氛，用黑白照片或许会显得低沉；如果拍摄悲剧场面——战争阴云下的逃难者，用黑白影像表现或许更能渲染沉重气氛。菜单功能运用得好可以帮助你完成一幅出色的作品，否则可能会给你帮倒忙。

明确表现目的，酌情选用菜单功能，首先应该理解每项功能的实际效能，而后根据新闻题材的题材特点和感情因素使技术与理念达到有机结合。

2. 执行操作程序

这是一道纯技术操作程序，即打开相机电源，把电源开关扳到“ON”——按下菜单“MENU”——触摁快门按钮接通电源——旋转快捷操作拨盘选项——按下快捷操作拨盘中的按钮“SET”确认（见图11）。

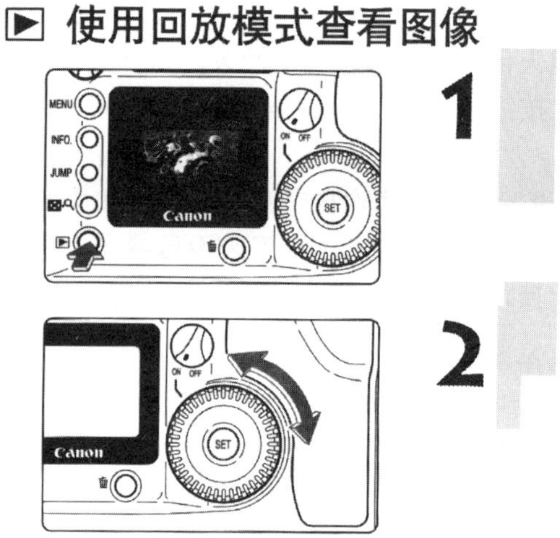

图11 快捷方式操控盘

如果在操作过程中选用或改变某一功能，无须进行第一项操作。

3. 实用与修正

菜单的拍摄、回放、设置三大区域内有方便操作、图像质量、图像回放、图像管理等诸多功能，这些功能的突出特点是“个性化设置”，即给不同兴趣者提供自我选择的空间。在这种情况下有些功能对某些摄影题材不适应，或者对某个人不适应。初学者对其菜单的全部设置效能未必认知，因此有必要试验性地选用——当SET确认某一选项后先拍摄一幅画面，看是否达到了你所需要的影像效果；如果是个性化操作环节，则应先体验一下，看是否适合于你，若带给你的是不便或者违背了你的心愿则应立即修正。

三、菜单里的常用“菜”

菜单里的“菜”很多，并不是把它们全部摆到桌上让你同时享用，否则，那么多东西不仅令你无法招架，而且在实拍过程中也用不着它们各显其能。为了减轻不必要的精神压力，我们有必要把常用的“菜”挑出来，以便随时享用。

常用“菜”可分为常用固定类和常用调整类：

1. 常用固定类

即固定在一个模式上经常使用的功能。如“提示音”，当其某一环节操作到位时它发出轻微、柔和的“嘀”声，因其并不让人讨厌，一般作者乐于接受它，将其固定在“开”的模式上也就无须频繁变动。再如一张照片拍摄完毕对于图像显示的“查看时间”，有 2 秒、4 秒、8 秒、继续显示多种时间档位可以选择，但显示 8 秒或者更长的时间没有必要，设置的时间长不仅影响继续抢拍，而且还会浪费能源；如果认为图像显示时间 2 秒足矣，那么查看时间就可以固定在 2 秒上。再如用于操作菜单的“语言”，一般人习惯于母语识别，比如中国摄影师看中文比较方便，将其固定在“中文”菜单上即可，没有必要一会儿调出西班牙语，一会儿调出丹麦语。

色温、自动关闭电源、横竖画面转换、液晶屏亮度、文件编号等内容均属常用固定类菜单。

2. 常用调整类

“设置参数”的色彩模式、自动播放、ISO 感光度这三项功能属于常用调整类。

一般的新闻摄影师多喜欢用彩色模式拍摄新闻照片，有些人文摄影师拍摄新闻照片却习惯用黑白模式（或者用黑白胶片），但两者都不是绝对的。摄影师使用什么色彩模式，是根据题材的特点和画面的情感要求灵活选用的，因此“设置参数”的色彩模式调整的频率也就相对高一些。

当阶段性的拍摄任务完成后，专业摄影师有时需要一幅照片一幅照片地慢慢浏览，分析自己的得失；有时需要像幻灯放映那样“自动播放”，在轻松浏览中享受摄影，因此摄影师便会在手动播放和自动播放之间切换。

随着光线亮度的变化，其曝光组合的快门速度也要相应变化。而速度的变化直接影响摄影师对相机的手控能力。为了确保在各种光照条件下手持相机拍照的成功，摄影师可以根据光亮度选择 ISO 感光度（有关调整方法详见“ISO 感光度”一节）。天气在不断变化，其感光度也应不断调整。

在数码相机的菜单里也有经常不用的功能，如“清洁感应器”和“格式化”——数码相机的密封性能较好（有的还可自动除尘），半年或者更长时间清洁一次影像传感器也就够了；一张 CF 卡可以用几个月甚至几年，一般情况下只要不更换新卡，就不需要格式化。

第二节 白 平 衡

光与色是不可分割的，任何光源中都存在着红、绿、蓝三种原始色彩，简称“三原色”。其三原色的比例随色温的变化而变化。色温高则光的蓝色成分高，色温低则光的红色成分高。色温从低到高对光的影响顺序是红——橙——黄——白——蓝白，例如，在钨丝灯下的物体偏红，而在荧光灯下则偏绿。色温对光线以及对物体颜色所产生的影响，人的肉眼难以辨识，但这些影响与变化却会对我们拍摄的画面产生影响。为了主动驾驭色彩，使我们画面中的物象色彩得以还原，数码相机也就选择了“白平衡”来矫正图像的色彩。

白平衡，检验各种色彩还原的基准色。纯白色为平衡色，即各种颜色均处于平衡还原状态；白色上呈现其他色彩即为色彩失衡，其画面就会出现偏色现象。白平衡就是根据光线条件选择相应标志还原色彩的有效技术手段。

一、数码相机白平衡设置标志种类

为了满足摄影师在各种条件下拍照获得理想的影像色彩，数码相机的白平衡系统共设置了7个色温选项：

AWB 自动调节系统，即摄影师只要将白平衡选择调至此处，相机内的电脑会根据拍摄现场的光色，自动调整到相应的色彩平衡系统，以保证在任何光照条件下都能让物象色彩得到正常反映。其色温的跨度是3 000~7 000K。

日光 适应拍摄的光线条件是明亮的室外日光下，其色温在5 200K左右。

多云 适应在黎明、傍晚或多云光照条件下拍照，可过滤部分蓝色，使照片画面色彩趋于正常。其色温约为6 000K。

钨丝灯 适应在室内的白炽灯下拍照，可过滤部分黄色，使照片色彩趋于正常。其色温约为3 200K。

荧光灯 适应在室内的日光灯下拍照，可过滤部分绿色，使照片色彩趋于正常。其色温约为4 000K。

闪光灯 其色温约为6 000K，接近日光色温，可拍出较真实的色彩。

自定义 手动调整色温，其色温调整的空间在2 000~10 000K之间。

二、白平衡调节

专业数码相机白平衡调节的程序是：将电源开关拨至 ON——右手食指触摁快门——左手摁下相机右上端的 AF-WB——右手旋转快捷方式操作盘至所要选项。

照相机设计师之所以设计了多种色温的白平衡，是为了摄影师在各种光照条件下酌情选用以获得色彩真实的照片。在什么光照条件下选择什么样符号的白平衡，关系到能否准确地获得理想的画面色彩。在时间允许的情况下视光照条件择其选项没有问题，但新闻摄影的许多题材不给你调节白平衡的时间，如突发新闻，有时成败就在几百分之一秒，需要摄影师把全部注意力倾注在那一决定性的瞬间，此时也就无法顾及白平衡问题。在这种情况下自动白平衡能解决问题。这就要求新闻摄影师平时把白平衡放在 AWB 这个选项上，以应对突如其来的新闻情景。实践证明，AWB 自动白平衡可以在各种色温条件下发挥自动调节的功能，较好地还原画面的色彩，建议新闻摄影师相对固定地使用自动 AWB，不要在频繁调节白平衡上消磨宝贵的时间。

第三节 ISO 感光度

ISO 是英文国际标准化组织 International Standard Organization 的缩写。数码相机的感光度是由胶片的 ISO 感光度延伸而来的。美、德、法、英等欧美国家早期生产“柯达”、“爱克发”、“伊尔福”品牌的胶片与胶卷，第二次世界大战之后日本大力发展照相机产业，生产出了“樱花”、“富士”胶卷，20 世纪 50 年代我国也生产了“公元”、“天津”、“上海”、“代代红”、“乐凯”胶卷与胶片。在相当长的一个阶段里，全球的胶片生产处在各自为政状态，各国对胶片感光速度的数据标定不尽相同，如美国的中速胶片为“100”，而德国与中国的中速胶片则是“21”。胶片感光度标定的混乱，给消费者带来不便，在这种情况下国际标准化组织要求全球胶片生产商以美国的感光度为感光标准统一生产，用“ISO”作标准进行规范化生产。数码相机的研制与生产过程中也沿用了胶片的 ISO 感光度，两者操作原理相同。

一、ISO 感光度等级划分

ISO 感光度分低、中、高三个等级。其中 ISO25、ISO50 为低速感光度，ISO100 为中速感光度，ISO200、ISO400、ISO800、ISO1600、ISO3200、

ISO6400 为高速感光度。感光度等级之间是倍率关系，即一级感光度是另一级感光度的倍数，如 ISO200 高出 ISO100 一倍。

其感光度与快门速度有亲缘关系，这种亲缘关系体现在两个方面：其一，感光度依据快门速度的等级而设，即感光度的每一倍率之间相当于一档快门速度的时间量；其二，感光度为快门速度而设，为作者提高快门速度而提高感光度。确切一点讲，ISO 感光度是为了满足摄影师手持相机拍照而设立的：在弱光条件下用中速感光度无法将快门速度设置在手持相机拍照的最低限度 1/30s 时，通过提高感光度可以将其快门速度提高到 1/30s，或者提高到更高的快门速度上。这种劳作是为了影像获得适量感光，确保影像的技术质量。图 12 摄自地下通道的灯光下，当时用 ISO100 所测的曝光值是 1/8s、f/5.6，手握相机拍照容易失手。在这种情况下作者就将 ISO 感光度调到 400，快门速度得以提高到 1/30s，才拍下了这个场景。

图 12　2005 年 5 月，郑州地下通道中的小商贩

二、ISO 感光度调节

调节感光度首先应该明确什么时间用什么样的感光度。通常在强烈日光下使用 ISO25 或 ISO50；白天在户外，一般晴天或其他比较明亮的光照条件

下使用 ISO100 中速感光度；在白天微弱的光线条件下或室内用 ISO200 以上的高速感光度。

有时，为了追求画面细腻的影调也需要通过调节 ISO 感光度才能达到预期目的。

影像颗粒的粗细与感光度高低有直接关系：感光度低，影像颗粒细腻；感光度高，影像颗粒粗。这种粗细变化用肉眼能够看得清晰，如用 ISO100 以下的感光度拍摄，几乎看不到颗粒的存在；用 ISO200 拍摄，颗粒依稀可见；用到 800 度的时候，颗粒明显；如果用到 3 200 度，则人的面相也就“沙漠化”了，并且还会出现红色的“燥点”，其影像质量不堪入目。追求高素质影像的摄影师不会轻易使用 ISO800 以上的高感光度。

那么 ISO800 以上的特高感光度在什么时候用呢？在微弱光线条件下遇上千载难逢的新闻机遇，没有闪光灯，也没有三脚架，将其抓拍到镜头里，把独此一家的粗颗粒新闻照片发表在报刊上，总比让机遇白白流失要好得多。

在弱光条件下也可以用 ISO100 以下的低速感光度拍照，其先决条件有二：一是拍摄对象必须是静态影像。动态影像，尤其是动势强烈的影像根本无法凝固在影像记忆卡中；二是要用三脚架稳固相机进行长时间曝光，没有三脚架而手端相机进行长时间曝光只能获得晃动、模糊的图像。

第四节 像 素 量

像素量指的是数码相机的分辨率。它是由相机里的光电传感器（CCD、SCCD、CMOS）上的光敏元件数目所决定的，一般来说一个光敏元件对应一个像素。因此数码相机像素量越大，意味着光敏元件越多，相应的成本就越大，则数码相机的价格也就越高。

目前越来越多的图片是以数字形式保存和传输的，如记录在数码相机的储存卡上，刻录在光盘上。同时，照片和底片也可以通过扫描和电分转化成数字图像。其像素是组成图像最基本的单位（Pixel）。如同我们用马赛克瓷砖拼贴一幅图画，一块马赛克就是一个像素。

一、像素量与图像质量

如前所说，像素是影像传感器上构成影像的像点，这个点在每平方英寸内排列得越多，其像素量越大。数码相机的像素和所拍摄出来的数字图像的像素是相对应的，照相机影像传感器的像素量越大，所摄图像的清晰度就越高，质感就越强，影像的层次就越丰富。

数码相机的像素量具有可变性。所谓可变性，是指经过“画质选择”(见图 13)，其画面像素会压缩或提高。随着像素量的变化，拍摄的画面张数也会相应变化，而张数的变化随之带来的是画面质量和照片可打印尺寸的变化。以 CANON EOS-20D 为例，这是一款 820 万像素量的准专业相机，将其画质调至“大优”，可拍摄 66 张照片，其文件约 3.6MB，可打印 A3 或更大尺寸的照片；如果调在“大普通”上，所拍画面也就上升到了 133 张，但文件却下降到 1.8MB，打印的照片尺寸也下降到 A4 纸那么大；还是这台相机，我们将其画质调至“中普通”，其拍摄张数就会猛增到 221 张，则文件就会下降到 1.1MB，所打印照片的尺寸也就限制在 B5 纸那么大；如果将其调在“小普通”上，竟能拍摄 380 张照片，但文件的容量却会下降到 0.6MB，打印照片的尺寸也受到了更大限制。像素量的可变性是数码相机的共同特点，无论2 000万像素的专业相机，还是 200 万像素的业余相机，都遵循了像素、文件和打印尺寸连带变化的规律。

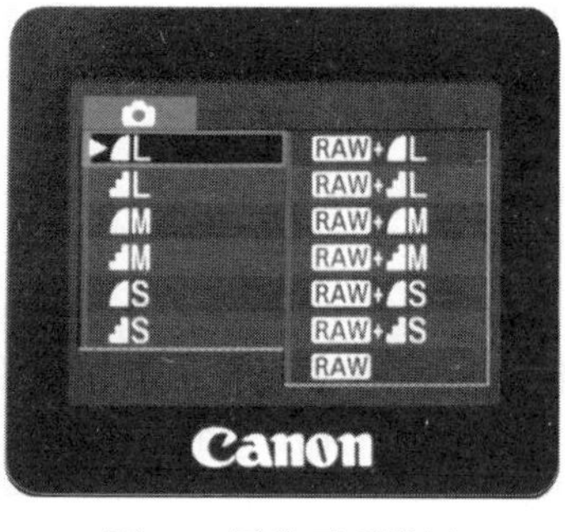

图 13　图像画质设置

二、像素量调节

像素量应在菜单里调节，其操作程序是：摁下“MENU”按钮——选中“画质”——摁下快捷方式操作盘中心的“SET”的按钮——旋转快捷方式操作盘选中所需要的像素量选项——摁下“SET”按钮确认——摁下“MENU”按钮，关闭菜单。拥有照相机，就拥有像素量调节的自由。那么像素量依据什么调整，却是值得认真对待的一件事情。

1. 根据影像素质追求调节

这是像素量调节首要考虑的问题。摄影师通常可以通过四种传播方式展示自己的作品，应该酌情设置画质：第一种是在报纸上发表——照片要求质量不太精细，所要照片一般在3~4栏，像素量可以设得小一些。但大像素量决不妨碍新闻照片在报纸上的正常使用，再者，作为一名职业摄影师不能只看眼前的报纸版面，报纸发表之后，其作品还可能有别的用处。第二种是在杂志上发表——所用篇幅不一定大，但印刷质量特别讲究，对新闻图片的画质要求高，不宜把像素量设低。第三种是新闻摄影作品展览——是一种专业摄影师聚会和作品荟萃的场所，其展览照片尺寸大，画面影像素质高，必须用“优”或者“大优”拍摄照片。第四种是摄影比赛——是专业摄影师综合素质的较量，其图像质量要求更高。

2. 根据存储条件调节

画质调节要考虑用途，但不可忽视先决条件——你有多大的存储能量。如果你带有一只数码伴侣，尽可放开手脚设置高画质，放开手脚拍摄；如果你的CF卡是4GB，或者1GB并带有备用卡，也可自如设置像素量；如果仅有的一张卡只剩几兆空间而面前有诸多精彩场景可能出现的话，就要考虑剩余的空间该怎么分配，是分解画面，还是以高像素瞄准某一个场景，这要看每个人的出发点了。

第五节 聚 焦

照相机镜头是摄影者的第三只眼睛，其镜头如同我们双眼的生理透视，当我们注视某一个视点的时候，首先由神经支配把目光聚集在那个点上，则那个点才是最清晰的目标。新闻摄影是一种逻辑性极强的精神劳动，所展示的场景必须有一个主要视点，那么这个点要用摄影人的大脑支配照相机的聚焦系统，使其成为整个画面最清晰、最引人注目的焦点。

一、明确焦点

对于焦点，从不同角度有不同解释。从物理学角度讲，平行于球面镜主轴或透镜主轴射来的各条光线经反射或折射后在主轴上的交点是焦点。从社会学角度看，问题的关键所在或争论的集中点是焦点。从摄影学画面构成的角度看，主体形象的重点部位是焦点。可以说这三个焦点与新闻摄影都有密切关系：新闻摄影天生带有社会性，它必须关注社会中的热点问题、重大事件和人们日常生活中关心的事物；而物理学与相机浑然天成，其焦点直接作用于影像视点的清晰度；至于摄影学画面构成中的焦点则是我们在新闻摄影过程中直接操作的重要技术环节。这个环节如果操作不到位，所摄影像就会模糊不清。

为了获得清晰的画面影像，一个新闻摄影者必须把聚焦的目标定在主体形象的重点部位上，也就是整个画面的趣味中心上。一幅新闻照片不能没有趣味，不能没有一个趣味中心，如果缺少这个要素，则画面就会变得索然无味。这个趣味中心可能是画面中的一个部分，也可能是画面中的某一个点。问题的关键在于画面中的“戏”在哪里。比如拍摄一个新闻人物，他的戏可能在脸上，那么面部就是画面的焦点，照相机就应以其面容作为聚焦点；如果该新闻人物伸出的大手更传情，更有象征意义和形象表现力，那么这只手就应该是着力刻画的重点部位，就是镜头聚焦的焦点。再如图 14，其画面中的新闻情趣不在艺人的手上，也不在小女孩的脸上，而在小面人“哪吒”身上，则这个神话传说中的人物就是画面的焦点。

图 14　2005 年开封清明上河园的宋代民俗表演

二、聚焦方式选择

目前数码相机的聚焦方式只有手控聚焦和自动聚焦两种方式可供选择。这两种方式都需要在镜头上切换，即在镜头后段左上处的 AF 和 MF 之间调整。

AF　即英文自动聚焦 Automatic Focus 的缩写。这种对焦模式的操作程序是：将对焦模式开关推至 AF 并与上面基准线照应——在相机右上端左侧寻找聚焦驱动模式 AF-WB——左手食指按下按钮，右手食指旋转主拨盘——选择单次自动聚焦模式 ONE SHOT——镜头对准画面中的焦点形象半按快门——取景器右下角的合焦确认指示灯闪烁或听到提示音“嘀”声，也就宣告了聚焦程序的完成。需要说明的是 AF-WB 聚焦驱动模式还有人工智能自动对焦 AI FOCS 和人工智能服侍自动对焦 AI SERVO 两种模式可供选择，前者适合由静态向动态转换时的拍摄，当其拍摄目标开始移动时，其驱动模式会由原来的 ONE SHOT 自动切换为 AI FOCS；后者 AI SERVO 适合拍摄纯粹的运动目标，使用时需要人工专门切换。AF 自动聚焦模式使用时开始看上去有点烦琐，待操作熟练后也就方便自如了。

MF　英文手控聚焦 Manual Focus 的缩写。手控聚焦也称“手动”聚焦，这是相机最具历史意义的一种聚焦模式。一百多年来，有不计其数的摄影先辈用这种聚焦方式摄下了许多经典之作。借助电子程序对焦点实施自动聚焦，这无疑是相机性能的一大进步，在这种情况下，数码相机的设计师依然保留了手控聚焦方式，对此有的初学者迷惑不解：自动聚焦是一种更高级的操作方式，为什么还留下手动模式呢？原因是多方面的：一是一些老摄影师用惯了手动调焦，不习惯自动聚焦，保留手动模式可以满足老摄影师的兴趣；二是自动聚焦需要耗费电能，尤其是电池中的电能即将耗尽而又有一些难以割舍的场景等待拍摄时再用自动聚焦会给继续拍摄带来危机，而手动聚焦无须耗用电能，可以节能以保持其他自动环节的持久运转；三是某些时候自动聚焦失败时，手动聚焦可以解围；四是不少视力好的摄影新人对手动聚焦也感兴趣，可以为他们提供一个自由选择的空间。

手控聚焦的操作更简单：将相机的聚焦模式推向 MF——把镜头对准拍摄目标——目光集中在主体形象的重点部位——旋转镜头上的调焦环直至焦点确认指示灯亮起为准。

三、确切聚焦

自动聚焦比手动聚焦有一定优势：聚焦速度相对快，可以提高新闻摄影抓拍的成功率；高速连拍时，将其曝光模式放在（任何一种）自动功能上电脑可以相对准确地完成聚焦任务，保证多数画面清晰；为视力差的摄影师提供方便。但自动聚焦不是万能的，它在下列几个方面将会表现得无能为力：

（1）反差小的主体，如蓝天、色彩单一的墙壁等；

（2）低照度下的主体，如黄昏中野外的景物和室内光线暗淡中的物体；

（3）强烈逆光和强烈反光的主体，如反光极强的水面、汽车和玻璃器皿；

（4）远近物体重叠，如笼中的动物等；

（5）重复的图案，如摩天大楼、计算机键盘等。

此外，有时自动聚焦听到提示音或者看到合焦指示灯亮起，其聚焦仍有小的误差。因此，我们不能迷信电脑驱动下的 AF 模式，有时需要灵活把握，在手动与自动之间酌情切换。

摆在我们面前的聚焦任务有静态和动态两种影像类型。对于静态影像，因无时间要求，我们可从容不迫地操作，直到最清晰为准；而动态影像因受时空限制，对摄影师具有挑战性。关于聚焦，没有深奥的理论，它却困扰着我们对每一个动态影像的捕捉。

新闻摄影追求的是决定性瞬间，在这一瞬间闪现时我们必须准确无误地聚焦到位，使影像的清晰度达到最佳状态，才能经得起普通读者和行家的目光检验（如图 15）。摄影抓拍的最大技术难度是聚焦，对此任何一种工具和

图 15　在高速运动的状态下，摄影师对运动目标准确无误地聚焦需要过硬的技术（摘自 CANON 画刊）

任何一名高超的摄影家都无法保证万无一失，但我们却不能因此而寻找失败的借口。我们应该加强手动聚焦的练习，做到眼明手快；还应自如运用自动聚焦功能，掌握其规律，尽量减少失误，增加成功的几率。

第六节　曝　　光

由于性能的高度自动化，用数码相机把照片拍清楚似乎不是难事。然而，随着实践的深入，所摄影像可能出现偏白、偏黑，甚至恍惚不清的现象，此时可能会对自己、对相机产生怀疑。其实相机的自动化只是给摄影作品的成功提供某些技术准备，能否把照片拍摄清楚，还取决于摄影者能否驾驭相机。

新闻摄影最基本的技术要求是把照片拍清楚，如果影像不清晰，即使再好的新闻题材也无法被读者接受。把照片拍清楚需要把握三个操作环节：第一，稳定相机；第二，准确聚焦；第三，适量曝光。

所谓适量曝光，就是通过光圈与速度的恰当组合，使进入镜头感应在影像传感器的光影亮度与客观影像的亮度一致，数值对应。其数值高于或低于生活现实都是曝光失误，都是失败的记录。为了解决曝光问题，照相机设计师特意就曝光问题设计了手动与自动多种曝光模式。即便这样，也仍存在着操作方法和操作技巧问题。

一、曝光模式操控盘上的功能种类

曝光模式操控盘是业余高档相机及专业相机上重要功能操作系统，它的主体功能有二：一是对进入镜头的影像实施曝光控制，使其曝光量恰到好处，以获取足够清晰的影像；二是通过曝光组合系统——光圈与速度的技术调整，达到多种多样的视觉艺术效果。

业余高档数码相机与专业相机上的曝光模式操控盘是大学中接受摄影教育的大学生和致力于新闻摄影与艺术摄影实践的爱好者必须具备的摄影操作系统（见图16），因为这些系统可以把影像拍摄得更加细腻精到（与“傻瓜”相机比），可以为摄影人提供一个广阔的艺术操作空间，能够激发摄影人的智慧进行个性创造，把画面影像从一般的“照相”提升到自我表现的

图 16 曝光模式操控盘

艺术状态。

曝光模式操控盘划分为基本拍摄区和创意拍摄区。

（一）基本拍摄区

所谓基本拍摄区是相机所应有的主要功能操作区域。这个区域的功能模式是为对摄影有神秘感、不愿为技术操作付出过多精力却对摄影有追求的摄影爱好者提供一个轻松操作而又能到达艺术彼岸的操作平台。这个区域通常设有如下六种操作模式：

人像模式 为了便于摄影爱好者识别使用，照相机设计师把这种模式用女性的头形作标志（见图 16），这是在解决正确曝光可以获得清晰影像的前提下的一种艺术人像模式（图 17，见书前彩色插页中）。

风景模式 以山峰、云朵作标志（见图 16），这是在解决正确曝光可以获得清晰影像的前提下的一种艺术风光模式（见图 18）。这种模式也称作“风光”模式。

花卉模式 以花朵作标志（见图 16），这是在解决正确曝光可以获得清晰影像的前提下的一种艺术花卉模式（见图 19）。这一模式因带有微观操作性质，也叫“微距”模式。

运动模式　以奔跑的人体轮廓作标志（见图 16），这是在解决正确曝光可以获得清晰影像的前提下的一种体育艺术影像模式（见图 20）。

夜景人像模式　以白色的星光和人物头像轮廓作标志（见图 16），这是在解决正确曝光可以获得清晰的人物面孔连带灿烂夜空的前提下的一种艺术肖像模式（见图 21）。

闪光灯关闭模式　以闪电图标作标志（见图 16），这是在微弱光照条件下关闭闪光灯利用现场光的亮度进行正确曝光获得室内场景和自然景象的艺术表现模式（见图 22）。

图 18　风景模式作品：西域奇观

风景模式的背后是小光圈在发挥作用，而小光圈所呈现的影像景深大。这幅照片如果不用小光圈强调景深，其画面便没有足够的清晰范围，则丹霞地貌的神奇感也就难以充分表达。

图 19　花卉模式作品：布隆迪精神病院的病人（2007 年世界新闻摄影比赛“当代热点”类系列一等奖，西班牙 José Cendòn）

花卉模式是由大光圈支撑的，而大光圈的功能是控制景深。这幅照片利用花卉模式的小景深刻画了一朵鲜花的生命状态，与此同时将背景中的精神病患者虚化，恰到好处地将两种生命加以比较，其用心耐人寻味。由此看来技术操作到位也能够写意。

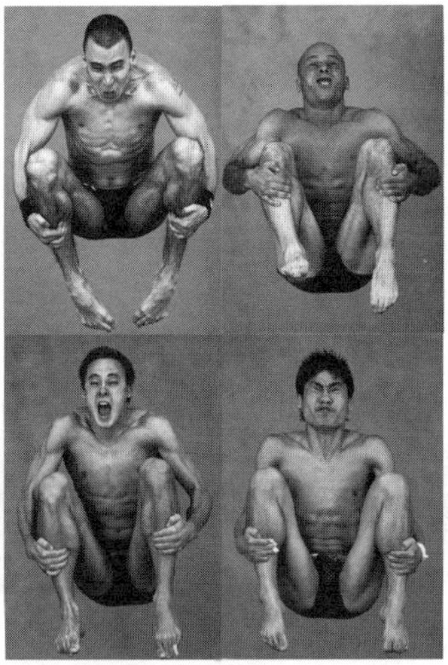

图 20　运动模式+曝光补偿模式作品：北京奥运会十米跳台半决赛（2009 年世界新闻摄影比赛“体育动作”系列一等奖，美国 Vincent Laforet）

运动模式的工作原理用高速度缩短曝光时间，以极为短暂的时间完成曝光，从而将被摄对象凝固在画面之中。这组照片的精彩之处是作者利用高速快门将不同国家运动健将的出色表现准确无误地定格。

图 21　夜景人像画面效果：上海民工（第 48 届世界新闻摄影比赛当代热点类新闻单幅三等奖，意大利 Alessandro Digaetano）

图 22　闪光灯关闭模式+曝光补偿模式作品：杨树沟之夜

所谓闪光灯关闭，是在夜间或其他低照度情况下利用现场光借助相机的自动曝光功能拍照，旨在强调现场气氛与空间效果。这幅作品为本书作者所摄，当时之所以不用闪光灯是不想让正面平均照射的光线把现场光色诋毁，把人物形象催平。在拍摄现场光照出现突出反差时，用 M 模式曝光更精确。

（二）创意拍摄区

所谓创意拍摄区，是指摄影人借助曝光模式操控盘在摄影实践中结合面前的摄影题材，充分发挥自己的主观想象力，对拍摄对象进行合理、生动的表现，进而创造清新深邃的影像境界。本区域共分 P、Tv、Av、M、A-DEP 五种功能供选用。

P 模式 这是面对拍摄对象亮度光圈与速度同步组合的一种自动曝光方式（见图 16）。这种曝光方式与一般傻瓜相机的自动曝光方式相同，所摄影像没有特殊的景深效果，没有特殊的动静效果，通过曝光可以保证主要拍摄目标基本清晰（见图 23）。

图 23 大学生运动会冠军争夺赛（张叶彤）

Tv 模式 这是一种快门先决自动曝光模式（见图 16）。所谓快门先决，是指摄影师根据题材特点在快门速度上做文章，将曝光模式置于 Tv 后可以任意调节快门速度，其光圈便会自动予以调节：当快门速度调高时其光圈会相应扩大，快门速度降低时光圈相应缩小，使摄影曝光始终处于正常状态，最终可以获得清晰的影像和理想的表现效果（见图 24）。

图 24　怒发冲冠——2005 年郑州大学春季运动会掠影（王冠星）

Av 模式　这是一种光圈先决自动曝光模式（见图 16）。所谓光圈先决，是指摄影师根据题材特点在光圈上做文章，将曝光模式转换为 Av 后可以根据需要任意调节光圈，其速度会自动予以调节：当光圈开大时其速度会相应提高，光圈缩小时其速度会相应降低，使摄影曝光始终处于正常状态，最终可以获得清晰的影像和理想的景深效果（图 25，见书前彩色插页）。

M 模式 这是一种手动曝光模式（见图 16）。所谓手动曝光，是摄影师将其确定为 M 模式后，始终以目镜内右下角曝光标尺的基准点为准，酌情调节光圈的大小或速度的高低，使画面中的影像获得精确曝光，画面效果得以准确表现。

这种手动曝光模式既可在各级光圈上做文章，也可在各档快门速度上做文章，给摄影人提供了广阔的自我把握和展现空间（见图 26，书前彩色插页中的图 27、图 28），并且不会出现曝光失误现象。

A-DEP 模式 这是一种自动获取大景深的影像模式（见图 16）。所谓景深，是指照片画面中影像清晰的深度，也就是画面影像清晰的范围。使用这种影像模式，不论是拍摄宽阔深远的大场景，还是拍摄近景画面，其主体形象前后的景物均清晰可见。通常拍摄近景照片，主体前后会出现程度不同的模糊现象，而 A-DEP 模式可以确保整个画面影像的相对清晰（见图 29）。

介于基本拍摄区和创意拍摄区的方框标志（见图 16）是“全自动”模式。这个模式只是在不同光照条件下光圈与速度的简单自动组合，其功能与 P 模式相当，所不同的是菜单里的一些功能支持 P 模式，而“全自动”模式却没有享受到这些待遇。

二、曝光模式中的相通点

为了方便用户，照相机设计师设计了上述十余种曝光模式，如果从没有接触过照相机的摄影者，会被如此多的功能选项搞得无所适从。其实，当你熟知并自如运用了这些功能模式之后，就会发现其中不少选项之间的性能是相通的，甚至是重复的，只不过它们是换了另一张面孔在我们面前出现罢了。

1. 基本拍摄区人像与花卉模式的工作原理一致

人像模式和花卉模式所拍摄的画面有一个共同特征，这就是主体形象实，背景虚。导致如此影像结果的是大光圈控制了景深，当焦点被调成实像之后，其周围的影像便会出现程度不同的虚化现象。人像模式与花卉模式之所以呈现“主体实，背景虚”的画面景象，就是大光圈在发挥作用。换言之，照相机设计师用一种手段、一种性能原理设置了两种称谓不同的影像模式，其动机有二：一是显示功能的多样化；二是用直观的图标使拍摄技艺通俗化，让所有摄影人轻松解决正确曝光问题，进入艺术表现的层面。

图 26　贵州芭莎地区的春季体育活动（韩贵群）

图 29 A-DEP 自动景深效果

2. 基本拍摄区的人像、花卉模式与创意拍摄区的 Av、M 模式中的大光圈工作原理一致

所谓创意模式区，与基本拍摄区并无本质区别，唯一的差异是前者操作的空间相对大，后者操作的空间相对小。人像、花卉模式的影像技术状态是“主体实，背景虚”，利用 Av、M 模式可以获得相同的画面效果，两种拍摄区域之所以殊途同归，原因是同一工作原理在发挥着作用，即两个拍摄区域的影像清晰范围均由大光圈控制。

3. 基本拍摄区的风景模式与创意拍摄区的 A-DEP、Av、M 模式中的小光圈工作原理一致

光圈有大小之分，小光圈除了在曝光控制方面发挥作用之外，在景深扩展方面也发挥着作用。照相机设计师根据光圈与景深的反比关系设置了 Av、M、A-DEP 模式，以使摄影人在使用这三种模式中的任何一种模式时都能利用小光圈获得广阔深远的景深效果，图 18、图 25 和图 29 可以验证这一论点。

4. 基本拍摄区的运动模式与创意拍摄区的 Tv、M 模式中的高速度工作原理一致

速度有高低之别，其高低之分的实质就是曝光时间的长短，即速度高，

曝光时间短；速度低，曝光时间长。Tv、M 模式中都包含着高速度，摄影师利用高速度曝光就是在极为短暂的时间内将进入镜头中的动体形象定格，使观者清晰地看到运动中的人物或动物的姿态与神态。基本拍摄区的运动模式同样是利用了高速度凝固影像的功能。

5. 基本拍摄区的闪光灯关闭模式与创意模式区的 Tv、M 模式中的低速度工作原理一致

在光线微弱的情况下同样能获取清晰的影像，即使遥远的景物也能保证它的亮度，道理很简单：利用低速度酌情进行长时间曝光弥补影像亮度的不足直至所摄对象获得适度感光为止，其画面影像亮度就会超出客观亮度，从而适应人的视觉需要。创意拍摄区的 Tv、M 模式中均包含了低速度长时间曝光的功能，摄影师利用其“以长补弱”的性能原理可以拍摄任何亮度中的人文场景和自然场景。基本拍摄区的闪光灯关闭模式就是电脑测光对影像进行自动长时间曝光的模式。

6. 是光圈与速度派生了各种曝光/创意模式

其操控盘上模式的可贵之处在于首先解决影像的正确曝光问题，为获取清晰的画面影像提供了一份保障。与此同时，通过光圈与速度的表现功能还把进入镜头的人物、景物或者动物从一般的“照相”提升到了写意高度，故相机制造商将其命名为“创意”模式。基本拍摄区模式的影像表现效果与创意模式区模式效果大抵一致，不过是区分业余与专业两个操作区域罢了。

曝光模式操控盘上的功能选项多得几乎到了眼花缭乱的地步，其实所有功能的背后就是利用光圈的大小和速度的高低变戏法，所有模式都是光圈与速度的派生物。

三、自动曝光与手动曝光的优劣

就操作方式来讲，曝光模式操控盘上的所有选项可以分为“手动”与“自动”两个类别，其中“M”为手动模式，其余全是自动模式。所谓手动曝光模式，是根据大光圈、小光圈和高速度、低速度的表现功能，根据摄影者对题材表现的需要，手工组合光圈与速度，使其对影像实施正确曝光的同时达到主观表现的目的。所谓自动曝光模式，就是摄影者根据自己的表现意图，通过电脑的编排程序（模式）对进入镜头的影像进行自动曝光。

任何事物都有其两面性，摄影曝光模式同样如此，在其优势的背后却隐藏着某种劣势，作为致力于摄影艺术或新闻摄影的人应该认识其优劣，做到

扬长避短。

1. 自动曝光与手动曝光的优势

自动 通俗易懂是其第一大优势。这种优势可以调动初学者的摄影兴趣，扫除摄影探讨的心理障碍。操作快捷是其第二大优势。初学者凭其图形或其他模式标志可以一步操作到位，在轻松获取清晰的画面影像的同时还能轻松获得画面的审美情趣，从而产生一种成就感，激发新的摄影探索热情。

手动 具有自动曝光所无法企及的绝对优势——精确曝光，可在任何明暗反差条件下确保主体形象的重点部位曝光正常，获得理想的画面影调，为画面主旨表达奠定坚实的技术基础。一个模式包容多种表现手段，摄影人可以自由游历于大小光圈和高低速度之间，尽情发挥主观创造性是手动曝光的第二大优势。这种优势就是摄影者在了解了光圈与景深的关系、速度与影像动静效果的关系之后自如切换，准确无误地实现自己的主观创造愿望。

2. 自动曝光与手动曝光的劣势

自动 有时因电脑对光线判读失误而导致曝光失误是自动曝光模式的主要弱点。自动曝光系统的首要工作程序是电脑对镜头框定的影像亮度进行总体测定，这种测定方式的实质是对不同亮度部位的平均值认定，当电脑对其平均值确认（液晶显示器和取景器所显示的光圈与速度数值）之后，摄影者按下快门相机的影像传感器（或胶片）也就对镜中的影像实施了自动曝光。这种曝光方式可以保证画面中的趣味点与周边亮度相当的物象进行正确感光，当其趣味点的亮度与四周物象亮度形成高反差时（如教师在黑板前讲课，其面部与黑板亮度所形成的高差别；再如一个人在雪地背对阳光时拍照其面部亮度与刺眼的雪地所形成的高差别），电脑的测光系统就会顾此失彼，对其关键部位测光失误，致使整个画面的趣味中心失去亮度平衡，丧失质感，丧失层次，最终导致拍摄行动功亏一篑。为了弥补自动曝光这种缺陷，照相机设计师在测光系统上设置了“点测光”和“曝光补偿”、“包围曝光”等功能，试图以此完善自动测光这一功能程序。然而“点测光”远不如手动曝光精确，测光后再补偿和分步骤对不同部位测光、进行包围曝光也使得原本想要简单的操作变得复杂化了。

限制了景深调整的范围，限制了影像动态的调整范围也是自动曝光的缺憾。手动曝光可以在多种光圈级别和速度档位上做文章，酌情选定最佳的景深效果和最满意的动感态势，而自动曝光中的人像、花卉、风景、动感和A-DEP 模式是光圈与速度同时组合的特定景深和特定动势控制效果，有许多时候不能确切实现自己的表现愿望。

手动 由于手动曝光需要凭借自己对光圈、速度性能的了解和测光方法的了解科学地组合光圈与速度，初学阶段必须花费一定功夫才能入门，使用起来不如自动曝光那样快捷，这种不足往往使一些缺乏勇气的初学者望而生畏。对手动曝光，摄影者一旦熟知光圈与景深的关系、速度与动静效果的关系，懂得测光的操作方法，就能驾驭影像素质，驾驭画面情状。只要操作娴熟，其运作速度不会低于自动曝光，其成功率却能远远超出自动曝光模式。

四、曝光模式在新闻摄影中的应用

数码照相机的曝光模式既能用来拍摄艺术照片，也能用来拍摄新闻照片，还能用来拍摄生活人像，但由于不同摄影门类有不同的社会需求和不同的操作规范，则对曝光模式的使用也不尽相同。

1. 明确曝光模式的操作方法和各类功能效果

曝光模式操作程序分别如下：

使用基本拍摄区的所有模式及创意拍摄区的 P、A-DEP 模式 只需旋转曝光模式操控盘将其所选定的模式对准一侧的基准点（或基准线）便可进入取景拍摄阶段。

使用 Tv 需要先将其模式标志对准基准点，而后调节快门速度。

使用 Av 需要先将其模式标志对准基准点，之后调节光圈。

使用 M 模式在光圈上做文章 将 M 模式对准基准点——根据景深的需要旋转机背速控转盘，确定光圈数值——旋转主拨盘，目击取景器右下曝光量指示标尺直至游动光标对准中间的基准点——取景，构图，拍摄。

使用 M 模式在速度上做文章 将 M 模式对准基准点——根据影像动静效果需要旋转主拨盘，确定速度数值——旋转机背速控转盘，目击取景器右下曝光量指示标尺直至游动光标对准中间的基准点——取景，构图，拍摄。

M 模式曝光精确建立在正确的测光方法之上。不同的景别应该确认不同的测光范围——中、近景画面应该测主体形象的重点部位，排除四周与其明暗不一的干扰。这就要求摄影者在测光之前设法让重点部位充满画面，而后再半压快门，测定光圈或速度的数值；如果拍摄全景画面和远景画面，应该把镜头的中心点对准主要拍摄目标，而后下压镜头，把天空排除在取景框之外，以免高亮度的天空干扰测光的准确性，导致测光偏少，画面中的景物曝光不足。

此外，还应明确测光与当时的影像虚实的关系，明确测光与事后的取景构图关系。测光时镜中影像的虚实不会影响测光的准确性，因为其虚实与亮度没有必然联系，但测光之后将要按下快门时的测光点（趣味点）必须百分之百的清晰。除了反光极强的场景，一般亮度条件下的测光与构图也没有必然联系，最终确认的中、近景画面和全景、远景画面没有也不会改变测光点的亮度，原来所测的光圈速度数值仍然有效。

2. 了解光圈与速度的性能

光圈 所有曝光模式的根本都与光圈与速度相关联，说到底，所有曝光模式都要通过光圈与速度的组合达到预期目的，因此，作为一名摄影者必须了解什么是光圈、什么是速度；必须了解光圈与景深的关系、速度与影像动静效果的关系；必须懂得各类速度适合拍摄什么样的新闻事物、各类光圈适合表现什么样的新闻场景。

光圈，即照相机镜头内由金属叶片组成的能够伸缩的光孔。光圈的总体作用有二：一是用来控制被摄体的曝光量，以获得亮度适中、反差适度、色彩饱和、影像清晰的画面；二是用来调节画面景深，以便充分展示事物的特色，抒发作者的情怀。

光圈通常以 f 表示，其系数从低向高排列依次为：f/1.0、f/1.1、f/1.2、f/1.4、f/1.6、f/1.8、f/2.0、f/2.2、f/2.5、f/2.8、f/3.2、f/3.5、f/4.0、f/4.5、f/5.0、f/5.6、f/6.3、f/7.1、f/8.0、f/9.0、f/10、f/11、f/13、f/14、f/16、f/18、f/20、f/22、f/25、f/29、f/32、f/36、f/40、f/45、f/51、f/57、f/64、f/72、f/81、f/91。光圈的系数与实际光孔的大小成反比，即系数大，光孔小；系数小，光孔大。上述光圈 f/1.0～f/5.6 为大光圈，f/6.3～f/11 为中级光圈，f13～f/91 为小光圈。其划分的依据是景深：大光圈所摄的画面主体清晰，四周模糊；中级光圈所摄画面主体清晰，背景稍模糊；小光圈所摄画面主体清晰，背景清晰深远。

光圈的系数与景深成正比，例如 f/91，系数最大，用其拍摄新闻场景能获得最大的景深效果；f/1.0，系数最小，所获得画面景深则最小。光圈的光孔大小与景深范围的大小成反比关系，例如 f/1.0 的光孔最大，所摄取的画面景深也就最小；f/91 的光孔最小，所摄取的画面景深最大。

景深是拍摄每幅新闻照片所必须考虑的问题，因为它涉及画面的透视效果，关系到画面的视野范围大小，影响画面形象的表现力，影响新闻照片的主题意识表达。光圈是影响景深范围大小的主要因素，此外，镜头焦距的长短和拍摄距离的远近也影响着景深范围。镜头焦距与景深的关系是：焦距长，景深短；焦距短，景深长。拍摄距离与景深的关系是：距离近，景深短；距离远，景深长。只要理解了光圈大小、焦距长短、距离远近与景深的关系，就能在任何情况下用各类镜头灵活机动地把握画面的景深，获得理想的表现空间。

基本拍摄区的“人像模式”和“花卉模式”的背后是大光圈，即用短景深控制着影像的清晰范围；该区“风景模式”的背后是小光圈，即用长景深扩展影像的清晰范围。创意模式区的“A-DEP 模式”和“Av 模式”是作者根据表现的需要利用不同光圈酌情调节画面景深的大小。

速度 是快门开闭的时间控制系统，其指数排列顺序依次为：30″、25″、20″、15″、13″、10″、8″、6″、5″、4″、2.5″、2″、1.6″、1.3″、1″、0.8″、0.6″、0.5″、0.4″、0.3″、4、5、6、8、10、13、15、20、25、30、40、50、60、80、100、125、160、200、250、320、400、500、640、800、1000、1250、1600、2000、2500、3200、4000、5000、6400、8000……甚至更高。速度的指数与时间的关系是：从 30″到 0.3″为秒；从 4~8000 为快门速度的分母，即 1/4 秒、1/5 秒以至 1/8000 秒。30″~1/30 秒为低速，1/60 秒~1/200 秒为中速，1/250 秒以上为高速。另外，还有一个不可忽视的无限制的长时间曝光系统“BULB”，即 B 门，这个系统通常需要用三脚架、快门线在微弱的光照条件下使用。手持相机拍照是快门速度分类的依据。小型相机和专业相机带标准镜头的手控能力通常是 1/30s，低于这档快门速度必须使用三脚架来稳定相机；到了 1/60s~1/200s 手持相机拍照便无精神压力，只要有意识地控制相机晃动，就能凝固影像，拍出清晰的画面；如果亮度允许把快门速度调到 1/250s 的高速快门上，手握相机拍照就会更加轻松，其速度越高，对静止和动态影像的控制能力越强。

基本拍摄区的“闪光灯关闭”和“夜景”模式的背后是低速快门，其原理就是电脑对微弱的景物测光进行长时间曝光；基本拍摄区“运动模式”的背后是高速快门，其原理是电脑对高亮度的动体影像测光用高速快门凝固影像。至于创意模式区的“M 模式”、“Tv 模式”也是根据表现的需要灵活掌握快门速度高低的。

3. 根据题材特点选择曝光模式

曝光模式所发挥的功能包括技术和艺术两个方面。在运用时不仅应该考虑色彩的亮度、对比度、影像的质感和层次问题，还应该考虑眼前的事物是什么特点，用哪种模式能把这种特点表现出来，使技术和艺术得到统一，题材和表现手段得到统一。

人像、花卉模式和 M、Av 模式中的大光圈可以控制景深，使主体形象突出，背景变得模糊，这种模糊朦胧、含蓄，具有一种特殊的视觉美感和空间美感，它能给人以想象并带来美妙的遐思（如图 17、图 28），与此同时更能把杂乱的背景隐去，使主体形象跃然纸上。对中、近景的新闻人物、动物和景物都有较强的形象表现力。

风景模式和 A-DEP、M、Av 模式中的小光圈可以扩展景深，使画面中近处和远处的景象历历在目，适合表现宏大、辽阔、深远的自然场景和人物场景（如图 18、图 21、图 25），抒发自己对新闻事物的人文关怀。

运动模式和 M、Tv 模式中的高速度可以使高速运动的物体定格，看到他（她、它）们运动状态下的风姿和神情（如图 7、图 15、图 20、图 23、图 24）。

闪光灯关闭模式和 M、Tv 模式中的慢速度可以拍摄出“主体动，背景静”（主体虚，背景实，如图 27）和“主体静，背景动”（主体实，背景虚，如图 26）的效果。前者需要用三脚架固定相机拍摄，后者需要用“追随摄影”法拍摄。

至于 B 门，更有不俗的表现，用它可把地球运动的轨迹摄下（如图 9），把夜幕中肉眼难以企及的景色拍得一清二楚，使人耳目一新。用 B 门往往需要小光圈强调大景深，用三脚架和快门线稳定影像。

第七节　镜　　头

镜头，号称摄影师的“第三只眼睛”。是的，新闻摄影师借助这只“眼睛”洞察世界的风云变幻，发现人类世界最新、最深刻、最具震撼力的事物。照相机镜头的种类多种多样，一个新闻摄影者要想驾驭新闻现场，首先应该了解各种镜头的性能，学会用镜头观察世界，用镜头展现对这个世界的感受。

一、数码相机与胶片相机的镜头

从外观看，数码相机与胶片相机的镜头并无两样，事实上两者也无大的差别。数码相机的镜头与胶片相机的镜头有三个不同点：其一，由于一般的数码相机影像传感器的尺寸小于 135 相机的画幅尺寸，设计师有意在传统相机镜头的基础上缩小了成像圈，而使成像圈与 CCD、CMOS（影像传感器的英文简称）等同，以最大限度地发挥镜头的解像力。其二，数码相机中影像传感器对光具有较高的反射率，当强光射入镜头并被来回反射后，在感光器件上就会产生眩光和鬼影。为了解决数码相机的这一弊端，设计师采用两面都具有相同曲线的球面透镜（新月形的透镜，传统相机镜头采用非球面透镜）作为保护玻璃，使被感光器反射的光线在前端分散，以消除眩光和鬼影。此外，数码相机的镜头还多了一种“数码变焦”功能。这种变焦的性质，实际上是在光学基础上把影像放大，供拍摄时浏览影像的细部效果。数码变焦影像制作的照片，影像十分粗糙，不论是优美的风光照片，还是讲究的人像照片，都是无法接受的。

二、镜头焦距的可变性

所谓变焦，就是照相机镜头经过推拉或旋转可以使镜头的焦距长度（影像传感器至镜头中心点的长度）发生变化，在变化过程中镜头的视角宽度发生变化，则取景器的空间会相应产生大小变化。照相机还有焦距固定不变的镜头，称定焦镜头。

定焦与变焦镜头各有优劣。前者的优点是解像力相对较强，成像质量相对较好，且性能稳定；缺点是在使用过程中如果变化照片的景别（空间大小不同的画面），需要频繁地变化拍摄距离。后者的优点是“一头多用”，例如一只 28～280mm 的变焦镜头可当定焦 28mm 的广角、50mm 的标准、150mm 的中焦、280mm 的长焦 4 只镜头使用；第二大优点是在拍摄距离不变的情况下通过变焦可以改变景别。缺点是各焦距短的解像力不一，成像质量不够稳定。

任何一个摄影师都无法改变镜头的性能，但可全面透彻地了解、灵活地利用其性能，把画面的技术水平发挥到极致状态。镜头焦距的应用效果是我们把握的重点，因为在以后的岁月中需要用大小不同的空间画面反映事物的特色。

镜头焦距长度与视角宽度成反比，即焦距长，视角窄；焦距短，视角宽。其焦距长度和视角宽度与我们所需要的表现空间密切相关。

三、不同焦距长度的镜头在新闻摄影中的应用

焦距长度在 28mm 以下、视角在 75°以上的为广角镜头。这类镜头的特点是视角宽，边缘部位变形。其视角越宽，变形现象越突出——图 30（见书前彩色插页）是用焦长 16mm、视宽 108°10′的镜头拍摄的，我们由此可以看出这种超广角镜头的囊括力。由于边缘部位因变形而失真，拍摄新闻照片时需要慎用。

广角镜头适合拍摄宽广辽阔的场景，利用前景透视，可强化画面的空间透视效果（见图 31）。

图 31　1996 年，从扎伊尔返回卢旺达的难民（美国 Yunghi Kim）

焦距长度在 50mm、视角在 46°的为标准镜头。所谓标准，是因为它具备两个关键条件：一是镜头的视角宽度与人的生理视角宽度基本一致；二是所摄画面的空间透视效果与人在现场的感觉基本一致。该类镜头的特点是不变形、不夸张，摄取的画面真切（见图 32），适合展示真情实感的场景。这一点正与新闻摄影的真实性相吻合。

图 32　正月十五豫北浚县庙会上的盲人

标准镜头的视野比较宽广，我们同样可以用它拍摄远景、全景、中景、近景和特写画面，但必须通过拍摄距离的变化去实现。

焦距长度在200mm以上、视角在12°以下的为长焦镜头。此类镜头的特点是具有放大功能，可以把远处的物体拉近，把小的物体放大，适合抓拍人和动物的神态与姿态（见图33），是体育摄影的利器（见图34）。

图33 大鱼吃小鱼（美国 Jim Lavrakas）

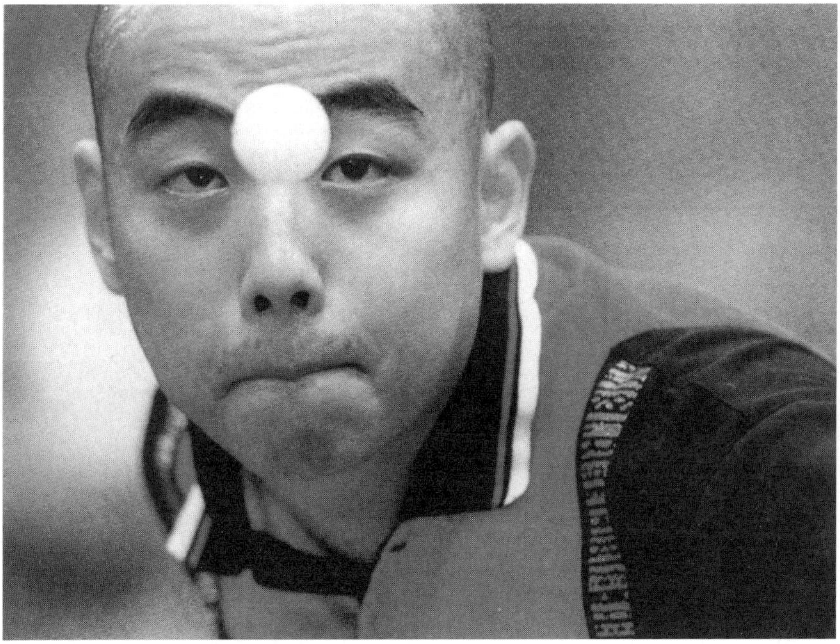

图 34　乒乓球世界冠军刘国良（赵彤杰）

需要指出的是，上述镜头用与 135 相机画幅尺寸等同的数码相机，可保持其视角宽度，如 Canon1DS Mark Ⅱ 能够达到上述空间效果。若 CCD 小于 135 底片尺寸，则等于焦距变长，视角变窄，其空间效果可在取景器中尽现。

第三章
现代新闻摄影用光

摄影就是用光作画。光是影像形成的基本条件，没有光，便无影可摄。光是丰富多彩的，每一种光都有其独特的表现力，同一新闻场景，用不同的光线照射，便有不同的空间效果、不同的层次、不同的质感和不同的情感意味。作为新闻摄影和艺术摄影的探索者应该研究光的种类，光的感情色彩，光的造型功能，并应结合事物的种种特点在新闻现场有选择地利用光线，把画面形象拍出视觉力度和思想深度。

第一节　现代新闻摄影的可用光源

可供新闻摄影使用的光源有两种：一种是自然光；另一种是人造光。这两种光源各有不同的使用价值。

一、自然光

由太阳发射的光为“自然光”。它有以下四大特点：

亮度高、照射的面积广是自然光的第一个特点。用这种光线拍摄庞大的新闻场景，光照均匀，便于用小光圈强调景深，用自然光拍摄自然景观、群众集会以及都市建筑群，其照明效果是人造光所无法比拟的。

富有明暗变化，可供选择的余地大，是自然光的第二大特点。从新闻摄影的角度讲，光线强弱各有用途。比如表现男性的阳刚之气需要硬性的光质，表现流水雾化需要弱光，应根据题材的特点和摄影表现的需要选择光线。当然，抢拍快节奏的新闻有时没有过多的选择余地，在条件允许的情况下才能“择优录用”。摄影艺术就是选择的艺术，光线的选择对于一个题材拍摄的成败起着举足轻重的作用，有的新闻照片甚至可以以光取胜。

自然、真切是自然光的第三个特点。一幅新闻照片之所以优秀是由多种因素促成的，真切的光影效果是新闻摄影所不可缺少的真实性因素。单看某一自然光画面时，我们尚不会有突出的感觉，当把用人造光对这一场景刻意塑造的照片摆在我们面前时，才会真正发现自然光的魅力所在。

使用方便，节省开支是自然光的第四个特点。阳光是一种取之不尽、用之不竭的照明光源，只要想用，无须请哪一位当权者审批，用它拍摄一万张新闻照片也没人向你索要照明费，而任何一种人造光都会涉及经费开支。

二、人造光

人造光，泛指人为制造的光线。民用照明灯、钨丝灯、碘钨灯、舞台灯、影室闪光灯、便携式闪光灯的灯光以及焰火等均属人造光的范畴。

新闻并非全发生在明亮的阳光下,在光线微弱的室内和午夜远离人群的地方,当某些人物活动或动物活动场所发生新闻时,人造光能解燃眉之急。此时闪光灯出手迅速,可在被拍摄对象不被惊扰时突然发光,摄下难得的瞬间。

早在革命战争年代，我们的父辈就曾借炮火、燃烧弹、信号弹拍摄过不少夜战照片。如今我们的照明灯具无论是品种，还是发光功率和灵便性，都比那时的条件优越了许多。

人造光具有较大的可塑性，摄影者可根据需要调节静态新闻形象和预知性新闻场景的明暗、光色和照明方位。

人造光分瞬间发光和持久照明两类，前者适合拍摄突发性新闻事件，后者适合拍摄预知新闻和静态新闻场景。

照明范围小、空间效果差、受经济条件制约是人造光的不足之处，我们应酌情使用人造光。

第二节　现代新闻摄影的可用光种

随着拍摄对象的朝向变化、摄影者的拍摄方向变化以及人造光光位的变化，会产生顺光、侧光、逆光、顶光、脚光等不同种类的光线。同一新闻题材用不同的光线拍摄会产生不同的画面效果。

一、顺光

由摄影者背后射向被摄体的光线为顺光。在一般人看来，借用这种光线拍照，其人物面部直受太阳照射，亮度高，拍摄成功的把握大，精神感觉顺畅，“顺光”一词也就由此而生。

光照面积大，被摄体受光均匀，光质柔和平稳，是顺光的突出特性。

顺光对下列对象具有表现力：

1. 面部细腻、粗糙的人物及物体。顺光明亮而柔和，可直射人物的面部和醒目的部位，这些拍摄对象受顺光照射后，其凸出部位可形成一个相对明亮的聚光点，即高光。此时可用小光圈近摄的方法淋漓尽致地刻画出人与物体光滑、粗糙的特点，强化其独有的一面。

用顺光拍摄儿童和青春少女，可出色地表现人物肌肤的质感（见图35），反映人物的个性特征；拍摄珠宝、玉器、瓷器、玻璃器皿等工艺品可显示其玲珑剔透的特征；拍摄满面皱纹的老者或树皮可显示一种沧桑感。

2. 和平安宁的景色。海滨浴场、田野风光、乡村民居、草原牧场等原本宁静的场景在顺光照射下显得更恬静、幽雅、祥和，图36是丝绸古道的自然景色。由于这是一个边远地区，沉睡已久的人间奇观到了21世纪初才被文化人发现。同是这一新闻场景，在不同光线条件下会产生不同的视觉效果。顺光不仅能给这片独特的土地平添一份和平气息，天上的彩虹也使这道别样的景色锦上添花，其新闻性和趣味性变得更加浓郁。

3. 蓝天白云。顺光条件下的天空没有混浊的杂质，蓝天显得特别透，白云显得格外白，拍彩色照片尤为出色。在顺光条件下如果用黄色滤光镜拍摄黑白照片可把天空拍成灰色，保留白云的白色，云彩比较突出；用红色滤光镜拍摄黑白照片可把天空拍成黑色，把白云反衬得更为强烈；用偏振镜拍摄彩色照片可把蓝天拍得更蓝，白云更白（见图37）。

二、侧光

从一侧射向被摄体的光线是侧光。

侧光分大侧光、前侧光、后侧光三种。从90°角照射被摄体的光线为大侧光；从前侧方照射而来的光线为前侧光；从后侧方照射而来的光线为后侧光，也称侧逆光。

侧光的突出特征是黑白分明，对比强烈，用此光拍摄建筑物和某些自然景观，使其棱角突出，立体感更加强烈动人（见图38）。用它拍摄丛林、树木明暗交织，气氛热烈，节奏感强，静止的物体上也能透出几分灵性。这种光线用于新闻人物也有较强的表现力，如图39是在侧光条件下摄取的，人物有明有暗，其形象表现颇有力度，强烈刺激着人的感官，给人以深刻印象。这原本是一幅被灰色和黑色主宰的低调照片，如果用顺光拍摄，整个画面将平淡许多。反映人的悲惨遭遇的重大题材配以生动的光线使新闻情景变得更具视觉分量。

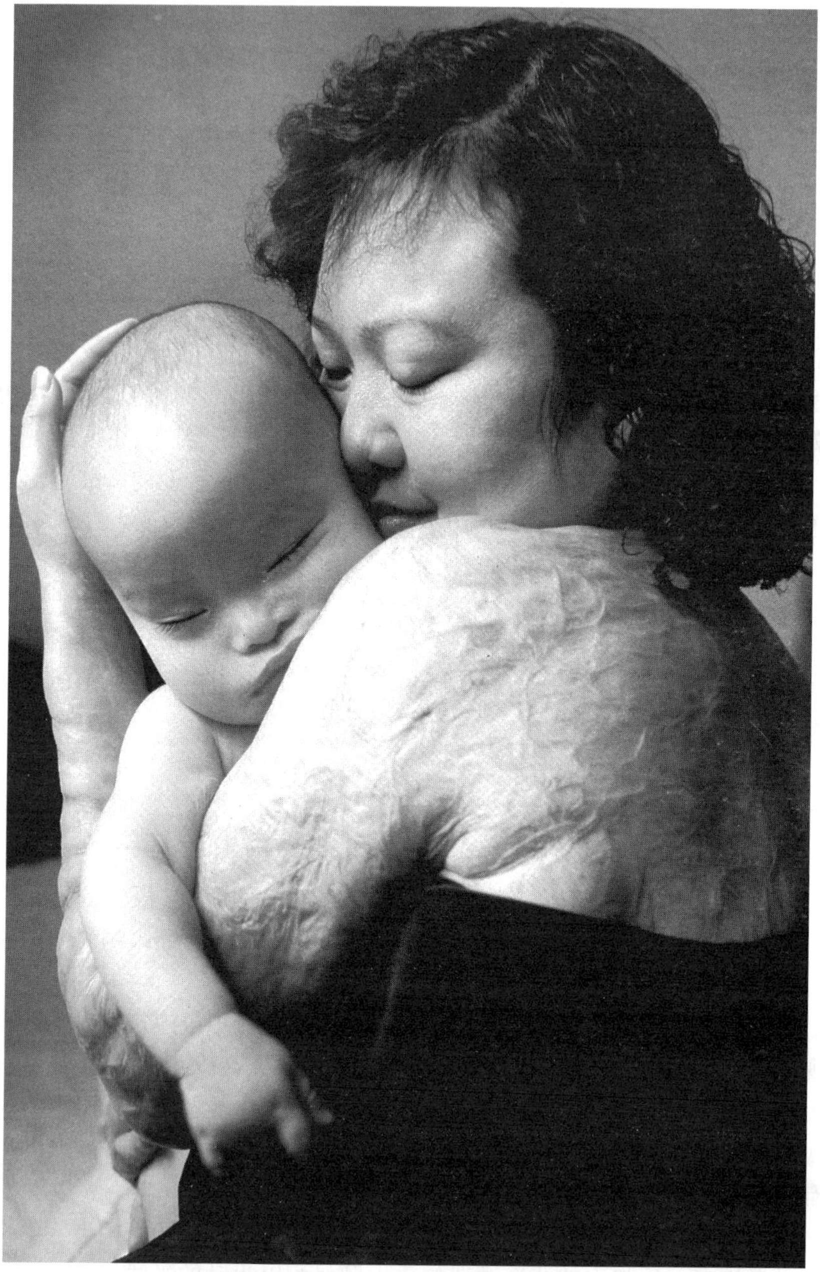

图 35　越战受害者金蒲与她的儿子（美国 Joe Mcnally，Life Magazine）

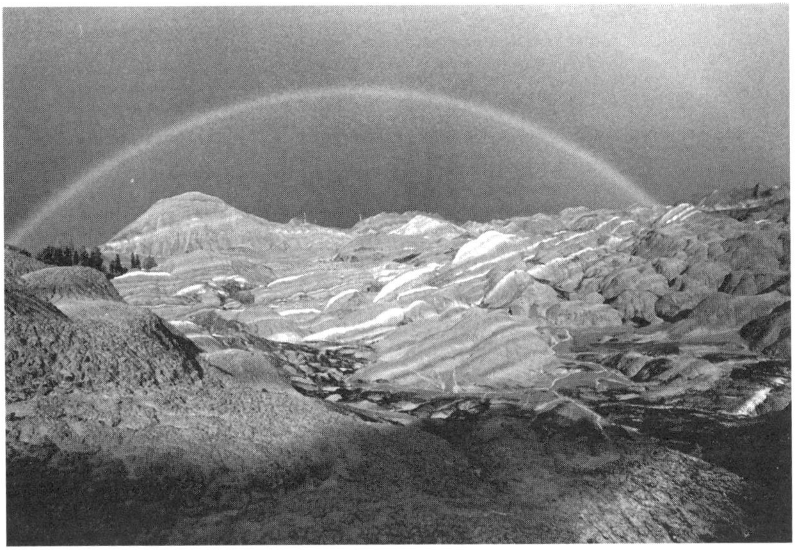

图 36　甘肃张掖，新发现的丹霞地貌，2004 年秋天

图 37　内蒙古草原的夏季牧场，2001 年 8 月

图 38　新疆魔鬼城的景色，2004 年 7 月

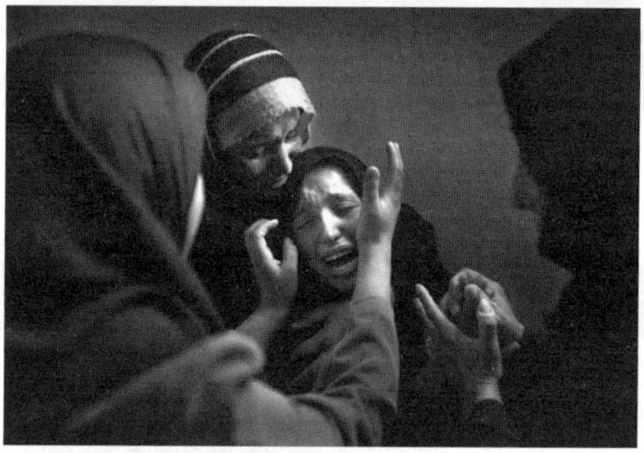

图 39　2004 年世界新闻摄影比赛
一般新闻类单幅一等奖（Jerry Lampen）

侧光还有一定的写意功能，适合拍摄新闻肖像。早期的《国际摄影》杂志曾刊出过一个心事沉重的新闻人物，侧光将其面部形成明暗关系，透过主人公的神情以及整幅画面的压抑气氛和面部的阴影，人们可以探知她的心灵世界，体味到她的苦楚。

我们利用侧光就是利用其明暗关系，不同的侧光，其明暗对比的亮度便不同。前侧光亮光约占 3/5 或 4/5，暗光约占 2/5 或 1/5；大侧光明暗各半；后侧光亮光约占 1/5，而暗光约占 4/5。其明暗所占比例不同，则光的明暗对比度也有较大差异，三种侧光相比，前侧光的明暗反差较小，其光影效果既有变化对比又不失和谐，无须再对暗处补光。其余两种侧光的亮度明暗反差大，其光影效果是暗部较黑，亮部较白。由于明暗悬殊，大众留影时有些难以接受，而新闻摄影则应酌情采用：一般的人物场景需要影像的层次与和谐的影调，不宜顺其自然，而应对暗部适当补光，其最佳光比应为 3∶2，即亮光占 3，暗光占 2。个别以写意与写实相结合的拍摄题材则应利用其高光反差，营造出一种特定的画面形式和思想气息，无须对暗部补光。

反光板、碘钨灯可作为静止新闻影像的补光工具，闪光灯可作为动态新闻场景的抓拍补光的工具。

三、逆光

由拍摄对象背后射向镜头的光线是逆光。逆光比顺光暗二级，通过拍摄体可见轮廓光。

用逆光拍摄新闻人物和其他新闻影像，可将其从背景中分离出来，使之栩栩如生（见图 40）。用逆光拍摄人物及动物群体时，每一个具体形象都有一个生动的光影（见图 41），若干光影组合到一起便可产生震撼力。草原上的羊群司空见惯，当逆光照射运动的羊群时，取景框里如同滔滔的白浪在流动，置身于此，你会被眼前的壮观所激奋。

图 40　八月，祁连山下的裕固族少年

用逆光拍摄大漠、河流、雪域风光也有不同的视觉效果。经逆光照射后，其远近、起伏与明暗融合于方寸之间形成多种层次变化，可在纸平面中创造一种视觉空间。

图 41　豫北乡村的泥塑之家

利用逆光，就是在轮廓光上做文章。轮廓光的突出程度与背景的明暗密切相关：背景颜色灰淡，轮廓光隐约可见；背景深黑，轮廓光突出；背景白亮，轮廓光消失。

拍摄现场背景的明暗与拍摄的方向有关，如正面没有深色背景，侧面或许有；左边的衬景颜色浅，右边的颜色可能深，只要注意选择，照片拍摄成功的可能性就会增大。选择背景的目的是寻找理想的逆光，而寻找逆光的目的是为了更好地塑造主体形象，切不可抛开主体一味地追求光影效果。

逆光的有无、质量的高低也受天气的影响：晴天强，多云弱，阴天则会消失。

拍摄对象的颜色深浅也影响逆光效果：其颜色深，轮廓光的亮度高；颜色浅，亮度低。

总之，逆光受到客观条件的种种限制，其选择利用最佳效果的原则也要建立在新闻摄影的时间和空间的真实基础之上。

四、顶光

自上向下垂直照射的光线为顶光。

顶光分自然、人造两类。

因纬度不同，自然顶光持续的时间长短也不同：低纬度地区一年四季可见，而中纬度地区夏季才会出现，高纬度地区则难以见到。顶光一般在正午才会生成，照射在物体上，物体是上明下暗；照射在人物的面部，其特征是：凸出部位亮，凹陷部位暗，拍摄在照片上是额头、鼻尖与唇面光照强，眼窝、鼻下、唇下有阴影，从美学角度看，这种画面似有几分丑陋。此光可强调正午这一特定时间段新闻题材的思想特点。比如大旱之年农夫在田野里劳作，人们从其面部的光线特征一看便知主人公是在烈日下与旱魔抗争，有助于表现主人公的精神境界。

用顶光拍人物尽管有一定缺陷，然而在特定的社会题材下这一缺陷将会降至次要的地位，取而代之的是新闻的思想取向与社会意义。1997 年，世界新闻摄影比赛年度最佳新闻照片《阿尔及利亚大屠杀中痛失亲人的妇女》就是顶光所摄，此时，谁也不会考虑这位老妇面相的美丑，当人们的目光与其悲伤无奈的面孔相撞时所产生的是精神共鸣。顶光对特定时空条件下的重大新闻题材的表现，同样有极其宝贵的利用价值。

我们无力改变光种的客观特征，但我们却能用创造性的思维，借某一光影的视觉特点营造出别出心裁的画面形象。德国彼得·金特尔拍摄的《奥林匹克运动员》(图 42）就是成功的一例：他借顶光对主体人物进行局部照射，使光线本身产生新的含义，它告诉我们，奋斗着总是美好的，只要付出，就有希望等待着你。

人造顶光多是摄影者根据表现意图的需要所设置的光线，闪光灯、碘钨灯、舞台聚光灯和散光灯均可自上向下照射形成顶光效果。人造顶光多在使用面光的同时作辅助光出现，其目的是营造一种空间效果。在新闻现场要做到精心布光是不现实的，特别是突发性新闻，客观条件不给你布光的时间。再者，有时刻意追求一种光照效果，反而会弄巧成拙，破坏画面的现场气氛。具有新闻价值的舞台演出及国家的重大会议，现场多有固定的顶光

图 42 奥林匹克运动员（德国 Peter Ginter）

照明，其光照效果已成定势，此时借用现场顶光拍摄新闻照片，可增强画面的立体效果。

五、脚光

由下向上照射的光线称脚光。这类光线多为人造光。当阳光直射地窖、山洞或某一明亮的地面时偶尔可见自然光。

脚光在人物面部的照射特征是下亮上暗，带有几分阴森气氛。这种视觉效果随着人物面部高度的变化而变化：其面部平视或上仰则气氛浓，面部下俯则气氛淡，这一特定感情色彩也随色调冷暖的变化而变化：色调冷，幽暗、恐怖；色调暖，宁静、祥和。

这种光线多用于电影、电视、舞台形象创作，当反面人物出场进行某种罪恶勾当时，用冷光由下向上照射，可渲染一种低沉、诡秘、狰狞气氛，可有力地刻画其丑恶嘴脸。当需要用浪漫情调营造夏夜郊外的美好，或恋人倾诉衷肠时的那份温馨，可点上一堆篝火用暖光照明，有助于营造“美好时光”。

拍摄新闻肖像用暖调脚光照明，可呈现一种特殊的光影效果，给人以新的视觉感受（如图 43）。

上述五种光线，顺光、逆光、侧光三种为新闻摄影的常用光；顶光、脚光两种光线同样可用于新闻摄影，但应视客观情况和社会效果而定。

图 43 2002 年，在伯利恒 Nativity 教堂里（美国 Carolyn Cole）

第三节 现代新闻摄影可用的气候条件

一个摄影记者应该是一个全天候的摄影师，因为任何一种气候条件下都会产生新闻。要获得丰硕的成果，研究各种天气的亮度、空间透视效果、光线的特点、天气对新闻影像的外在影响和内在影响以及利用气候特征的方法是必要的。

一、晴天

晴天是最受摄影大众欢迎、利用率最高的一种天气。因为在这种光照条件下，影像的亮度高，便于手持相机拍照，拍摄成功的把握大；光种丰富，顺、逆、侧等自然光种只有在这种天气条件下才能产生，摄影者有充分的选择余地；光色丰富，拂晓与傍晚色调偏冷，日出与日落色彩偏暖，上午与下午光色纯净，照射到物体上颜色逼真，最能显示物像的特征。

在灿烂的阳光下，摄影记者最活跃，因为这种光照的诸多因素有利于新闻摄影。它能给人带来好心情，能激发人的工作兴趣和信心。

有些照片需要以光线取胜，新闻摄影可在晴天根据题材的特点选择一种最具表现力的光种拍摄。比如某一白发人因某种处境、某种遭遇成为新闻人物，此时用逆光将其透视在深色背景中，比用阴天平庸的散射光拍摄要精彩得多。

上午9时至下午5时这一时间段是人们的主要工作时间，其新闻产生的量大，也是新闻摄影者按部就班的主要工作段。这一时段的光线亮度高，在室外拍照不需要三脚架，只要有新闻发生，相机可迅速出手瞄准拍摄目标，不会因准备工作贻误拍摄时机。

晴天摄影的黄金时光不是上述时间段，而是日出后一小时与日落前一小时。这两个时间段虽是一早一晚，但它们的光照特征却是相同的，可把二者视为一种时间段。我们之所以把它称为黄金时光，是因为：（1）可以太阳作为直接表现对象或间接表现对象，有些户外新闻题材，可能会因摄取了太阳增强画面的美感，给新闻照片注入一种视觉情趣；（2）此时太阳发出的光呈橘黄色，所摄照片色彩浓烈，视觉冲击力强，拍摄任何新闻题材都能蒙上一层感情色彩（如图44），同样一种事物被这种光线照射后比用上下午的明亮日光更为动人；（3）夕阳与旭日发射的光线有一定的亮度，也比较柔和，此时拍出的影调柔美、饱和，尤其拍摄逆光照片，其轮廓光会变成金色，在这种光照条件下，如突遇新闻事件发生是非常幸运的；（4）这一时间段是人与动物早出晚归的时间，也是新闻发生频率较高的时间段。

图44　失去的绿洲（田立）

在高亮度的晴天，摄影者可在高速度和小光圈上做文章：有些新闻场景范围广，阵容大，需用大景深展示其特色，此时把光圈调到最小一级，仍可使用1/30秒以上的快门速度，具备手握相机的条件；拍飞车、飞行物、飞鸟、空中飞人等高速动体，需用高速度拍摄，明亮的日光给我们提供了高速抓拍的条件。黑人运动员盖尔·德弗斯在亚特兰大奥运会女子百米赛获胜后欣喜若狂，加拿大摄影师斯坦·贝阿尔用1/1000秒的快门速度猎取了这一激动人心的情景，这幅照片获得第40届世界新闻摄影比赛体育类二等奖(图45，见书前彩色插页)。从某种意义上说贝阿尔获得成功，是老天助了她一臂之力，如果德弗斯这一情景出现在阴天，贝阿尔就没有条件再用高速度，则德弗斯的欢乐情态将是一片模糊。

晴天好做天空的文章，这种天空的颜色是多变的，含蓄的晨曦，橘黄的天幕，湛蓝的碧空都能增加新闻照片的魅力。当白云朵朵变化万千形成某种动物、植物或建筑物形象的时候，也就构成了“自然界新闻”。

晴天并非尽善尽美，从清晨到上午，从中午到晚上，光线亮度变化大，缺少摄影经验或有经验偶然粗心大意者都会导致曝光失误；侧面光明暗对比度大，如果曝光过度，照片会出现生硬的影调。只要有防范意识，失误是可以避免的。

二、多云

多云是一种常见的天候，对摄影来说也是一种有利用价值的自然现象。多云是由诸多云团聚集而成的，其中有乌云、乱云、彩云等多种云形，不同云形有不同的象征，在新闻摄影中酌情利用，可使其变为新闻照片的辅助语言，配合主体形象表达主体思想。

乌云，象征着沉重和压抑，可用于灾难性题材。美国人道主义摄影师James Nachtwey拍摄有关战争内容的照片时喜欢借景抒情，在他所摄下的画面里经常出现阴云密布的天空，以此抒发他对战区受难者的忧患意识，表达他沉重的心情。

乱云是一种没有秩序的、令人躁动不安的天气形象，在拍摄社会动荡的新闻题材时若能将其巧妙地收入画面，可渲染“乱”的气氛，加强照片的思想分量。

彩云与上述两种云形截然不同，它多彩多姿，象征着美妙与吉祥，摄影师若运用得当能够抒发自己的人文情怀，图46（见书前彩色插页）就是最好的例证，天上的彩云是既人的精神的寄托物，也是作者的激情写照，它不仅渲染了画面的视觉气氛，也使得一幅人生图景上升到了天人合一的境界。

三、阴天

厚厚的云层布满天空，阻隔日光向大地辐射，此时光线失去了明暗反差，使其变为散射光，这就是阴天的光照特征。

阴天的光线比晴天的光线暗 2~3 级，乌云压顶也会给人增加一份沉重感。利用这种光照，表现人间愁苦、灾情与战乱场面，可使新闻事件所散发的悲哀气息在视觉上与自然气息融合，从而使照片画面更具感情色彩，更有精神分量。

阴天的光线平和偏冷，拍摄彩色照片色调带蓝色成分，用这种光拍摄穿婚纱的新娘、医院里的白衣天使可强调一种素雅圣洁感。

阴天的散射光照射在玉器、玻璃器皿上没有生硬的光斑和浓重的阴影。若某一地方发掘出这一类的出土文物，借用这种散射光拍摄，其画面也是耐人寻味的。

在散射光下，物体缺少明暗反差，有时处理不当，照片影调会因缺少黑白对比而显得苍白无力。此时提高黑白照片的影调反差、保持彩色照片亮丽色彩的有效方法是利用明暗关系和冷暖关系。

所谓明暗关系，就是让明亮的拍摄对象透视在深暗的背景中，或让深色的拍摄对象透视在明亮的背景中，图 47 是用阴天的散射光拍摄而成的，从图中我们可以看出明亮的道路托出了人的身影，山峰反衬了人的面孔，使整个画面在明暗交织中相得益彰。当然，此图的精彩之笔不在技术的运用，而在作者利用灰冷的天色营造了一种压抑的气氛，道出了人生的苦难。

所谓冷暖关系，就是在拍摄之前观察拍摄对象的色调，如是红、黄、紫之类的暖色调，可将其透视在蓝、绿、青之类的冷色背景中；反之，可用暖色背景反衬主体形象。

四、风天

风有微风、大风、飓风之分，不同的风对新闻摄影有不同的用途，我们可以借风为新闻照片增色。

风可以改变世界的色彩，也可以改变人的心态与姿态。我们可利用其一反常态捕捉新的视觉形象。如图 48，大学校园是幽雅的，沙尘与狂风使这片美丽的园地混沌起来，赶路的女大学生也没有了往日的风姿，从新闻角度审视这反倒成了一个看点。

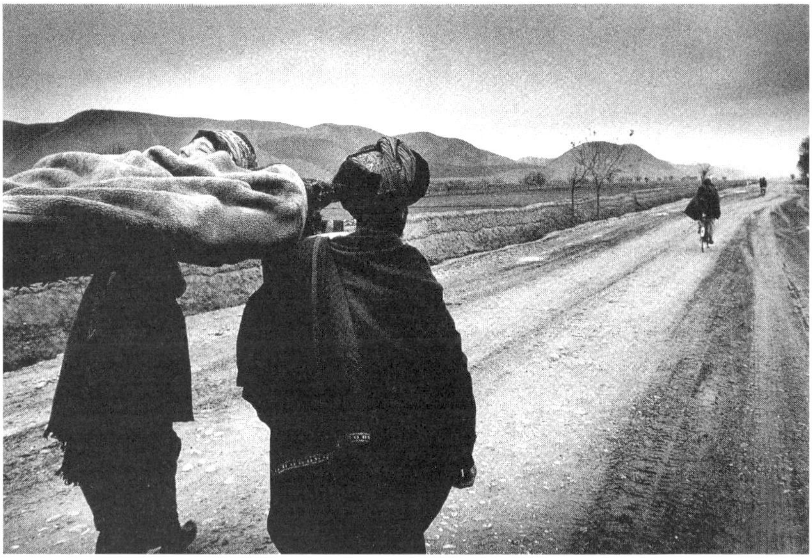

图 47　2001 年的阿富汗人（比利时 Tim Piren）

图 48　2006 年 3 月 27 日沙尘暴袭击郑州（邓果）

风不仅可以改变物像的视觉效果，其本身有时还可构成新闻。如飓风登陆房屋倒塌、人畜失踪、庄稼毁坏的惨状就是“自然界新闻”，有关龙卷风和沙尘暴内容的新闻照片曾在第48届世界新闻摄影比赛中两个奖项中出现。

风是一种无形的气体，而新闻摄影所要摄取的是有形的影像，利用风强化新闻照片的素质似乎是困难的，然而我们可从轻柔的物体如衣裙、飘带、旗帜、枝条、硝烟上体现，也可通过风给人类带来的灾难如连根拔起的树木、倒塌的房屋、人在风暴中所遭受的不幸等多方面体现。

五、雨天

当天色阴沉、大雨倾泻而下时，一般的留影者是足不出户的。在人们看来雨滴会淋湿衣服，弄不好还会淋湿相机，把雨视为拍摄的障碍。其实，大雨来临时正是新闻摄影的大好时机，此时新闻发生的频率高，原本有新闻价值的人物活动在雨水袭击下，其动作节奏会加快，姿态与神态会发生显著变化，更具典型性和刺激性；原本没有新闻价值的景物在雨色的笼罩下，其色彩与空间透视效果均会改变，加上淅淅沥沥的雨丝注入视线能拍出一种视觉清新、韵味独特的视觉场景。在一定条件下，普通事物会转化为新闻事物，以城市的人力车为例，在多种交通工具并存的时代，其车夫为生计迎来送往不足为奇，可是在风雨交加、举步维坚时拉客，需拼出全身的力气，雨水汗水以及心中的泪水交织在一起，也就构成了既有画面形象又有精神分量的新闻形象（见图49）。利用雨渲染画面气氛，拍出照片特色者不乏其人。前苏联摄影记者斯坦尼斯·拉夫特里巴在倾盆大雨中拍摄了排球赛的场景，照片获得1958年度的世界新闻摄影比赛最佳摄影奖。

在雨天拍摄就是在雨滴上做文章。雨是细小无色的透明体，若拍摄方法不当很难在画面上留下它的影子。其拍摄方法是：首先选择深色背景，将雨丝透视其中加以反衬，则雨的形象就能显现出来。若将其透在白亮的背景或天空中，即使使用世界上成像质量最好的镜头，在画面上也难以见到它的踪迹。然后选择合适的快门速度，一般情况下用1/15秒可拍出雨线效果，用1/30秒可拍出雨点效果，速度过高或过低均难以奏效。

我们还可通过湖面、路旁积水溅起的水花和城市大街上五颜六色穿雨衣的人群体现雨的气氛。

雨中拍照最好用雨伞挡住镜头和机身，以防影响照片的清晰度。

图 49 艰难的营生（李尚才）

六、雪天

雪是温带和寒带才能见到的天气现象。对新闻摄影来说，它同样可以渲染画面气氛，构成独特景观（图 50，见书前彩色插页）。

雪能改变世界的容貌，给新闻摄影者带来一种契机。冬日的大地失去了春、夏那种绿的生机，到处是干枯的田野，干枯的树木，干燥的空气，即使能经受严寒考验的松柏也显得无精打采，此时突降大雪，苍穹之下顿时变成白茫茫的世界，这本身就是一种新的视觉效果，借机深入自然界，深入大众生活，就最有希望发现新闻题材，抓取新闻事物的形象特点。

在纷纷扬扬的大雪中，人物的情感受自然的影响会发生突出变化——有人感到雪的严寒会变得畏畏缩缩，有人在冰雪严寒中会壮志满怀。总之，不同处境、不同意志的人有不同心态，而心态的变化会通过面容和姿态流露出来，这些可视的精神状态有利于新闻摄影的形象表现。

拍摄高调照片（画面以白亮的环境为主，主体为深色，在画面中只占一小部分），需要大面积的高亮度空间，铺天盖地的大雪如同一张庞大的背景纸展现在摄影者面前，只要处理好背景与主体在画面中的比例，就能轻而易举地拍成一幅明快、淡雅、爽心的画面。

下雪时飘舞的雪花仍是我们值得拍摄的目标。雪花是白色的，其拍摄方法与雨滴的拍摄方法一致，即以深色背景把雪花反衬出来，然后选择 1/15 秒或 1/30 秒的快门速度抓取。

雪的亮度高出人及景物的亮度数倍，此时曝光的技术难度相对较大，把握不当会导致主要拍摄对象曝光失误。拍摄雪景表现雪的质感应按雪的亮度曝光，而不应以某一陪衬物的亮度曝光；以雪作背景拍摄人或一般景物，则应以其重点部位的亮度曝光；以雪为背景逆光拍摄人物，其面部与背景雪的光比悬殊，此时用闪光灯或反光板补光可缩小反差，则主体与衬景的层次才可兼得。

七、雾天

雾和新闻摄影是有缘分的，在一定条件下它能导致某一新闻事件的发生，如“×月×日×高速公路因雾锁视线造成百辆汽车相撞事故”，此类事件虽是天灾人祸，对摄影记者来说可能是机会的来临。

雾是一种可视现象，其形状的无穷变化有时还能构成奇丽的景观，作为新闻形象的主体出现在新闻照片的画面中，营造一种新闻情趣（如图 51）。

图 51　乡村养狗热

雾在新闻摄影中的第三点作用是充当背景，给新闻照片注入地域特色，营造一方生动的视觉空间。

散射雾、团状雾、云海是雾的三种不同形态。散射雾的特征是笼罩的范围大，没有浓淡变化，散布均匀。这种雾是在某一湿度较大的地区形成的，其透视规律是近清远浑。利用散射雾作衬景拍人应在5米以内的距离进行，其目标距镜头越远，拍出的影像越混沌。

利用散射雾拍摄人或景物应利用明暗关系，即选择深颜色的新闻形象作为拍摄目标，其画面才有黑白反差。忽视这一点，所摄照片将是一张空洞的白纸。

团状雾是由无数个微小的水粒子凝聚而成的，多出现在山顶、山腰及山谷里，众多的云团在一地集结可构成壮美的新闻景象。由"世界屋脊"珠穆朗玛峰向下俯瞰，可见这种景观。日本的富士山远不如我国黄山、桂林那样婆娑多姿，然而在它的顶端有终年不散的云团一直缠绕着，平添了几分神奇。

把团状雾透视在深色背景中才能将其反衬出来。拍摄纯粹的雾景，取雾与山的平均值曝光可同时强调山与雾的层次。若以雾团作衬景拍新闻人物，以人的亮度曝光，就等于抓住了主要矛盾，与此同时，雾的明暗虚实对画面均可起到装饰作用。

云海由密集的云团组成，黄山与泰山均以云海的壮观而驰名中外。一般的云海虽不能称其为新闻现象，但在云海前发生了某种新鲜事物，如"泰山日观峰添新景"、"×××游客于黄山北海落难"、"天子山中续拍《西游记》"等，云海成了新闻事件的连带成分，将其摄入镜头也就自然而然地给新闻照片注入了地域特征和新闻美感。随着气候的变迁，一些原本湿度小的山区如果出现云海，这是自然界一种难得的新闻现象，拍成新闻照片也颇具形象特色。同是一片云海，不同的光线照射便有不同的视觉效果。用顺光拍摄，影像虽柔和，却没有理想的质感和空间感；若用逆光拍摄，云层浓淡分明，每一云团都会镶上一道金边，整体看去如同澎湃的波涛，其宏阔的气势足以令人热血沸腾。

工厂里的蒸汽、乡村的炊烟及战地的硝烟等人造雾是自然雾的"近亲"，用于新闻摄影与自然雾色并无视觉差异，同样可借助其形态做文章，也可用于背景渲染画面气氛，调节画面的轻重关系。

八、夜色

太阳从地平线上消失之后，新闻事件并非因此而消失，事实上正相反，人类社会乃至自然界有许多鲜为人知的事件常在神秘莫测的黑夜里发生。夜间拍摄新闻照片的有利因素是夜幕能将杂乱刺眼的物体遮掩，使新闻照片的背景得以净化；夜色又是深邃奇妙的，以此拍摄的照片色彩清纯，主体的光影突出，影调厚重，往往能拍出意想不到的效果。其间拍照的不利因素是光照条件差，光的明暗变化无规律；行走、观察、相机操作多有不便。在诸多困难中，用光仍是夜间摄影的最大难题。

夜间新闻摄影不可缺少闪光灯。有些新闻现场光线微弱，有些新闻还可能发生在伸手不见五指的地方，在这两种条件下拍摄突然出现的动体只有闪光灯可派上用场。此时抓拍新闻，以“AF”型自动曝光闪光灯为佳。该类闪光灯带有红外线照明功能。当光照不足时它能向主体发射一种红光以便自动聚焦和自动测光，有这种灯具，也就不必担心相机聚焦失灵和曝光失误。

手动闪光灯配手动相机也可发挥作用，只是比“AF”型自动曝光繁琐些，其曝光方法是：

首先，将快门速度定在闪光同步速度上不变。一般照相机的闪光同步速度是1/60s，有的是1/125s，而高档相机的闪光同步速度是1/8s～1/200s，在快门速度上有较大的选择余地。

其次，根据物距远近确定光圈大小。物距与光圈的对应规律是：距离近，光圈小；距离远，光圈大。

再次，对拍摄目标调焦。其目的是测定机位距被摄体的确切距离。

最后，根据距离刻度（米数）在灯背上查找相应光圈。为便于用户使用，厂家在闪光灯背后印有曝光参考表，按此表曝光简便易行。

对于运动目标，新闻摄影受时空制约只可用单灯拍摄顺光效果的画面，此时不能苛求光影的立体感。

在纪实的前提下，某些静止或相对静止的场景（如某一重要会议）可用两只指数相同的闪光灯，采用主灯远、辅灯近的方法打出逆光及侧光的效果。

还可用低指数的主灯和高指数的辅灯于相等距离上对所摄目标同步闪光，可打出侧光、逆光两种光线。

在黑暗的环境中用一只灯从一侧闪光可打出侧光效果。

用先后曝光的方法，一只灯对静止物体亦可打出两灯同步闪光所具有的光照效果。

在条件具备的情况下，最好用现场光照明。家用台灯、日光灯、公众场所照明灯、舞台灯光、彩色反射灯、霓虹灯所发射的光均为现场光。用这些光线可拍摄大面积、大体积的全景照片，诸如摩天大楼、大型彩色喷泉、体育赛场、城市全景的夜色，用一只闪光灯只能照射局部，且显突然生硬，而用现场光拍摄既可取其整体面积又可保留原有的色彩与空间效果。

图 52 2001 年 10 月的北京胡同

因现场光的亮度有限，一般只可用低速拍摄静止或相对静止（动势不大）的场景，而无法用高速拍摄剧烈运动的物体。在低照明下用低速快门拍摄高速动体只能收获一个虚晃的影子；在低照明下用高速快门拍照所获得的将是微弱而难以辨识的影像。

现场光明暗不等，拍摄前最好用测光表或相机的内测光测量曝光数据。在亮度低于最大光圈和最低速度时测光系统将失灵，此时应用B门凭经验进行长时间曝光。为避免失误，不妨用不同的曝光数据多拍几次，有选择的余地总比按一下快门更能赢得主动。

在夜间用现场弱光拍照并非不能使用小光圈，此时可用f/22，也可用f/32,只是要用三脚架、快门线稳住相机，用B门相应延长曝光时间。总之，只要有光就能照相，哪怕是烛光，只要让胶片“吃”够光线，就能获得明亮清晰的图像。

B门里边是一个奥妙无穷的世界，用f/22，曝光15秒可把城市灯光下的新闻场景拍下来（图52），曝光1分钟可把水面上的航船、跑道上的飞机、路面汽车运动的轨迹留在画面上，曝光20分钟可把月光下的丛林拍清楚，曝光30分钟可使繁星运动的状态留在画面里。

第四章
现代新闻摄影构图

新闻摄影自诞生的那天起，就与构图结下了不解之缘。时过160多年，影像的承载方式由化学胶片时代转化为数码影像时代，人们的新闻摄影观也发生了种种变化，现代新闻摄影还需要构图吗？回答是肯定的，因为任何时候任何人拍摄任何照片都会涉及构图，只不过是有意识或无意识罢了。无意识的构图，照片画面平庸，杂乱，俗套，甚至语无伦次；有意识的构图，影像结构清晰，有逻辑，有理性，有形象表现力，有画面语言，通过画面，人们可以从中读出一段新颖的情感故事。

现代新闻摄影构图，就是摄影者用现代新闻摄影观念作指导，在新闻现场围绕主要拍摄目标，通过照相机的取景框把握画面的轻重关系、主次关系、主体与空间的比例关系，寻求一种生动的画面形式刺激人的感官，使人对画面内容产生兴趣，把人带到画面的境界之中。

第一节　新闻照片构图的作用、特点和解决的问题

拍摄新闻照片为什么要构图，以上已经回答了这个问题。就作用来说，它是具体的理论问题，也关联着操作程序问题。在实际操作中还必须明确新闻摄影构图的特点，按照新闻摄影构图的特殊要求掌握构图技能，能动地应对新闻现场的各种变化，最终找到一个理想的叙事方式。

一、构图的作用

不同摄影门类的构图，有不同的作用、要求，如人像摄影，拍摄目标明确，没有紧迫感，只要画面生动有美感就达到了预期目的。而新闻摄影题材多样，时间紧迫，拍摄空间受限制，有许多时候对方的运动趋势和运动节奏难以揣摩，其作用也就从多个侧面显现出来。

1. 在混乱中寻找秩序

这是摄影构图的首要作用。世界是纷繁的，照片画面的空间又是有限的，若在这个有限的空间中充分、透彻地说明一件事情，就必须去粗取精，去伪存真，否则鱼龙混杂，什么意图都难以表达。

在混乱中理出秩序，就是要求摄影者于构图前先确定一个主要拍摄目标，并使其明显存在于画面之中。确定拍摄目标之后，把它定位于画面之中需要花费一点工夫：有时会因拍摄距离的限制，拍摄方位的限制，拍摄对象动态变化的限制或与其相干者的不协调以及与其不相干者突然闯入镜头，而无法实现自己的愿望。任何一种不利因素在取景框里出现都应予以排除，并通过种种努力争取一个理想的画面格局。

在混乱中理出秩序就是最终在画面中建立一种秩序。正因为画面的空间是极其有限的，它才经不起混乱的折腾。建立画面秩序的最基本常识，就是让主要拍摄对象说明作者所认定的思想意向，即主题思想，周围一切被摄体都要为此而协调。

2. 提炼动人的情景

新闻事件是由多侧面、多细节构成的立体事物，当我们置身于新闻现场，可朝任何一个方向取景，对任何一个细节按下快门，但所摄的照片未必都值得一看。动人的新闻照片是摄影者通过对诸多细节进行比较并确认某一细节后按下相机快门将其定格的。在按动快门之前我们应该审视一下眼前的情景能否打动自己，能否打动别人。一般说来，自己都不能为之感动的画面是很难感动别人的。在恍惚不定、平平庸庸的状态下摄取的照片多为废片，是没有传播价值的。

摄影构图的过程是摄影者用相机对新闻事物再次提炼的过程，我们可通过构图使事物的形象更集中，更具概括力。

3. 构建一个动人的画面形式

一幅照片有没有感染力，能否产生社会效应，其决定性因素在于画面是否具有吸引力。画面的吸引力既来自事物本身的力量，也来自画面中的各类形象相互联结所形成的视觉定势——画面形式的力量。强有力的事物如用疲软的画面形式去体现，就会削弱其形象特色；反之，一个平凡小事或不起眼的动物或植物用一种具有刺激性而又别出心裁的画面形式，则可将其展示得活灵活现。构图对事物具有可塑性，摄影者在这一过程中大有可为，动人的画面形式是摄影构图所应追求的目标。构建一个动人的画面形式，应注意以下几个方面：

（1）画面形式动人与否与拍摄角度有关。从一个角度看没有理想的画面结构可换另一个角度，不同角度有不同的透视效果，不同的形态变化，不同的体积变化和光影变化。物像的透视、形态、体积、光影变化会形成不同的形象结构和视觉定势，经过选择，总能找到一个相对动人的画面形式。

（2）画面形式动人与否与使用的镜头有一定的关系。面对同一场景，用50mm标准镜头可拍出一幅宽阔深远的画面；用100mm的中焦镜头即意味着我们接近了拍摄目标，虽失去了标准镜头拥有的部分空间，其目标却相对明显了；若用200mm以至1000mm的长焦镜头取景，原来的画面形式便消失，取而代之的是充满画面的一双手，一只眼睛，一个昆虫或一朵花；广角镜头则能夸张前景，把后景推远，拓展画面的空间，形成一幅具有强烈透视效果的画面形式。

（3）画面形式动人与否与衬景的选用有关。图53（见书前彩色插页）反映的是黄土高原地坑院内外的农家生活，如果作者不用前景而直接拍摄地坑院子上下的人，照片就会变得平淡无味。作者透过门窗取景把人与环境有机地联系在一起，其画面不仅凸显一种形式感，给人耳目一新的感觉，而且给整个画面赋予新的内涵。

衬景的高低、曲直、繁简、明暗、远近以及大小，对画面形式都会产生一定影响。

（4）画面形式动人与否与光线照射有关。同一物体用不同的光线照射会产生不同的视觉效果，如一位长发女郎在顺光条件下或许看不到她的魅力所在，当其受到橘黄色阳光逆向照射的时候其秀发也就变成了金色的“瀑布”；还是这位女郎，如透在天空中拍成剪影，则秀发的光彩便不复存在了。

（5）画面形式动人与否与色彩也有一定关系。当画面色彩繁杂而眼花缭乱时，改用某单一色彩则可净化画面，呈现一种简洁统一的局面；当色调寒冷过于低沉时，利用与其相关的某一暖色物体可强化画面的视觉中心。

（6）画面形式动人与否也受拍摄技巧的影响。对动体用高速度曝光所摄画面均为实像；用低速追随拍摄可呈现动感强烈的景况；又如曝光，采用平均测光形式产生黑白灰俱全的中间色调画面；采用点测光的方法对某一亮点曝光则变为重点醒目四周深暗的低调画面形式；还是同一场景，仍用点测法，按其最暗部位曝光则画面会骤然变成高调照片。

4. 透彻地表达主题思想

在画面形式的作用上，摄影界曾有过争议，有人崇尚形式，为追求形式而创造形式；有人则主张用事物自身的力量去感染人，唯恐形式分散人们对内容的注意力，不接受形式感强的画面。上述两种观念，均带有某种偏激和狭隘色彩。单纯形式美的照片，从美学角度看虽有一定的观赏性，却没有内在的动力，这种画面形式主义是摄影者与大众所无法接受的，因为新闻摄影是用来传达内容信息的，而不是单纯地欣赏画面形式的，新闻照片必须通过一定的画面形式承载新闻信息。动人的画面形式并非洪水猛兽，只要不是脱离内容玩弄拍摄技巧和暗室技法，而是通过现场纪实提炼能够强化主体意识和主题思想的画面形式，我们有什么理由反对它呢?

新闻摄影的信息传播不讲形式或反对形式必然导致自然主义，所摄照片往往主次不清，画面散乱，缺少秩序，缺乏景别变化，缺少视觉反差。这样的画面在读者眼里平淡如水，人们也就不屑一顾。如果我们的画面不能留住读者的目光，画面深层的东西再美好又有什么用呢?新闻摄影的佳作应该是内容与形式强有力的结合体。

在人们看来，世界新闻摄影比赛获奖作品的构图带有极大的随意性，是不讲形式的，这是认识的一种误区。其画面构图看似不经意，当你认真审视、揣摩画面结构之后会发现每幅作品的构图都是费了一番苦心的，在画面里你看不到一点多余的东西，每一幅照片都带有很强的表现意图，都有一定的章法和逻辑性。

二、构图的特点

电影、电视、绘画、摄影等视觉艺术都离不开构图，但由于各自的社会作用和价值取向不同，操作方式不同，其构图的特点也就各不相同。研究新闻摄影构图的特点，有利于按照新闻摄影的运作规律行事，有利于提高工作效率。

1. 多在运动状态下构图，少在静止状态下构图

广告摄影多以产品为拍摄对象，广告摄影师一般可在平静的气氛中从容构图；婚纱摄影以情侣为拍摄对象，摄影师多在平和、愉快的气氛中轻松构图。而新闻摄影则相反，摄影师多在运动状态下紧张地构图，较少在静止状态下构图。新闻摄影构图的这一工作特点是由新闻摄影的题材所决定的。新闻摄影者的使命是注视人类社会与自然界的变化，及时、迅速地把世界上最新发生的新闻事件传达给关注人生、关注世界的人类群体，于是人类劳动、生活，人与自然的交往，以及天地之间的自然运动情景就成了新闻摄影构图的对象。

在世界新闻摄影比赛和美国普利策新闻摄影评选中，动态影像占绝对优势，许多照片以其强烈的动感获胜。新闻摄影师在运动状态下所获得的新闻照片，价值含量是高的：画面情景真切，气氛活跃，感染力强，大众喜闻乐见。

运动状态下构图的难度之一，是画面布局易变化，需要反复选择。在运动状态下，画面的格局（形式）在不断流动，有时当你认定一种画面格局时不等你按快门就又发生了变化。对摄影者来说，等到一幕动人的情景和满意的画面格局是不易的，原来的格局消失后，便需要继续寻求下一个理想格局。新闻摄影受真实性制约，摄影者不能左右拍摄对象，不能通过导演设定一个画面，只能随拍摄对象的运动而酌情利用某一形象结构，通过快门将其定格而变为己有。

运动状态下构图的难度之二，是运动中没有定势构图，满意的画面格局是一个未知数。一般说来，摄影构图是有一定章法的，摄影者应在拍摄对象运动的主、客体结合到最佳状态下按快门。这最佳状态有些可能在常规的构图章法中，有些则超出了章法，出现了意想不到的画面效果，这正是新闻摄影“新”的属性所提倡的构图风格。无论是章法之内的画面结构，还是新的画面结构，在拍摄之前摄影者都是不知晓的，只能凭借一颗进取的心跟着感觉走。

运动状态下构图的难度之三，是随着拍摄对象运动的位置变化，摄影者需要相对频繁地调整曝光量。曝光多少关系到照片拍摄的成败。拍摄对象有时处于阳光下，有时则会运动到阴影处，有时还可能运动到室内，这时就要随着对方的亮度变化而及时调整曝光量。

运动状态下构图的难度之四，是在拍摄对象频繁运动的情况下难以捕捉焦点。只要拍摄对象不停地运动，摄影者便应不停地把握画面格局，不停地对趣味点调焦。有时调清了焦点，但随着对方的运动，清晰的焦点便会作废；还有时调清了焦点，但由于被摄者动态或神态不尽如人意，调清的焦点也会作废。纵向拍摄动体时调焦的难度会更大，对方不是步步向镜头逼近，就是步步离镜头而去，摄影者始终处在紧张状态中调焦。动体的速度有快慢之差，对慢速动体聚焦相对容易；对高速动体准确无误地聚焦，则需要娴熟的聚焦技术。任何一个摄影大师在高速运动状态下捕捉焦点都难做到百无一失，即使电脑化的自动聚焦相机也难做到万无一失，这是目前摄影科学领域里一个令人遗憾的技术难点。

运动状态下构图的难度之五，是在总体运动中还要把握动静关系。拍摄动体的过程就是摄影者总体运动的过程，当眼睛、大脑和手运动到某一认可局面时，左手便需暂时静止，以使底片曝光时影像得到稳定。人在运动状态下大脑是极为活跃、兴奋的，如控制不力，不是地平线发生倾斜，就是影像晃动不清。

运动状态下构图的难度之六，是需要摄影者与被摄者结合运动。所谓结合运动，就是在某一角度构图无所作为的情况下，摄影者围绕动体转，重选角度，直至找到理想格局为止。此时的运作方式是：眼贴取景框，边运动，边观察，边思考。

新闻摄影是一种艰辛的劳动，每一幅成功之作都需花费大量心血。但是只要认识新闻摄影构图的难点所在，经过一个阶段的临场实践，掌握运动状态下的构图规律，便可获得轻松与自由。

2. 多在抓拍中构图，少在摆拍中构图

抓拍与摆拍是两种不同的拍摄手段。拍摄艺术人像和广告照片不必计较抓与摆，而在新闻摄影界用何种拍摄手段摄取影像则是一个原则问题，因为手段的运用会导致照片本质的差异，触及社会的神经，最终带给作者的是正面或负面的回报。中国摄影界经过长期的争论，经过对世界新闻摄影实践方式和作品的研究，经过众多有志之士的实践，最终认定抓拍应成为新闻摄影的主要拍摄方式。

新闻摄影多在抓拍中构图是因为它多以新闻事件为报道对象，新闻事件本身包含着运动与情节，要获得其中一个有价值的情节必须用照相机抓取，这便决定了新闻摄影多在抓拍中构图的特点。

抓拍构图不同于静止构图，后者不受空间和时间的制约，可在平静、和缓的气氛中运作。而抓拍构图的限制颇多，其构图难度就大。抓拍构图的一般方法与步骤是：

（1）抓为前提。即摄影者在对某一事件拍摄之前和拍摄之中就应树立抓拍意识，其画面的内容、结构形式应在事件自行运动状态下形成，摄影者的责任是注视事件变化对画面格局的影响，不失时机地予以捕捉，而不能在事发前绘制草图，在事发中按图行事，也不能以抓摆结合的方式提高劳动效率。

（2）构在其后。摄影者有了抓拍意识，其构图便应与事件发展同步进行，不能为抢新闻、早见报而于事发前以专门预演的方式摄取画面，也不能以事后重演再现的方法亡羊补牢。构图与事件同步进行，要求摄影人以良好的摄影素养和新闻素养判断运动状态下的画面效果，如果不懂画面的外在联系与内在联系，不懂光线明暗、色彩反差、形体大小、物距远近以及被摄体的动静对画面的视觉影响，不懂生活形象与画面形象的差异，就难以使生动的情景在底片上定格。

（3）看准画面。事物不断运动导致取景框里的形象格局不断变化。精彩的构图是在动体协调一致、形神兼备的状态中形成的，如果不能准确判断取景框里的画面效果，不是导致好图景流失，就是盲目地拍摄一些无谓的场景，过多地报废胶片。每一幅新闻照片都是摄影者用眼力发现与大脑肯定的结果。

（4）当机抓取。当令你心动的形象格局显现的时候，就应采取必要的行动——毫不犹豫地按下快门，而不可优柔寡断。所谓抓拍，就是在摄影者与被摄者双方高速运动状态中抢拍画面。在这种情况下取景范围和画面内部结构很难达到尽善尽美的地步，即使如此也应该拍摄下来，可待后期制作时用剪裁、局部加光或减光的方法使画面趋于完美。具有创造力的画面形式多产生于理想定势之外，有的画面现场看似不完美，事后往往会因形式别致、思路新颖而获得成功。

新闻摄影并非必须与摆拍决裂，视题材而定可以通过摆拍去构图：工厂生产了新产品、农村嫁接的新果实、考古学家发掘出的新文物等单纯的静态形象，无论怎样摆布都不会改变其事物的本质，不会降低其新闻价值，为给大众奉献一个动人的画面格局，理当通过摆拍进行构图。

3. 多以人物为构图对象，少以景物为构图对象

人是新闻摄影始终关注的主要对象。因为人类的劳动与进取、人与人的交往、人与自然交往的目的最终都是为了人类自身的生存质量。摄影术是科学进步、人类文明发展的产物，新闻摄影利用摄影工具向社会大众传播图像，以此反映人类活动中的信息，因而人也就成了新闻摄影构图的主要对象。

人是生命的动体。人的种类较多，人的长相各异，人的活动内容、活动方式及活动节奏变化千奇百怪，这既丰富了画面形式的特点，又给摄影构图本身带来了复杂性。要做一个优秀的新闻摄影师，就不能不研究人的特点，不能不研究人的活动规律与摄影构图的关系：

（1）人的种类与新闻摄影构图有着密切的关系。首先围绕人的种类问题会产生新闻事件，如白人对黑人歧视的新罪行，黑人为争取人权与种族歧视者的斗争，白人与黑人的和平共处等都是新闻摄影的题材。

（2）不同的肤色对画面格局会产生不同的视觉影响。如两个白人站在

一起，其画面的视觉分量是等同的；黑白两个肤色不同的人在一起时，白人的分量轻，黑人的分量就重；当黑、白、棕、黄等多种肤色的人同时在一处出现时，画面便形成了富有变化的视觉层次。

（3）肤色的单纯与交叉对画面形式和影像的层次都会产生影响。清一色的白人头像组成的画面影调明快；清一色的黑人头像组成的画面影调厚重；多种人种组合的画面可出现黑白灰多种影像层次。

（4）肤色与不同背景结合会产生不同的画面效果。把黑人放在黑色背景中会削弱人的形象，而把白人放在黑色背景中可反衬其形象；反之，白色背景中的黑人形象鲜明，白色背景中的白人形象轻淡。

（5）人的生存方式的多样化会形成结构不同的画面形式。不同民族，不同文化背景和不同的习俗有着千差万别的生存方式，比如，汉族人住砖瓦房，傣族人住竹楼，哈萨克人住毡房。瓦房、竹楼与毡房造型各异，反映到画面布局上也就产生出明显的差别。不同民族有不同的生存方式，同一民族在不同的历史时期生存方式也会发生变化，例如汉族人娶亲，新中国成立前用花轿迎亲，20 世纪 70 年代用自行车迎亲，到 90 年代又用轿车迎亲。花轿迎亲以轿为中心而前呼后拥则画面气氛热烈；自行车迎亲相对单调则画面冷清；而用轿车迎亲所形成的长蛇阵画面显得阔气。其迎亲形式的不同则会产生不同的画面形式。

人的衣、食、住、行以及劳作方式都是摄影构图研究的范畴。熟悉人们的不同生存方式，有助于提高构图素养，拍出画面特色，提高构图的成功率。

（6）人的性别也应成为摄影构图的研究对象。性别关系到人的经历和人生遭遇，也关系到画面的情调。人体柔与柔搭配、刚与柔搭配、刚与刚搭配对画面的空间布局和画面风格都会产生影响。图 55 是由男女不同的人体构成的一幅美妙的生命图案，这种画面形式就是作者对人生的一种体验，对人性的一种诠释。

（7）新闻摄影构图不能不研究人的年龄。人的年龄大小一般决定形象的高矮，决定人体线条的曲直。在画面中两个笔直的青年人站在一起显得机械；当一个直线条的青年人和一个曲线的驼背人组合在一起时，便会呈现活跃的画面；两个高矮相当的大人或小孩分别组合，其视觉极为单一；当大人与小孩结合在一起形成视觉对比时，也就产生了活力。

（8）人的感情特征应该成为我们研究的重点。好的新闻照片应该包含着情感因素，画面缺少情感就等于只存在一个形式的躯壳而没有实质的内容。人的性格、人的各种心境以及不同年龄者的情感特点都应成为摄影构图研究的对象。因为任何一种精神状态都必须由画面去承载。画面如何承载人的情感，怎样才能充分表达其情感，便涉及景别（空间不同的画面场景）的选择。人的心理活动需要近观，远景画面不可取，中景、近景或特写都是候选的对象。人的生理状态，人的数量多少，间隔距离的远近，涉及画面的空间、透视和平衡关系。只有深入研究人的外部形象和内部情感，才能自如地调动各种画面形式，拍出有思想深度的照片。

三、构图所应解决的问题

为什么要构图，怎样构图，构图过程中应该解决什么问题，问题解决后最终形成什么局面才算构图成功，这是每个初学者应该考虑而又必须学会解决的问题。

1. 主要拍摄对象的所在位置

研究主要拍摄对象的所在位置就是着眼于形象表现，将其安排在画面内某一注目而又策略的支撑点上。摄影构图的这一举措就是给画面奠基。此举关系到整体画面的视觉平衡与活力，关系到整体画面的结构，最终影响到画面形式。

新闻摄影出于“新”的特性要求，重点拍摄对象不能总是定在中心点上，或中左、中右、中上、中下，甚至某一角落，只要使观者觉察其存在并对整幅画面起着举足轻重的作用而又能动人心弦，其存在的位置便是合理的。总之，新闻摄影构图应是多变的，只有变才能保持其“新”的特性。

2. 主要拍摄对象在画面中的比例

当你确定主要拍摄对象的画面位置之后，还应考虑其影像与整幅画面的比例关系，是让他占领全部画面，让他和她平分秋色，还是让他们占据大片空间呢？所占画面比例多少，涉及画面空间的大小，涉及画面特色的强弱，涉及重点形象的醒目程度，也涉及画面气氛和情调的冷热。面对新闻人物，是取头像，取半身，取全身，还是把他推向远方呢？这要从画面形象所要表述事情的需要出发来定。如果局部足以说明问题并可强有力地刺激人的感官，就应该把局部以外的东西排除到画面之外；如果局部不能足以说明问题，无法显示形象特征时，就要观察与其相关的有利因素，摄取一个较大的场景。

3. 处理好主次关系

当我们确定重点拍摄目标在画面中的位置和大小比例之后，你会发现其周围还有这样或那样的客体在晃动，这些客体即使静止不动也会影响人的视觉。在整幅画面中，客体一般起到打破冷清局面、丰富画面形象、构成画面情节等多种作用，但是如果客体天生不如引起我们最大兴趣的重点拍摄目标那么光彩、那么有分量，我们就必须限制其视觉影响力，防止出现喧宾夺主的局面，乱了构图章法。处理好主次关系，充分发挥其应有的作用，画面也就有了秩序和层次，一种主导意识也就形成了。

4. 选择拍摄角度

角度是方向与高度的总和。同一个新闻场景，从不同角度看，就会有不同的影像结构，不同的透视关系，不同的背景形象，不同的光照效果和不同的感情色彩，最终产生不同的画面形式。如果注意选择，就能获得最新颖的视角，最科学的影像结构，最具形象表现力和视觉语言最丰富的画面。

5. 利用好环境

当我们确定其主次关系之后，接着所应该考虑的是主体与陪体周边的环境问题。除特写镜头之外，其余景别的主体形象周围都会或多或少地留些空间。这些空间对于整幅画面同样不可缺少，没有它，画面便会拥挤不堪，甚至无法交代表现对象所处的特定地点，不能足以说明事情的原委。至于用什么环境填补这些空间，在新闻摄影上是非常讲究的，若选用不当，则会扰乱读者的视线，影响主要拍摄对象的形象表现力。因此，学习摄影构图还要考虑哪些环境可以用，哪些不能用；哪些环境能够增加新闻照片的特色，哪些对画面有破坏性；在受到空间制约的条件下如何争取有利环境；如何把不利的环境因素转化为有利的环境因素等。

6. 把握画面的总体态势

当各种拍摄对象在某些环境中被我们定位之后，我们还应迅速地审视一下画面的总体态势。

把握画面的总体态势，就是要从具体环节中跳出来，在宏观上审视画面表面结构所形成的画面形式，以便对各个构成要素做统一布局，使其产生一种既生动活泼又能有力表达主体的新闻照片。

7. 从生活中切出画面

这是新闻摄影构图过程的最后一个环节，当我们对画面的总体态势认可并按下快门，也就等于从生活中切出了一片形象空间——新闻照片画面。尽管新闻摄影多需抢拍，也不可草率行事，在按下快门前还需考虑如下问题：

其一，切取的状态。其状态包括主要拍摄对象的神情、姿态是否到位，主次关系是否和谐；人物与环境的关系状态、光线与物像的关系状态是否达到了一个理想高度。

其二，切取的空间。照片的空间是有限的，其中的每一个物种、每一片空白都应该有存在的价值，否则画面会出现松散局面，浪费空间资源，削弱主体形象。“优化画面空间”，应该成为新闻摄影者坚定不移的画面经营信念。

其三，切取的时间问题。无论是动体形象还是静体形象，切取时间的早晚都将影响画面效果，前者是在不断发展变化的，我们必须在形神兼备、情景交融时按下快门，哪怕是分秒之差，其画面态势与画面的情感、气氛都会改变。后者虽不像前者那样对时间十分敏感，然而不同时间的不同光影效果又确实影响着画面的结构形式和画面的影调，对静体形象切出高质量的画面需要眼力与耐性。

第二节　新闻照片的画面布局

尽管新闻摄影的特点多变不一，新闻目标多种多样，新闻场景千差万别，摄影构图具有一定的复杂性，但概括起来新闻摄影只需两类布局方法便可应对各种各样的场景，从中提取一种最具形象表现力的画面形式。

一、均衡布局法

所谓均衡布局法，是指摄影者在新闻现场利用某一形体与另一形体体积与分量的相对均衡，使画面的整体结构形成对等和谐的局面。这种和谐必须建立在突出事物特点、增加画面情趣、有力表达主题的原则之上。运用均衡布局法可产生四种画面形式：

1. *左右布局，左右对称式*

当体积大体相当的新闻形象一个在左一个在右形成内在或外在联系时按下快门，一幅左右对称的画面形式即完成。这种画面形式结构简单、关系清晰、层次分明，若运用得当，其画面表现力是其他画面形式无可比拟的。图54表现的是非洲战争的一个片断：在一个士兵举枪扫射时，突然一个小男孩闯入取景框，与左边的士兵形成左右对称的局面（视觉上的）。这个男孩的突然介入，不仅使画面变得平衡完美，而且给画面注入了深刻含义，看了这幅具有鲜明形象对照的画面，谁不为这个可爱无辜的小男孩的命运担忧呢？如此幼稚的孩子本应在和平的家园里享受甜蜜时光，可是他的家在哪里呢？他的亲人在哪里？看了这个爱恨交加的场景谁不痛恨这场罪恶的战争呢？一个偶然形成的左右对称式画面承载了一个思想深邃的大主题，可见画面形式直接关系着作品成败。

图 54　救援索马里——1993 年世界新闻摄影大赛儿童奖作品
（法国 AFP Joel Robine）

左右对称式画面，不得低于两个拍摄对象，可以是同类，也可是异类，只要能与另一被摄体形成视觉平衡，有益于题材表现，就有采用的价值。

2. 上下布局，上下对称式

上下布局是指上下大体等量的形体构成上下对称态势，摄影者顺势摄取的一种均衡类画面。这种画面条理清晰，富有秩序感和逻辑性。如果运用得当，其画面可超凡脱俗，给人留下深刻印象。如图 55 为一个舞台造型，由六个男女不同的人体上下排列构成一幅上下对称式画面。这张照片形式感极强，通过上下重叠对称，美妙的人体变成六根独立而又相互关联的线条，构成一个和谐新奇的图案，这种美是少见的，既有艺术的美感，又有新闻价值。

在日常生活中不乏上下对称的场景，如中国杂技的《椅子顶》、西藏《碧波中的布达拉宫》、列车上下铺中的《各有所好》以及台湾楼上楼下的《中国式快餐》等。

3. 中间布局，四周对称式

当四周平静简洁的新闻形象集中到某一点上并达到情节高潮时，摄影者

有意将其趣味中心置于画面正中，这就是中间布局，四周对称式构图。这种

图 55 激情与线条——1998 年世界新闻摄影比赛艺术新闻类获奖作品
（美国 Howard Schatz）

画面平稳、紧凑，能够把人的视线引到一个趣味点上，与散点满布式的画面格局形成鲜明对照（见图 56）。

4. 均衡散点满布，全局对称式

让大小相同、间隔相等的人物群像、动物群像或景物群像充满画面为均衡散点满布，全局对称式构图。这一画面形式可容纳丰富的形象且排列有序，富有节奏感（图 57，见书前彩色插页）。用此法构图应注意如下事项：

（1）散点满布适合繁多而又有一定间隔均衡排列的场景，繁杂拥挤的场面缺少层次，密疏不等排列的场景显得凌乱，不宜用此法。

图 56 从高空看美国黄石公园（美国《国家地理杂志》稿）

（2）人物活动场景和自然界繁多的场景比比皆是，我们应该有选择地拍摄。一个散点满布式构图如果缺少新闻价值，虽能获得全局对称效果，因其缺少“新”的活力，其画面也是没有感染力的。

（3）用散点满布式构图拍摄众多分体，要达到全局对称效果，一般应在高角度上由上向下俯视取景，平摄或仰摄会导致同类物体的大小不一，失去对称的特点。

二、对比布局法

均衡是一类摄影构图方法，对那些具有形象特色和趣味浓厚的题材是颇具表现力的。然而更多的题材用均衡对称法构图将使画面陷入僵局，如一般的生活留影像，习惯把人置于画面中间，四周保持对等平衡状态，一人如此，万人仿效，因而也就导致所有的家庭生活照成为一个模式；再如拍摄两人相对而坐促膝谈心的照片，气氛虽融洽，其画面格局未免呆板，无力刺激人的感官。也如把四只造型精美的花瓶整齐排列在一条横线上用均衡法拍到画面里十分等同一致，然而这种照片给人的感觉是除了花瓶原有的美以外，照相机不仅没有为其增色反而给花瓶平添了一份机械和拘谨。这样的画面布局是无法用于商业摄影的，因为它缺少摄影艺术的魅力，即使不靠艺术力量征服大众的新闻摄影同样拒绝画面僵化。那么，怎样才能让画面活起来呢？轻重对比就是一种行之有效的布局方法。

所谓轻重对比，是指体积大小不同、面积大小不同、数量多少不同和颜色深浅不同所形成的轻重不同的视觉效果，摄影者有意利用其轻重差别，使画面变得一边相对重，一边相对轻，通过轻重变化，使画面产生视觉流动效果，达到激活画面的目的。用轻重对比法可产生八种画面形式。

1. 左重右轻，使画面从左向右流通

左重右轻，就是让体积大或面积大、颜色深的人物或景物出现在画面左边，让体积小或面积小、颜色浅的人物或景物出现在画面右边，通过轻重对比，使画面产生由左向右流动的效果。图 58 画面生动，气氛活跃，孩子们天真活泼，是形成如此视觉效果的重要条件，然而如果作者不以轻重对比法构图，而在六个孩子聚成一条横线时取景，其画面会平庸得多。这幅画面存在三种轻重不同的关系，左边的男孩体积最大，其分量最重，中间两个男孩体积次于左侧男孩，其重量相对轻，右边三个女孩因离镜头远体积小，分量最轻。其分量的多种差别形成了视觉层次，照片画面的层次越丰富就越耐看。

图 58　2000 年，在中原窑洞里欢度春节的孩子们

2. 右重左轻，使画面从右向左流通

把体积大、面积大、颜色深或数量多的部分安置在画面右边，让视觉分量相对轻的被摄体与右边的部分取得相对平衡，并造成适度的轻重反差局面即为右重左轻式构图。这种画面与左重右轻式构图的流动效应相反，是从右向左流动的。图 59 以阴影为界，右边的人与深色的屋门与左边的亮光形成强烈的明暗对照，这是一种“右重左轻”格局，其“轻”的部位强化了一种暴力信息，由此可见“轻重对比”功效是多方面的。

图 59 肯尼亚种族暴乱（2009 年世界新闻摄影比赛“突发新闻”类系列一等奖作品之一，阿根廷 Waiter Astrada）

3. 上重下轻，使画面从上向下流通

与画面下方比，上方出现体积大、面积大、数量多、颜色深等其中一种因素时即可构成上重下轻式画面。由于上半部偏重其视觉效果，所以画面就自然由上向下流动。《躲避催泪瓦斯的巴勒斯坦人》(见图 60) 当属此类构图形式。其画面的上方是一个群体，下方是一个个体，从整体上看形成上重下轻的视觉分量反差，就是这种上下的轻重对比，才使画面具有了流动感和立体感，才能刺激我们的感官并进而去关注画面叙述的人生故事。

4. 下重上轻，使画面由下向上流通

把体积大或数量多、颜色深、面积大的部分安排在画面下部，与上部形成轻重差别，这就是下重上轻式构图。图 61 中的人与上方的空白构成一个画面整体，使其形成上下流通态势，如此的影像结构使画面活跃顺畅起来，读者可在轻重对比中确认主次关系。这种构图形式对作品的贡献是：引发读者的读图兴趣；在“轻”的反衬中使人高度关注画面重心，在深层次上加以思考。

图 60　躲避催泪瓦斯的巴勒斯坦人——2001 年世界新闻摄影比赛突发新闻获奖作品（德国 Reinhard Krause）

下重上轻式画面通常会形成一个“底座”，这种“底座”可给人以稳重感，至少不用担心“翻车”。即使如此也不能掉以轻心，上方过于空旷也会失衡的。

在试图寻求上方的平衡物时，不能简单草率地填补，画面的任何一个组成部分都应服务于主体，随意找根树枝或生硬地塞进一种平衡物是一种幼稚的做法。

5. 前重后轻，使画面由前向后流通

利用体积大或其他具有视觉分量的被摄体作前景，与后方形成大小反差的画面，我们称作前重后轻式构图。近大远小、近浓远淡是纵深透视的规律，前重后轻式画面顺应了这种规律，画面也就具备了空间透视效果。在纸平面上能够营造出宽度与深度并存的立体空间是一种难得的画面效果，这应归功于前重后轻的画面形式。

图 61　是行为艺术，还是审判

图 62（见书前彩色插页）的前重后轻表现在前后两个人上，前边的女孩因其近大，在画面中的分量显得重；后面的大人因其远小，在画面中显得分量轻。由于土沟两头透气，加之运用前重后轻构图，画面的流动效果才显得出色。

人与沟壁形成的体积反差是另一种轻重关系。体积小的人反衬出沟的高深，显示了环境特色，给人以强烈的视觉感受。

广角镜头因其视角广和景深范围大，表现前重后轻透视效果是一种得力工具。

6. 后重前轻，使画面由后向前流通

利用浅色或少量的拍摄体作前景，利用深色、大量的拍摄体作后景，我们称作后重前轻式构图，其画面的活性因素（打破僵化局面的要素）为由后向前流动。图 63 远处一辆深色的战车上的八个士兵，与近处一具遭受厄运的尸骨形成鲜明反差而构成了轻重关系。由现场纪实而来的画面形式与内容总是紧密联系的，多与少的差异和暗与明的反衬可强化矛盾双方的形象，给人以刺激，以此引导人们思考矛盾双方的关系，从中悟出画面的意境，这便是轻重对比法在主题表达中所发挥的作用。

图 63　八月的索马里（英国 Paul Lowe）

基于事物客观布局方向的不定性，画面轻重关系所形成的上下、左右、前后方向未必一点不差，有时其流动方向由左上向右下，有时可能是由右前向左后，有时还可能是由右上向左下，无论轻重关系怎样形成和流动，其画面形式对主题的表达都将发挥同样的作用。

7. 内重外轻，使画面由内向外流通

数量多少，体积大小，颜色深浅，面积广狭的反差同样会影响内外关系的画面形式。中间量多、体大、色深、面广四种因素中的任何一种因素与周围形成反差的都可称之为内重外轻式构图。这种构图的视觉分量在中间，其流动方向自然是由内向外。如果我们利用这种外轻内重关系，就会把读者的视线引到画面中间，这时的中心地带应该是一片精彩世界，否则画面形式将失去存在的价值。图 64 是内重外轻式构图，其构成因素是颜色的内深外浅。假如四周明亮的水面与内部水牛的颜色等同，则中心部位的趣味点对人的视觉影响力便会减弱，可以说内重外轻式构图对画面形象的表现起到了举足轻重的作用。

图 64　南方的水牛，2001 年秋，豫南

8. 外重内轻，使画面由外向内流通

有更多外重内轻的画面是由外部深暗的色彩与内部明亮的空间对比而成的。图 65 就是这样一种画面形式。幽深的舞台被浓重的黑色所统治，是斜线的鼓与周边环境产生轻重对比，打破了画面的沉寂。这幅外重内轻式构图使我们悟出这样一个道理：新闻摄影选择什么样的画面形式，取决于作者对客观条件的发现与利用，脱离实情去刻意追求画面形式是不可取的。

如前所说，运用轻重对比的方法就是激活画面，打破死气沉沉的局面。对此，我们必须注意这样一个问题：轻重对比应该有一定的限度，即重的一边不可过重，轻的一边不可过轻，轻重过于悬殊，画面便会失重，给人以动荡不安的感觉，如果这样，轻重对比就产生了负面作用。所谓限度，是一种非常抽象的概念，我们无法用尺寸与数据度量衡，尽管如此，这个“度”

并非是不可知的。从众多优秀摄影作品的成功规律看，“对立统一”是轻重对比构图的理想归宿。

在均衡的前提下求轻重变化，在轻重变化中求和谐，这就是轻重对比构图的“对立统一”。轻与重的对比即是对立，在轻重对立状态下如何取得相对平衡而实现和谐统一局面呢？这里提供五种互补方法：

图 65　云南衍生态舞蹈问世

（1）数量与体积的互补。这种互补法就是处理好数量与体积的关系。对体积相等和体积不等的拍摄对象各有不同的处理方法：在体积相等的情况下，我们可以让相机镜头靠近数量少的部分使其体积相对变大，让数量多的部分适当远离镜头，使其体积相对变小，用少而大与多而小的差异取得总体上的相对平衡。在体积不等的情况下，可利用少而大与多而小的矛盾互补关系取得画面的相对平衡。图 66 是数量与体积互补的一个例子：此图由上下结构组成，总体看地面上秃鹰居多，与空中盘旋的数量悬殊，但两者的轻重对比势态并未失衡，原因在对于空中展翅的鹰用其视觉上的“大”补偿了数量少的不足，而对地面上的鹰用其“小”抑制了数量多的视觉膨胀。

图 66　中国藏民的天葬，2000 年西藏（韩国 Haseon Park）

（2）高度与宽度的互补。让高而窄与宽而低两个不同的目标同时出现在一幅画面中即是高度与宽度的互补。比如拍摄人，让两个高矮胖瘦相当的人并列出现在一幅画面中会显得呆滞，若运用高宽互补法让高而细瘦与矮而宽胖的两个人同时出现在一幅画面中，其高与矮、瘦与胖便形成对立因素；高与胖、瘦与矮构成平衡因素，呈现既矛盾又统一的局面。

（3）面积与色调的互补。这种补偿法就是通过小面积的深色与大面积的浅色互相对应，使画面在色调的深浅变化和面积的大小变化中有机地结合起来。也就是说在构图的时候注意让深色物体在画面中所占面积相对小些，让浅色物体所占面积相对大些。其面积的大小与颜色的深浅是一对矛盾，而面积与色度结合所形成的大浅与小深又构成了一种交叉平衡关系，其中深的视觉分量相应大，浅的视觉分量相应小。

（4）黑色与白色的互补。黑白互补法就是在暗部利用明亮光影适当减轻画面黑色部位的重量，在亮部利用深黑色的光影加重亮部的重量，使画面在明暗交织中产生变化对比和平衡作用。图 67 为上轻下重式构图，这幅画面在强调轻重关系的同时保持了相对平衡。其运作方式是，作者借用白色的尸体减轻了 3/4 地面黑色的重量，借用两个黑色的剪影加强了亮部的重量，与此同时，黑色的人影与黑色地面照应，地面上的白色与天空的白色相互照应。

图 67　索马里的八月（英国 Paul Lowe）

（5）虚实互补。根据需要，把体积大的影像处理成虚像，把体积小的影像处理成实像，既可保留画面的轻重对比关系，又可以小实与大虚取得相对平衡，准确无误地实现作者的表现意图（见图 68）。

图 68 1995 年格鲁兹尼，儿子被车臣非法武装关押的母亲们（James Nachtwey）

第三节 新闻照片的内部结构运作

研究摄影构图方法，只懂得画面的布局远远不够，还必须了解画面的构成要素，了解此一要素与彼一要素的关系，了解各要素在整幅画面中所应发挥的作用以及怎样才能充分发挥作用，只有这样才能有效地把握画面形式与内容的“质量”。

新闻摄影涉及的内容广泛，山水、天地、人生无所不及。尽管照相机镜头面对的是一个缤纷世界，但是概括起来看，构成照片画面内容的只有主体、陪体、衬景三种要素。

一、主体

主体，即照片画面中的主要拍摄对象，也称重点拍摄目标。在整幅画面中主体是主题思想的主要承担者。一幅新闻照片的形象感染力和思想性强弱在很大程度上取决于主体形象的强弱。

虽然新闻主体形象具有客观性，我们不能用左右其言行的方式去控制画面形象的强弱，但是，我们可用下列弃弱取强的方法强化画面形象，提高画面的质量：

1. 选择典型形象

当我们举起相机的时候就面临着“拍什么”的问题。一般的初学者都会寻找一个拍摄目标，有一定的“主体”意识，但这时的“意识”多是朦胧模糊的，所认定的主体未必都具有新闻价值，未必都值得一拍。

典型形象具有一定的代表性，能够代表一个事件（以人或动物为拍摄对象的事物），代表一个地貌的特征（以自然景观、人文景观为拍摄对象的景物）；典型形象具有一定的显著性和积极意义，是同类或异类的楷模，在整幅画面中立得住，过得硬，才具备形象感染力。

2. 突出主体形象

选择了典型形象，即为强化画面的主体形象奠定了基础，但这并不等于主体形象得到了切实强化。因为典型形象本身一般不会主动配合作者构建画面，不可能以恰当的大小比例出现在画面的恰当位置去影响人们的视线，许多习作均因其主体没能得到相应突出而在视觉的画面中丧失了本来的魅力。

利用明暗对比、虚实对比、冷暖对比、大小对比中的任何一种方法（见“新闻照片的画面语言表现”一节）来处理，其主体无论在画面的哪一位置均能成为视觉中心。此外，利用视线引导的方法也可突出主体形象。视线引导方法分两种：一种是画面中所有人物或动物的目光全部集中在一个视点上，这个点如果是典型的主体形象，无论其影像大小，都是引人注目的；另一种方法是利用线条的走向突出主体，线条的流动本身带有方向性，涌入画面的所有线条如能指向同一位置，这一位置若是典型的主体形象，无论其大小，也能成为整幅画面的趣味点。

3. 让主体传情达意

新闻照片虽然是用来传递信息的，但也应以情感人，只有具备情感的新闻照片才能让读者对画面心领神会，引起读者与作者的心灵共鸣，从而实现作品较高的社会价值。

选择了典型的形象，使其占领画面的主导地位，并能够构建一个理想的画面形式，做到这些还不够，还必须摄入主体的特定情感（与画面意向相符的动态与神态），借助于情感表达作品的主题。

能否以情感人，是一幅新闻照片成功与否的决定因素，注重画面布局、追求形式刺激而轻视对人与物的内在精神的开掘与提取，则等于画面只有美丽的外壳，没有内在的思想，这样的新闻照片或许会在第一印象中产生一定的诱惑力，但当人们认真审视试图领会其精神实质时，其感染力即会消失，取而代之的是空虚与无聊。

在选择典型形象找到突出主体形象的途径之后，如能再下工夫寻找一个富有表现力的角度，提炼一个情感十足的瞬间，那么这幅照片就是内容与形式的完美结合体，这种质量的新闻照片无论怎么看都是耐人寻味的。

任何一种题材的新闻照片都应该是情感的产物，即使拍摄自然界中的一棵小草、一朵小花或者一棵枯树都应做到“草木传情”。但这种“情”一般不会鲜明地传达具体的思想意向，而是以朦胧含蓄的风格向人们传递一种特定的情愫，以其特定的感情色彩去影响人们的意识。用激情的眼光去发现事物，用思辨的大脑去判断事物，用进取的心灵去摄取事物，即可使物质形象上升到理性的高度。

在拍摄前选择典型的主体形象，构图时注意突出主体，拍摄时注意抓取富有感情意味的瞬间，如果能够做到这些，那么主体形象就会显得丰满，就会充满活力。典型、鲜明、传情是一幅优秀的新闻照片所必备的要素，且缺一不可，凡是被权威推崇、为大众喜爱的优秀新闻照片，必然具备这些要素。图 69（见书前彩色插页）、图 70、图 71 分别是人物、动物、景物三个不同类型的新闻形象，他（它）们都深深打动了读者，这些图景感染力的源泉无一不是来自以上所说的“三要素”。

图 70　内蒙古草原“牛氏兄弟的争执”

图 71　新疆哈密魔鬼城雄风

二、陪体

摄影与戏剧是两门不同的艺术，但就艺术结构看摄影如同唱戏。一台戏不仅有主角还要有配角和布景道具，三者结合才能构成故事情节，才能让人身临其境。新闻摄影与艺术摄影亦是如此，照片画面中有主体、陪体和衬景三种关系方能展示一片天地，表述一段故事。

陪体是陪衬在主体旁边的拍摄对象，是画面中的“配角”。一张富有故事情节、视觉形象丰富而感人至深的照片，离不开陪体的建设性作用。陪体是画面不可缺少的部分，若处理不当，便会喧宾夺主，甚至破坏画面的整体效果。因而在精心把握主体形象的同时还必须认真把握好陪体形象，使其有存在的价值，发挥它应有的作用。

1. 协助主体表达主题思想

这是陪体存在于画面的首要任务。要做到这一点，就应选择与主体有内在联系的陪体，与主体一道完成一个共同的使命。陪体在画面中出现，通常有两种情况：一是陪体是主体的连带部分，从视觉到意义与主体都是不可分割的（见图 72），对于这类陪体，只要我们认定了主体，其内在联系也就自然形成了。二是陪体形象在表面上与主体没有连接，是独立存在于现场的人或物，这类陪体却可与主体直接协同和间接协同。客观人物与景物为作者帮忙，这无疑是作者的造化，然而，这种造化是为有实力的人准备的，画面中每一个有存在价值的客体，即使是一根细微的发丝，也都是作者主动争取的结果。

图 72　痛失亲人（刘栋杰）

2. 渲染画面气氛

气氛是新闻照片乃至艺术照片中不可缺少的要素，从某一角度看，气氛的浓淡决定着画面感染力的强弱。画面气氛除了从主体形象上产生之外，陪体形象的表现也有直接的影响。

陪体数量的多少影响画面气氛的冷热，人物越多画面就愈加热烈（如图 73），反之就越冷。当然，渲染画面气氛不能总靠“人海战术”，在数量有限的情况下，身姿硬朗，动作强烈，同样能强化画面的气氛。除此之外，人物内心情感的强弱也影响画面气氛，其内心平静，画面气氛就平静；内心激动，画面就充满哀伤、悲愤或欢乐。作者在对陪体表现时所选用的拍摄手法同样影响着画面气氛：对运动状态中的陪体用高速快门凝固，其画面气氛相对平静；用低速快门虚化，其画面气氛相对活跃。作者用何种景别构图与画面气氛也有一定的关系：同一陪体处在同一精神状态，近景拍摄，画面的情感气氛足；远景拍摄，则情感气氛弱。

图 73 卢旺达难民（美国 Yunghi Kim）

3. 装饰画面

新闻摄影虽然是用来报道新闻的，但它并不拒绝美，如客观存在与主体相关的美的因素，通过构图将其展示出来，也能增强画面的吸引力。陪体本身具有外在美或潜在美。其服饰的图案色调与主体搭配和谐得体，或服饰的图案与色调能够反衬主体形象，使主体得以突出的属于陪体外在美。这种美是直观的，只要稍加用心便可为自己所用。潜在美是指每一个陪体都可起到对画面的平衡或轻重调节的作用。如前所说多数构图需要建立一种轻重关系，以增强画面的可视性，当画面一边的压力过大，轻重失衡的时候，如有一个与主体联系的陪体游动到另一边，即可呈现一种相对平衡的局面；当主次拥挤在一起，画面陷入僵化状态时，某个陪体与拥挤的团体间拉开距离，即可产生视觉流动效果，使整幅画面变得轻松和顺畅。有时作者主动接近或远离某一陪体形象，也能给画面带来生机。在摄影构图时陪体形象的这种潜在美是不容忽视的，有许多时候它们将直接影响画面的整体格局。

4. 深化主题

幅具有新闻价值的照片，必须具有深刻的土题思想。主题思想越深刻，给人提供思考的空间就越大，就越能打破图片新闻那种天生的“冷清”、“单薄”的弊端，从而代表一种独特的新闻形式，堂堂正正地与自由描述、包容全局的文字新闻及声情并茂、以动取胜的电视新闻等并立于新闻行列之中。同一个新闻事件，作者以不同的视点、不同的观念取向、在不同的环境摄取，最终必然会影响到主题思想的深浅，其中画面关系中的从属部分——陪体在深化新闻照片的主题方面上可以发挥重要作用。例如图 74，背后的两个陪体对主题思想分别发挥着不同的纵向表述作用：右侧大人的破衣衫是对其人生苦难的补充；后方行走的那个士兵的形象则是在揭示非洲人苦难的背景与根源。其陪体的出现，不仅构成了独特生动而又耐人寻味的画面格局，而且用不露声色的叙事方式向人们讲述了人生灾难的深层原因。

图 74　非洲战乱（美国 James Nachtwey）

利用陪体深化主题，用反衬法最能奏效：主体低矮，不妨利用高大的陪体反衬；主题特征陈旧，不妨利用具有新鲜感的陪体反衬，诸如宁静与喧嚣、痛苦与欢乐、美丽与丑恶之类的反衬均可达到事半功倍的效果。当然新闻摄影的真实性始终是新闻工作者所应恪守的原则，无论利用哪种方式深化主题都不能脱离客观存在。

三、衬景

衬托在照片画面前后左右的景物都是衬景。衬景有前景、背景和旁景之分,三者处于三种不同的方位。凡是在画面前端出现的景物均为前景,在画面后方出现的景物为背景,在主体和陪体左右两边出现的景物为旁景。这三种衬景对画面的空间、对画面的平衡、对主体透视的强弱以及画面的气氛和形式都会产生影响。它如同陪体,如果运用得当就会对画面的建设发挥积极作用;如果无选择地摄入或运用不当,就可能画蛇添足,也可能掩没主体,还可能破坏画面的秩序。总之,新闻摄影时不能忽视对景物的有效利用。

1. 前景

前景的首要作用是突出远近关系，增强画面的空间透视效果。当画面狭小、构图平淡时，酌情采用前景，即可产生上述感觉。在前景上做文章，要把握好三个技术环节：其一，焦点——当前景出现时画面中有前后两个突出的视点，如果前景是画面的趣味中心，则焦点需定在前景上；若趣味中心处在画面后方的某一位置，则需把焦点定在后边的趣味中心点上。只有这样，作者才能准确无误地表达自己的意图。其二，景深——一般说来，摄入前景也就等于拉开了画面中的物距，此时景深的长短也就成了影响视觉效果的重要因素。若需要虚实关系，可选用大光圈；若需要前后左右全实的大清晰范围，便需选用小光圈。其三，测光点——在诸多场合，前景与其他视觉点的亮度有一定差异，而前景由于在镜头前方且又占画面一定的比例，如果摄影者没有明确的表现目的，缺少曝光的经验，容易导致曝光失误。此时的测光点仍应定位于主体形象的重点部位，无论前景与后景。

前景的另一作用是调节画面的轻重关系，即当需营造前轻后重的画面形式时，可让色调偏淡的物体充当前景；当需要强调前后影调相对统一并达到整体和谐的表现目的时，应让与主体颜色深浅相当的物体充当前景。因题材有别，前景可以是人，也可以是物，无论是人还是物，所选前景与主体行为应有间接或直接的关联，照片画面集中展示一种特色，才显得精练、成熟，第41届世界新闻摄影比赛获奖作品《塞内加尔的渔民们》(图75）就是这样利用前景的。这幅照片中的大海、渔民、渔船和鱼虽然是四种形象不同的拍摄对象，但他们与它们之间都有相互的联系，画面“渔”味十足，让评委们着实品出了“味道”，从而情不自禁地投票推举出来。假设其前景不是捕获的鱼，而是一簇耀眼的鲜花，此图还能受到青睐吗?

2. 背景

除特写镜头外，主体形象会有一定画面比例的背景，即使画面透出一丝缝隙，其背景也会“钻”出来。若忽视背景存在或把握不当，缝隙里的节外生枝或是某一色块、斑点、线条与趣味点连接等,对整幅画面都会产生

图 75 塞内加尔的渔民们（美国 Carol Guzy）

灾难性的影响。因而，在新闻现场，无论多么嘈杂，记者最紧迫的任务是把画面的背景处理好。好的新闻背景多种多样，只要用心选用一种，就能为整幅画面的成功拍摄提供一份有力的保障。

（1）反衬主体形象。

突出主体是摄影构图中不可忽视的一个重要环节。有时根据构图的需要，不便让主体形象占据太大的面积。其影像微小时，用反衬法，可鲜明地托出主体（见图 76）。所谓反衬，就是选用与主体色调相反的背景。主体形象的颜色深应使其透在浅色的背景中，主体颜色浅应使其透在深色的背景中；主体形象的色调冷应用暖色背景反衬，反之则应以冷色背景反衬。

（2）装饰画面。

当主体形象没有足够的情趣，画面缺少味道时，如周围存在生动的线条、美妙的色块、某种象征性的图案或起伏多变的景观时，只要有助于展示画面特色，有助于表达主题思想，摄入画面就可为画面增色。

（3）构成独特画面形式。

新闻摄影不应刻意追求艺术效果，当主体形象的色彩与新闻现场环境的色调契合时，酌情处理主体形象和画面的空间比例就可获得具有独特艺术风格的新闻画面。例如东北边防战士在隆冬季节身披白色披风滑雪追击敌兵时，白衣战士与白雪融合就成了明快、简洁的高调照片；再如，一个身着黑

图 76 澳大利亚海滩上的运动，1999（Adam Pretty）

色服饰、心情沉重的难民，透在深暗的背景里，把它拍下来就是具有深沉意味的低调照片；又如身着红色嫁衣的新娘在红色的幕布前参加“世纪婚礼”，红人红布重叠构成吉祥热情的暖调画面。

独特的画面形式具有一定的艺术效果，它可作为一种诱人的力量吸引读者阅读画面内容，并可对主体意识进行“外包装”，从而传达一种更为浓重的情感，这对新闻主题的表达是有益的。然而，作为一个新闻摄影者，不能过多地依赖于形式，应视形式为载体，把工夫着重下在主体形象的精彩表现上。一个动人的画面形式与一个精彩的新闻瞬间有机结合，才是一幅优秀的新闻照片。

（4）交待新闻发生的地点。

直观是新闻照片社会功能的一大优势，一幅新闻画面不加解说词就能让人一眼看到事物发生的地点，这种画面影像带有一定的个性色彩和一定的透明度，能够引发读者的兴趣，帮助读者解读画面内容。交待新闻发生的地点就是让具有鲜明的地理特征或具有代表性、象征性的景物充当背景，如冰山雪峰是青藏高原的象征，它出现在照片画面背景中，人们一看便知画面主人公所处的环境。再如，天安门是中国的象征，以它为背景摄取的新闻事物，即使不懂中文的外国人看了也会知道照片反映的是中国北京的事情。具有地理特征和象征性的景物不仅能够增加照片的直观性，还能给画面带来远近高低的变化，起到装饰画面、强化视觉空间的作用。

（5）表示事物发展的程度。

图片报道是要反映时间、地点、人物与事物发展程度的，仅凭人物的举止难以说明事态的结果，这时就不能不考虑环境问题——观察周围是否有某些“造型”，或是可以印证“过去”的遗存现象，以此为衬景来达到叙述“程度”的目的。意大利摄影师弗朗切斯科·齐佐拉拍摄《遭受战争遗患——安哥拉饱受地雷爆炸之苦的孩子》时，把千疮百孔、弹痕累累的墙壁摄入画面，使人看到了战争的毁灭性与残酷性，他用自己的理性与行动把安哥拉人的灾难转化为事业的幸运——最终他获得第40届世界新闻摄影比赛年度最佳奖（见图77）。

拍摄大型的建筑工程或台风、地震、火灾等新闻事件，均可用背景表达事物发展的程度。

（6）体现事物的规模。

规模的大小直接影响画面的视觉效果，规模大，画面的视角宽，摄取的范围广，能够展示事物的阵容和气势。具有主次关系的照片，其画面的规模一般需要通过背景来体现，背景所占照片的面积大，则可展示大规模，反之画面显示的规模就小。以富有特色的场景充当背景，若处理好主次关系，常

图77　遭受战争遗患——安哥拉饱受地雷爆炸之苦的孩子
（意大利 Francesco Zizola）

常可以轻松获胜。美国摄影师路易·普西霍约斯拍摄《洛杉矶500个频道的电视网》时发现了事物的庞大与特色，将主体人物定位于密疏与明暗的交叉点上，把照相机用三脚架固定轻而易举地摄下了这一视觉效果强烈的画面（图78）。从总体上看，摄影求索是一分汗水一分收获，付出与获得是成正比的。但有时可能需要两分甚至三分汗水才可能换来一分收获，如果懂得环境的价值并善于利用环境的话，有时半分汗水就会有一分收获。

图78　洛杉矶500个频道的电视网（美国 Louie Psihoyos）

（7）渲染画面气氛。

气氛也是影响人们视觉的重要因素。照片画面的气氛可以通过主体、陪体的动作表情来体现，也可通过背景中规模宏大的运动场景、色彩、烟雾来渲染。图79反映了情势紧急，事态严重，视觉冲击力极强，这幅新闻照片成功的决定性因素便是背景中熊熊烈火所渲染的画面气氛。

（8）深化主题思想。

照片的主题思想是作者在一幅画面中所要表达的主旨，其思想愈深邃愈感人至深。有的主体本身没有思想深度，如选择具有象征意味，选择与主体高度一致或反差强烈的背景也能深化照片的主题思想。图80反映的是豫西偏僻山村的生存状态，我们可以从老人的神态中看到他对美好人生的渴求，从两个酷似人眼的窑洞似乎也感受到山民对春天的期盼之情。

图 79　巩义油库失火（刘栋杰）

3. 旁景

旁景一般在背景前及主体、陪体两侧出现，是主体与陪体的异类。旁景的作用是：

（1）反映事物的特点。

新闻照片的特点多以主体行为来反映，如反映一个拖拉机手的新闻事迹，那么他旁边的拖拉机就说明了他的职业特点；再如出海捕鱼人旁边的渔船和渔网足以证明他们从事的是渔业劳动。这些道具在照片的画面中是不可少的，道具的种类越丰富，体积的大小和颜色的深浅变化越大越能显示事物的特色。

（2）调节轻重关系。

图 80　盼春风——豫西窑洞居民的生存现状，1990 年 11 月河洛镇

摄影构图有时需要保持一种轻重对比的局面，有时需要一种对称和谐的局面，我们均可用旁景调节：当主体在画面一方显得过重而又需要保留轻重态势时，可用体积相对小于主体的旁景予以相对平衡。

（3）装点画面。

旁景对画面的装饰性虽不如大面积的背景装饰那样强，但在画面布局过于单调时，通过改变拍摄角度将现场某些富有形状和色彩变化的物体摄入画面，也可像某些背景那样起到装点画面的作用。比如图 81 中的旁景——花篮与木枪，其装点画面的作用体现在潜在装点和表面装点两个方面：所谓潜在装点，是这些旁景平衡了画面，使整个画面形成“左重右轻”的生动局面；所谓表面装点，是这些花篮和木枪的造型各具特色，充满了乡土文化气息。与此同时，本图中的旁景还证明了主人公的身份。

图 81　21 世纪第一个元宵节古城雎阳的乡村女孩

第四节　新闻照片的外部框架把握

影像传感器的画幅是一个有限的空间，我们不能指望这样一个静止有限的空间容下大千世界。况且新闻摄影有时需要反映某一事物的整体形象，有时需要展示局部形象，通过某一范围内相互联系的影像结构来传递信息。鉴于此，在拍摄现场我们应该考虑哪些需要摄入画面，哪些必须排除在画面之外，再具体一点讲就是取景时左边取到哪条线上。如此取舍最终所形成的结果是：四周边线以外的景物被排除，四周边线以内的画面被肯定，最终形成横、竖、方三种高宽不等的画幅，三种画幅因其空间范围不同对场景的表现力也不同。

一、横幅画面选用法

边线宽长于高的为横幅画面。这种画幅是横方形的，适合表现横向走势的物体和宽广辽阔的场景，可用来拍摄人物场面和各类人文景观和自然景观。对影像取舍的基本依据是：既要考虑画面的紧凑性，又要考虑其完整性。既不能为紧凑而把画面裁得残缺不全，也不能为完整而导致画面松散无度。横幅构图能使画面上下紧凑和左右完整，运用得当可去粗取精产生宽阔、舒展的视觉效果。图 82（见书前彩色插页）所表现的是横向排列的新闻人物，其画面的新闻情趣就在这个不可分割的群体上，用横幅画面可将与主题表达相关的人物形象完整保留，也能顺势挽留上方那片颇有精神意味的空白。

二、竖幅画面选用法

边线高长于宽的为竖幅画面（见图 83）。这种画幅是竖方形的，适合拍摄上下走势的物体，表现人物与景物的高大形象，如顶天立地的英雄豪杰，高耸入云的山峰及拔地而起的摩天大楼……

竖幅构图可将左右两边多余的东西排除在画面之外，保持其左右紧凑，与此同时还可兼顾物体的高度与完整性。何时需要竖幅取景，这应根据拍摄现场的特点和画幅的表现力决定。图 84 表现的是宋代民俗风情，这是一种上下走势的影像结构，作者用竖幅画面构图恰到好处，否则无法把画面上方的建筑、中间的人物和下方的羊囊括其中，尽现一道立体的人文风景。

在拍摄时竖式取景或在放大时酌情对方幅或横幅画面剪裁，均能获得竖幅画面。

三、方幅画面选用法

边线宽高相等的为方幅画面。从外观看画面，这种构图形式不如横幅与竖幅那样富有变化，但在特定场景中方幅具有独特的表现力。

在面对具有视觉价值，上下没有多余、左右不可缺少的，面积对等的场景时，追求场景的完整与精练，非方幅构图莫属。如图 85，如果用竖幅构图，势必要裁去左边行走的人和右边“明星”不可缺少的部分；如果用横幅构图，则会裁掉行进的腿和“明星”的部分躯体而使画面残缺不全；而用方幅画面，可兼顾各个有价值的视觉元素，营造一个相对完整的影像结构和精神空间。

大概是方幅画面缺少变化的缘故吧，报纸杂志选用照片多喜欢横幅与竖幅。对此我们应该明确一点：采用什么画幅，不应该成为我们拍摄、选用照片的目的，而只能视为一种手段，因为画幅所解决的是画面形式问题，形式应为主题内容的表达服务。只要能充分、生动地展示事物的特色，我们又何必去苛求画面形式呢？

图 83　“计划”之外的弟弟，2005 年 7 月鹤壁西郊

现代新闻摄影构图的理念是：在尊重客观场景的前提下主动把握画面结构，在寻求“不经意”的状态下主动把握画面秩序，在遵循构图章法的同时寻求新视角，在营造画面形式的同时注入画面语言。

图 84　2005 年开封清明上河图再现宋代民俗风情（王冠星）

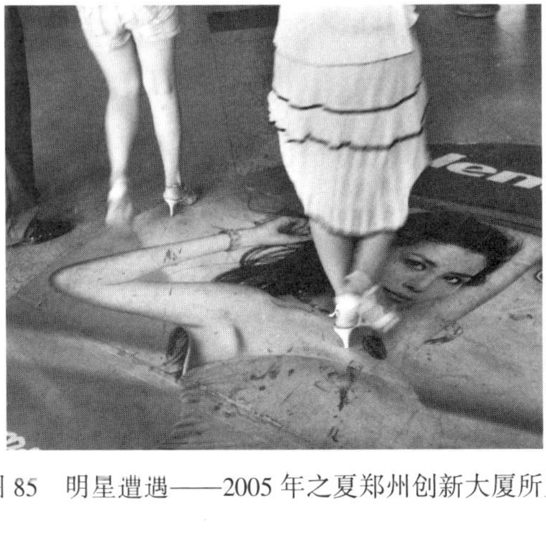

图 85　明星遭遇——2005 年之夏郑州创新大厦所见

下篇

新闻摄影专业知识

第五章
现代新闻摄影的功能

1839年8月19日，法国科学院和艺术学院在巴黎召开了一次特别会议，宣布摄影术问世，其发明者是Louis Daguerre。摄影术自诞生之日起就成为了新闻摄影的摇篮。1842年5月5日至8日，德国汉堡发生了一场旷日持久的火灾，当时汉堡一家照相馆有两位画家赶赴现场拍摄了多幅灾情照片，其中一张保存至今，这被视为世界上最早的一张新闻照片。1842年5月14日，英国的《伦敦新闻画报》试图将其火灾现场公布于众，遗憾的是苦于没有图像制版印刷术，只得根据照片用画笔描绘火灾情景向人们诉说有关汉堡的火灾信息。1904年，英国的《每日镜报》率先掌握了用油墨在纸张上印刷照片的技术，成为世界上第一家用图片报道新闻的报纸。此后，世界各国相继把新闻照片搬上报纸版面，新闻摄影从此走上社会舞台。

新闻摄影是新闻学的一个分支，是摄影学的一个门类，是用新鲜、真实的图像加简短的文字说明借助媒体传播视觉信息的一门应用学科。新闻摄影以其特有的目光伴随着人类前行，在岁月的风雨中已经走过百年历程，在多方面发挥了自己的社会功能，为社会进步和人类文明做出了巨大贡献，这也就是众多新闻摄影人孜孜以求，辛勤劳作，甚至为新闻摄影事业献身的原因。

新闻摄影作为一个社科门类，也在不断地发展自己和完善自我，已经呈现工具数码化、记者队伍专业化、技术操作多样化、影像彩色化、构图表意化、画面情感化、信息表达视觉语言化、影像传输网络化、作品品格人文化、图片编辑知识化、受众大众化的现代新闻摄影局面，它将会用更加敏锐的新闻目光关注世界，以更加快捷的传播速度和更加理性的语言表达方式走进人们的日常生活，影响人们的精神与道德，影响现代人和未来人。

第一节 传播功能

新闻摄影因为是新闻学的分支，隶属新闻学；而新闻摄影的产品——新闻照片上的视觉信息必须通过媒体传播，与传播学又有必然联系。新闻摄影作品能否顺畅地与读者广泛见面，能否实现应有的社会价值，其中涉及作品质量，涉及传播手段与传播管理和传播方法，作为摄影师则应注重作品的质量。

我们已知新闻摄影与人像摄影所不同的是它具有一定社会性，可用于大众传播。一幅新闻照片拍摄完成后，配以文字说明送到媒体，经编辑、制版、印刷、发行，即可与成千上万的读者见面，实现其社会效益。新闻照片虽然有传播功能，然而不同的照片传播于众所产生的社会效益却有了大小不同的差别。一个真正的摄影记者应有精品意识，力求把每幅照片拍到最佳程度，使其具备新闻价值，这样才会具备传播价值。新闻照片的传播价值由以下三个方面构成：

1. 光影质量

光影质量，即光线与物质结合所形成的影像质量。其影像质量有专业、业余之分。具有专业影像质量的画面，表现为图像清晰，色彩鲜艳、饱和，具有一定的明暗对比度且反差适中，物像质感强，读者面对它有一种身临其境的感觉。这种质量的新闻照片感染力强，是一个职业摄影师所应追求的影像效果。而那些业余水平拍摄的照片，影像清晰度和色彩还原差，影调偏灰、偏白或偏黑，画面影像整体生硬苍白。这种影像质量一般出自初学者之手，是专业摄影师应尽力回避的。具有专业水准的影像质量来自摄影师对白平衡恰当的选择，来自正确曝光，来自摄影师对光线的选择和对画面影调的准确控制。

2. 画面形象表现力

画面影像状态对人们所产生的视觉影响力称其为画面形象表现力。这种表现力与新闻事物的形象特色、空间的利用、光线的立体感以及按下快门之时拍摄对象的姿态与神态有关。由于图片新闻是平面瞬间凝固的影像，也就特别需要强调形象表现力，以此吸引读者的目光，刺激人们的感官。其画面形象表现力越强，传播价值就越高，反之就弱，或者没有传播价值。

3. 画面的精神分量

好的新闻照片必须让人为之感动，甚至具备一种震撼力。撼人心魄的因素不是画面的表面热闹，而是作品的内在力量，这种力量便是新闻照片的精神分量。它的形成与新闻事物的典型程度有关，与瞬间意味有关，与作者对事物意境开掘的深度有关，与画面语言的丰富程度有关。新闻照片这种素质必须用作者严谨的工作态度、踏实的工作作风、深邃的新闻眼光和具有建设性的事物表达方式来换取。

第二节　认识功能

人类总是在不断地发现自我，认识世界，当每幅新闻照片出现在人们眼前时一种新的光景也就展现在了人们面前，于是，新闻图片就成了一扇认识世界的窗户。摄影者把所发现的事物用照相机拍下来在大众面前形象地展示，人们便可通过一幅幅画面认识从未目睹、不曾耳闻的新事物，以此达到拓宽视野、认知世界、丰富知识的目的。新闻摄影的这一认识功能，是文字新闻、广播新闻所不能比拟的。

1. 自然界的新事物

诸如地球上的森林、山川、江河、海底及动物世界里奇景趣影；再如宇宙空间的珍闻异事，人们可以通过真实的画面揭开自然之谜，充实人类自己。如我们在地球上每当仰望明月时，总会联想到玉兔与嫦娥那美丽的传说而心驰神往，当《宇航员第一次登上月球》的照片展示在人们面前之后，我们才揭开了月球的面纱——原来是一个没有树木、没有河流、没有生命的贫瘠星球！

2. 生理科学的发现

人类发展史恐怕要以亿年计算，然而人类对于自身遗传、发育以及疾病的认识也有颇多的迷惑不解，在某种条件下，新闻摄影可以帮助人类认识自我。如在医学显微摄影问世之前，人的胚胎是什么状态，就连怀孕中的母亲自己也不知道，当瑞典伦纳特·尼尔森（Lennart Nilsson）的《孕育中的胚胎》(见图86）照片摆在我们面前之后才发现母体里的胎儿竟然如此奇妙。

3. 人类在精神交往中所出现的美丑善恶现象

作为高级动物的人不可避免地要互相交往，这是一种生活需求。在人们的相互交往过程中总会遇见新鲜事物，这些事物有美丑之分，无不打上精神烙印。摄影师用肯定或否定的态度将其新鲜事物摄入镜头传播于众，可让更多的人认识其美丑的本质所在，从而加深对人生和社会的认识，理智地面对这个纷繁的世界。

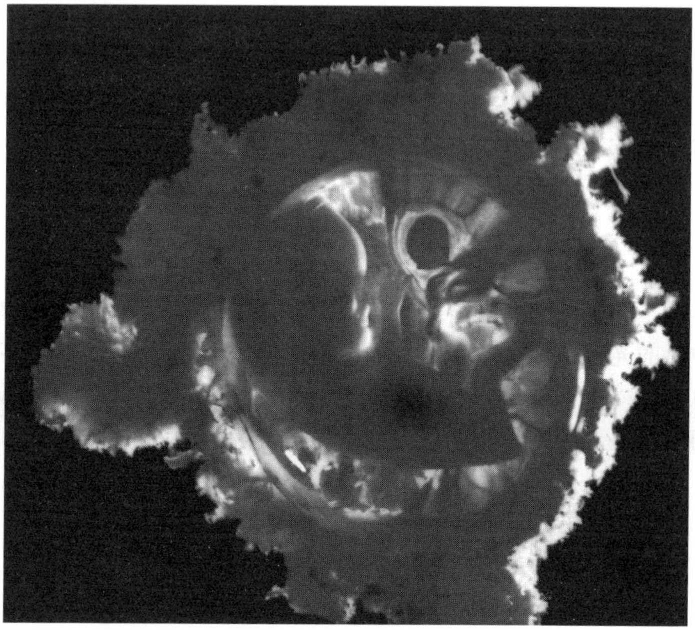

图86 孕育中的胚胎——三个月的胎儿（瑞典 Lennart Nilsson）

4. 人类在物质探索中的新发现

人类之所以称为高级动物，在于人类可以借助自身的智慧创造物质，创造文明。科学家的这些文明成果，首先需要信息传播者用相应的信息形式向大众发布，只有这样人们才能在短时间内在精神上与科学家共享文明，继而促进生产推广，改善人的生存质量。新闻摄影在科技信息传播中以其直观可视的优势把读者与科学家的距离拉近，通过影像与物质对话，可极大满足读者的求知欲。

第三节 审美功能

新闻摄影的根本用途是进行新闻信息传递，但这并不意味着它排斥审美功能。尽管所谓的美曾一度充斥我国新闻摄影界，使新闻照片变得不伦不类，我们仍不能把美视为新闻摄影的洪水猛兽。在摄取新闻照片的过程中，摄影者只要以新闻纪实意识作主导，美的因素不仅不会诋毁新闻照片的新闻性，反而会增强画面的形象表现力，有助于主题思想的表达。此类新闻照片所产生的社会效果可能是双重的，即在人们感知世界的同时，还起到了美育的作用。

新闻照片的美表现在以下四个方面：

1. 客观事物的原本美

世界新闻摄影比赛与国内新闻摄影比赛均设有“艺术类”奖项，舞蹈、戏曲、电影、建筑、体育及自然界美的事物，只要有新闻价值均可作为新闻摄影题材参加此类竞赛，因为这类事物天生就具有美感，并同时包含着新闻性。

图 87 中的主人公本身就是一个充满美感的新闻人物。她的美来自多个方面：首先，她是一个曾经登上世界冠军领奖台的典型人物，其典型性的本身就包含着精神美感；其次，这个人物的容貌出众，令人喜爱；再次，凝固在画面中的体态优雅，如同凌空飞翔的鸟儿，给人以特有的新奇和无限的遐想。这张新闻照片的主要魅力就来自于人物的原本美，加之在一个重大的体育赛事中又有新的不俗表现，使得这张体育新闻照片具备了审美和新闻的双重属性。

再如图 88，画面的主导思想是传达一个山景中新近发生的游览动态，向人们传递一种新的文化信息，在人们获取这一新闻信息的同时，也得到了美的享受。这种功效来自山石的奇特美，其诱惑力是巨大的，它令无数个游客心驰神往，据说这道神奇的景观还曾吸引了《西游记》剧组。

2. 在画面布局中，某些因素构成的潜在美

有些照片画面的形式不美妙，其内容也与美无关，然而一旦失去了某一物体的存在，整幅画面不是失去平衡造成人的心理不适，就是乱了章法使画面变得古板简陋。著名摄影记者石少华的代表作《地雷战》，反映的是战争题材，画面里没有美丽的山川，也没有英俊的人物，却有不可抵御的吸引力，其美的动力来自作者在画面中的前后布局，通过前景看到了朦胧的行进队伍。看了这幅照片，就能把人的思绪带到那个峥嵘的岁月。

在摄影构图中，利用一种物体与另一种物体的对应或对比造成和谐的、生动的局面，是一种“潜在美”；利用背景或陪体丰富画面形象，使其变得充实，也是一种“潜在美”。

3. 由画面布局而来的形式美

摄影者利用人与人、人与物或物与物的组合构成具有条理性、节奏感、高雅感之类的画面，均为形式美照片。

图 87　世界冠军刘璇在奥运会上的精彩表演（赵彤杰）

图 88　嵖岈山上的空中流梭

这类照片与“潜在美”的不同之处是美感外露，一眼就可使人感觉到它的存在。外在美同样不会排斥内在美，只有内外同时具备美的力量，其新闻摄影作品才称得上完美。当然新闻摄影师在试图用照相机制造美的同时，必须以客观存在为前提，以新闻性为前导。

4. 画面中的精神境界美

有些照片不注重画面的外在美，但重视情和意的开掘营造，读来意味隽永，回味无穷，这些画面称之为精神境界美照片。新闻摄影追求内在美，并非全然不顾外在形式，有些新闻照片看似很随意，没有“镜头感”，这不等于没有作者的主观能动因素，实际上，在镜头的背后却跳动着一颗兴奋、紧张、理性的心，在他（她）尊重客观真实的同时努力把握画面影像之间的秩序，始终注意处理主次关系，并试图用创造性的理念寻求最能反映事物特色、揭示事物的本质、最有形象表现力而能引人入胜的画面形式。“外在美”与“内在美”照片的区别是前者重外力，后者重内力；前者追求第一感受，以轻松愉悦取胜，后者追求第二感受，以质朴厚重取胜。

第四节　教育功能

新闻摄影是一个长久的意识形态工程，新闻照片的画面里有情感、有思想，在人们接受画面信息的同时其情感与思想必然潜移默化地影响自己的情感世界，于是，教育功能也就成了新闻摄影的重要功能。

中国的新闻摄影事业是党的宣传教育工作的一部分。全国性及各省、市、自治区的主要报刊许多为党的机关报，在形象信息传播中配合党的方针、路线、政策及各个时期的中心任务对广大读者进行宣传教育是其根本任务。中国新闻摄影的使命如此，欧美发达国家的报刊上大多数照片同样带有浓厚的政治色彩，发挥着舆论影响和教育大众的作用，诸如美、英等国所发动的海湾战争，当时欧美各国派往战区近百名摄影记者进行战地采访，用大量照片报道战况，从各种思想角度宣传它们发动战争的正确性及战绩的辉煌，以此说服大众树立国家意识，接受政府意志。

新闻照片教育功能的强弱与新闻照片的质量有关，而照片质量的高低取决于两种因素：一是摄影记者的业务素质；二是记者的责任感。要做一个优秀的、高产的摄影记者，不仅要有过硬的业务素质，而且还要有较强的敬业精神，二者缺一不可。

新闻摄影的教育功能主要表现在两个方面：

1. 正面教育

在人类社会中阳光、向上的正面事物是社会的主流存在，作为摄影记者应抱以积极的态度面对这个世界，用健康的眼光观察世界，用一颗进取的心发现社会中新鲜美好的事物，这是一种使命。把工作重心放在正面宣传上，不仅是记者客观看待社会、客观反映世界所应尽的一份社会责任，接受新鲜信息、感受人间美好也是读者的一种精神需求。读者是带着“调节精神生活”的愿望捧起报刊的，他们想通过信息浏览获得精神愉悦和生活满足，而大量的正面报道所弘扬的是社会正气、人间真情、进步思想，所展示的是光明现状和发展态势。正面报道所传达的是正面信息，对读者所产生的自然是正面影响，由于读者在获取这些信息时是一种自觉行为，则这些信息中的思想会潜移默化地影响他们的道德情操，在不经意中接受正面教育。在正面报道方面，我国报刊的摄影记者应该弘扬社会主义建设的主旋律，围绕党的路线、方针、政策，围绕精神文明建设和物质文明建设搞好正面宣传。

2. 反面教育

图 89　村子被烧——美军占领下的越南（越南 Huynh Cong）

尽管社会的主流是好的，但假恶丑却是与真善美并存的。新闻传播部门、新闻传播者乃至人民大众都应正视其丑恶现象的存在，并应采取揭露的方式予以曝光。丑闻的性质也有轻重之分，对于那些重大丑闻和恶性事故，不可淡化，更不能回避，因为回避和淡化就等于放任。社会中的丑恶现象属于负面事物，它给人的视觉感受是灰暗、沉重和忧患的，这些因素是情感的催化剂，可以激发人的正义感，激发人的斗争精神，因而反面事物同样是教材，也能达到教育目的。新闻记者揭露丑闻就是与坏人坏事作斗争，其出发点是积极的，可对社会产生正面效应。例如世界新闻摄影比赛1972年度最佳新闻照片《村子被烧》反映了美军的罪行，此图在美国报端刊出后引起强烈反响，迫于民众反战情绪的压力，美国政府不得不提前结束战争（见图89）。

第五节 文献功能

照相机是记录客观形象的得力工具，用现场纪实的方法摄取新闻场景具有无可争辩的力量，因此，今天的新闻影像就可能成为明天的历史形象，随着时间的推移和社会变迁，其新闻照片也就成了文献资料。新闻摄影师的职业特点和社会角色赋予其见证现场和见证历史的双重使命。对此，不少新闻摄影师重视前者，轻视或者忽视后者，这便需要社会责任感作支撑。优秀的新闻摄影师必然具有浓郁的人文情怀，在其审视现实情景的同时会从历史文化的角度体察其文化蕴涵，思考眼前的事物对今人会产生什么样的精神影响，对后人提供一种什么样的文化参照。就文献价值而言，不能把所有的新闻照片相提并论，至于何类新闻事物的文献价值高，值得每一个新闻摄影工作者思考。

1. 重大的历史变革

每一个国家的政权变更都是一次影响该国社会发展进程的重要一步，它不仅影响现实社会的道德观念、法制建设、经济状况和人生质量，还会对一个国家整个发展史产生深远影响。中国有五千年的文明史，经历过数以百计的政权更迭，除了爱新觉罗·溥仪之外，此前的帝王没有留下任何影像资料，就连叱咤风云的秦始皇也未能留下一张“标准照”，因为那时没有摄影术，至于始皇大帝是何容貌，我们只能根据史书的描绘去想象。1839年8月摄影术在法国诞生之后，照相机就成了见证历史的工具，此后各国的领袖人物都被载入影像史册，当后人回顾社会发展史、追思伟人丰功伟绩或者反思历史教训的时候，看到这些，就会有一种身临其境的感觉。

2. 重要的政治事件

在世界范围内经常发生政治事件。相比之下，重要的政治事件影响面广，涉及国家的政局，影响社会的安定与发展，在当时会产生轰动效应，千百年之后由于该事件曾经是社会发展史上浓重的一笔，仍会被人们提起，并有可能将其作为史料被史学家研究、分析。美国的“9·11”就是这样一起政治事件（见图90）。

图 90 美国“9·11”事件

3. 重要的新闻人物

正面的重要新闻人物是社会精英，是时代的弄潮儿，其思想与作为在现实社会对民众的影响大，并能产生积极的感召作用。在历史长河中的特定时期，这些人物会被人们重新提起，可能成为后人的一面镜子，或者作为丰碑被后人传诵。政治舞台上的伟人、科技领域的著名科学家、艺术领域的著名艺术家、体育赛场上的明星、保家卫国的战斗英雄都应成为新闻摄影者重点拍摄的对象，他们的新思想、新动向、新作为可以在现实生活中产生社会效应，也能在历史的星空中发出光芒。中国历史名人在人们心目中有的抽象，有的具象，其差别在于有的留下了真实的画面形象，有的只是出自史学家的文字描述。

至于反面的重要新闻人物，祸害当时社会，曾经被人们唾骂，其丑恶行径与名声也会遗臭万年，诸如慈禧、江青……

一般来说，重要人物都是当时社会备受关注的新闻人物。记录名人的生命轨迹，新闻摄影师责无旁贷。摄影师在拍摄这些人物活动的过程中，既要用现实眼光判断他们的是与非，又要用历史眼光进行自己的文化思考。

4. 重要的文化运动

文化运动是社会群体参与的意识形态变革的政治运动。例如 1789 年的法国大革命、1919 年中国的五四运动，以及 1966—1976 年的“文化大革命”，在人类社会发展史上都曾产生过重大影响，无论革命的性质是与非，反映其现实情景的新闻影像都有留存的价值，这些新闻照片除了对当时的社会产生精神影响外，几十、几百、几千年之后还会受到后人的重视。

5. 重大的发明创造

发明创造是人类智慧的结晶，是人类进化的脚步。其重大的发明创造可以增强一个国家的经济实力和政治实力，与人类生活息息相关的发明创造可给全人类带来福音，例如蒸汽机、电、飞机、轮船、摄影术、计算机等重大发明，大大改变了人类的生活方式和社会观念，这些重大的科技成果已被整个地球人共同分享。作为新闻摄影师有责任记录重大发明问世的历史时刻，如果遗漏这些新闻现场，将会给历史学留下一个缺口，是“摄影记者”这一特定社会角色的一种失职。

6. 重大战争行动

任何一场战争都是对一个族群和一个区域的生灵进行的“屠杀”，都会殃及一些无辜者的生命。任何一场战争都具有两面性，就主动与被动而言，分为发动战争和反对战争的双方；就性质来讲，有正义和非正义之别。新闻摄影师参与战争拍摄就是对战争评判的一种介入。当然任何一名摄影师拍摄战争情景的时候都会站在特定的立场上去取舍。就良心而言，摄影师当然应该站在人道主义立场上用人性的眼光发现战地新闻。任何一场战争都会持续一个阶段，延续的时间越长，战争区域越广泛，对人们的影响就越大，有关战争的影像资料就越有珍藏价值。当然，战场有宏观与微观之别，有典型与一般之别，其画面也有直白与深邃之别，并非在战场上所摄的所有照片都可作为文献资料。有一点是能够肯定的：在决定性瞬间所拍摄的照片是有珍藏价值的，如 1945 年 4 月 30 日苏军攻克柏林把胜利的旗帜插到德国国会大厦的情景（见图 91）。

7. 重大自然灾害

自然灾害不是孤立的自然现象，人作为自然之子，生活在自然的怀抱里，自然界的每次动荡都关系人的安危，重大自然灾害则会波及更多人的生命财产安全。地震、洪涝、海啸和火山爆发等重大自然灾害，其凶猛程度和对人类生命财产的破坏触目惊心。新闻摄影者的现场记录不仅可以让人们面对影像回顾自然史和人类生存史，还可为未来的物理学家和地理学家研究自然演变的规律提供一种参照。

就地震而言，20 世纪 70 年代中国曾经发生过唐山大地震，夺去了很多

图 91　1945 年 4 月 30 日苏军攻克柏林（前苏联　佚名）

人的生命，那时国内有不少记者亲临现场拍摄，时过 30 多年，却没见到一张反映那次震灾的经典作品。而 20 世纪 80 年代的土耳其大地震，摄影师

Mustafa Bozdemir 却以一幅《土耳其母亲的悲伤》的新闻照片震撼了世界，于 1983 年获得世界新闻摄影比赛年度最佳奖，此后每逢人类世界的重要历史时刻，这张照片总是被人们提起。同是反映地震内容的照片，我国摄影师的那些照片为什么已被淡忘，土耳其摄影师的这幅照片（见图 92）却有如此长久的生命力？其根源是我们过多地注重了灾情报道，很少在人生与人性方面作深刻思考，画面只停留在事物的表面，没有去寻找影像进入人们内心的通道。

图 92　土耳其母亲的悲伤（土耳其 Mustafa Bozdemir）

第六章
现代新闻摄影题材

精通照相机，掌握了用光构图技能，是否就能拍新闻照片呢？不能。从摄影技术到新闻照片产生的其间有一道无法直接逾越的障碍，这就是新闻摄影的运作规律，它包括摄影者对新闻摄影题材的了解、对新闻摄影诸种报道形式的认识、新闻摄影采访与观察方法的掌握、新闻照片结构解剖、新闻形象的表现与拍摄等。

新闻摄影题材是新闻摄影的第一手材料，一名新闻摄影工作者所掌握的题材数量多少及质量高低，直接影响到工作成效。

第一节　新闻摄影题材理解与获得

新闻摄影是为国家、政党和大众服务的，新闻摄影题材实实在在地存在于社会与我们自己的生活之中。我们年复一年、日复一日地吃饭、穿衣、劳作、歇息、行路，在我们身边有男人、女人，有老人，有儿童，更有年轻人，那么我们每个人所做的每件事是否都能作为新闻题材拍成照片见诸报端呢？这显然是不可能的。什么事物才可成为新闻摄影题材呢？这就必须弄清楚——

一、题材的含义

有关新闻摄影题材的含义，《现代汉语词典》与《辞海》上均未作过解释，原因是新闻摄影在中国的发展史较短，20 世纪中上叶新闻摄影作为一门学科还不够成熟，词条的编纂者对新闻摄影的具体理论环节缺乏足够的认知，因而新闻摄影题材在中国权威性的词汇大典上是一片空白。20 世纪80~90 年代改革开放的中国兴起了新闻摄影研究热，不少有识之士曾撰文或著书立说对新闻摄影题材作出种种论述，中国人民大学出版社出版的孔繁根编著的《摄影采访与图片编辑教程》一书对新闻摄影题材的含义作了较为科学的界定：

新闻摄影的题材是指社会生活中新近发生或发现的某些现象，是报道对象的笼统称谓。

孔繁根先生在这一解释中强调了如下要点：

（1）社会生活。新闻摄影工作者是社会工作者，新闻摄影为社会的文明与进步而存在。其拍摄题材应来源于社会，对题材的价值取向不应以个人的爱憎为标准，而应以社会观念，公共道德和安邦兴国为出发点去评判社会生活中的是与非，无论什么题材、什么事理最终都应被社会认可，并取得社会效益。

（2）新近发生或发现。新闻摄影的根在“新”上，摄影者认定并将付诸拍摄行动的题材必须是新发生或新发现的事。新发生与新发现是两种不同的概念，新发生指的是刚刚发生的事，这类题材多指人类生产、生活的新事；而新发现可以是过去发生不曾被人认知而被摄影者发现进行及时报道的新鲜事，此类题材多为自然界新闻，如摄影记者跟随科考队员在雅鲁藏布江大峡谷发现内陆早已灭绝的植被，在青藏高原发现澜沧江的源头等。总之，任何引起摄影者兴趣的题材都必须含有“新”的成分。

（3）某些现象。这里强调的是社会生活中的个别现象，而不是普遍现象。因为普遍存在也就屡见不鲜，与新闻相悖。“某些现象”所强调的是新闻的“个性”。所谓个性，就是该事物与他事物不同的特点，在强调个性的同时，其“现象”还必须有“共性”基础。所谓共性是指不同事物所共有的普遍性质。也就是说，新闻摄影的题材在自己形成的规律以及道德情感和画面趣味上都有群众基础，见诸报端之后，广大读者喜闻乐见。孔繁根先生对题材的概念一词以其简短话语作了深刻而又较为全面的概括。但理论的东西难免抽象，为便于理解、记忆和实际操作，笔者将其概括为一个更为简短的公式，即：

新闻事实+新闻形象=新闻摄影题材

二、题材获得的途径

（一）主要途径

直接发现是摄影记者获得新闻摄影题材的主要途径，其因有二：一是新闻摄影现场纪实需要直接发现。照相机为现场纪实而产生，摄影记者要为追求新闻形象真实而纪实，离开直接发现，待时过境迁后导演补拍重现“新闻”是违背真实性原则的。二是抓拍需要直接发现。抓拍是记者获得真切鲜活情景的唯一拍摄手段，而抓拍的前提是直接发现抓拍的目标，别人把亲眼所见百年不遇的精彩一瞬（如不明飞行物）告诉摄影记者是无济于事的，摄影记者只能望洋兴叹。

要直接发现新闻摄影题材就必须进行广泛的摄影观察，只有到生活中去才能在生活中发现；只有广开视野才能大量发现；只有大量发现，才有选择的余地；只有充分地比较选择才能获得高质量的新闻摄影题材。这就要求摄影者以饱满的工作热情，以锲而不舍的精神投身生活，用自己的眼光去观察、思考、发现。

要直接发现深刻的题材就必须深入生活观察。摄影爱好者、摄影通讯员、自由摄影师、摄影记者等众多摄影者每日都在人海中穿梭，用渴求的目光搜索新闻摄影题材，这种局面如同捕鱼，在众人同捕的情况下，表面游动的鱼很少，要多捞鱼，捞大鱼，只有到深水中才会卓有成效。新闻价值高的摄影题材多蕴藏在生活的深层，要想拍到一幅思想深刻，耳目一新的照片必须“沉”下去，用耐力和毅力去换取。好的摄影专题就是一个摄影工程，只在表面做文章是难成大器的，一个全新的思路，多幅照片的有机立体组合，最终在社会大众中引起共鸣的专题，更要在生活的深层开掘。

（二）其他途径

摄影记者没有三头六臂，也没有分身术，一个省报记者要面对全省的方方面面，一个《人民日报》记者要面对全国所发生的新闻事物，一双手，一个大脑，两只眼睛，两条腿是难以应对四面八方的，仅靠直接发现的题材不能满足完成任务和高产的需要，在这种情况下还必须通过其他渠道获得新闻信息，以补充直接发现的不足。

（1）在编辑部获得新闻线索。报社的摄影记者一方面可从总编和部主任那里获得指令性摄影采访任务。上级下达的采访任务一般是权力部门的重大活动和基层突然发生的重要的新闻动向。编辑部各个编辑室的编辑，每天都从来稿和送稿的通讯员口中得到大量信息，如能与各个编辑加强联系，也能丰富新闻线索。

（2）从电话中获得新闻线索。这是获得新闻线索速度最快的一种方式。为此报社的摄影记者应该和各地的摄影通讯员建立广泛联系，摄影通讯员应和基层的宣传干事和摄影爱好者交朋友，以便在事发前或事发时及时保持联系，尽早获得信息。

（3）在会议上获得新闻线索。党政部门及各大行业召开会议，各方代表会聚时，无须跑长路，也无须耗用过多的时间，可在短时间内利用种种与代表接触的机会进行采访。

(4) 在文件中获得新闻线索。党政部门及行业部门所下发的文件一般汇集的是典型单位的典型事迹或典型人物的典型事迹，这些事迹带有一定的新闻性，其中不乏有利用价值的题材。

(5) 在报刊、广播和电视等其他媒介上获得新闻线索。广播新闻带有一定的抽象性，具有新闻价值的新闻事物在广播电台播发后，如能再用图片直观地展示出来，可以完善新闻事物的宣传，同样受公众欢迎。报纸上的文字报道是用文字符号表述的，一些新闻价值高的新闻题材如有形象特色并在继续进行的话，摄影者再用图片进行报道仍有新闻生命力。电视新闻是图片新闻的近亲，而电视新闻比图片新闻传播速度相对快，有时通过电视屏幕也能获得可以继续利用的报道线索。电视报道过的新闻事件如果时间跨度大，图片新闻可接着向纵深报道。

(6) 在新闻发布会上获得新闻线索。新闻发布会是市、省、国家有关权力部门为加大某一重大活动或某一重要时期生产、生活、政治状况的宣传力度，召集各大新闻媒介的记者专门发布有关新闻内容的场所，摄影记者如能参与，也能从中获得有益的素材。但新闻发布会所发布的大多数新闻内容适合报刊、广播等其他媒介宣传，有一少部分可供摄影报道，如国际少林武术节是面对全世界武术界召开的盛会，有关组织部门在会前召开新闻发布会公布武术节中的武术比赛、佛事与经贸交流活动的具体安排，摄影记者可从中选择可供摄影报道的题材，早做准备，以便如期赶到现场开展工作。

(7) 在有关部门获得新闻线索。党政、人大、政协、妇联以及大型企业、大专院校的领导机关，都有不同分工管理的部门，每一部门都掌握该系统最突出的人和事，以及该系统具有创造性的重大活动情况，我们可用新闻价值的标准衡量其中引起我们兴趣的事情。机关的部室较为集中，我们可用较短的时间宏观地了解较多的信息。

(8) 在与朋友聚会时了解新闻线索。朋友相聚是无话不谈的，尤其在餐桌上，更是海阔天空，此时顺便打听新闻，他们会毫无保留地把所见所闻的新鲜事物倒出来。在这种情况下进行新闻调查无须额外再费精力、时间和财力。

(9) 从道听途说中获得新闻线索。汽车、火车上的旅客来自五湖四海，其中总有一些不甘寂寞的人，在他们滔滔不绝的讲述中你会听到新鲜事，一条确切而又有摄影报道价值的信息或许能给你带来一次幸运。

(10) 从因特网上获得新闻线索。世界越来越开放，信息渠道越来越畅通，国内外的许多网民乐于把身边发生的事发到网上进行交流，我们可从网页上获得来自世界各地、祖国各地的信息，其中不乏可供我们利用的东西。

上述10条渠道上的新闻题材的特点是：①来路广，渠道多；②事发地离摄影者距离远；③多为口传新闻，实情与口传误差大，利用率偏低；④可弥补“直接发现”的不足。

从以上途径所获得的信息多为口传新闻，这些新闻经实地考察后有些确有其事，有些纯属传说；有些不及口传的那样感人，有些在性质规模上超出了口传程度；有些不适合摄影报道，有些用图片反映很有新闻特色。总之因其误差大，才不及直接发现的题材利用率高。严格来讲，如此得来的信息不能全称新闻摄影题材，而只能称其为“新闻线索”。可供利用的新闻摄影题材必须具备四个条件：

其一，必须有事实存在；

其二，其动态新闻必须是将要进行的或正在进行的；

其三，必须直观可视；

其四，必须具有较长的时间跨度，摄影者能够在事物进行过程中赶到现场，并可抓取一个反映事物本质、具有代表性的决定性情景。

第二节 新闻摄影题材分类

新闻摄影题材有着具体而又广泛的内容，对其进行分类有利于增强我们的新闻敏感性，提高工作效率。党和政府的新闻宣传部门在每一历史阶段都要配合党和国家的发展战略制定一系列的宣传计划，全国各个报刊根据宣传计划结合各报的专业、系统特点，开设不同类别的版面和栏目，当新闻现象在我们面前突然出现时，便会即刻认识其类别归属，认识其新闻价值，不至于麻木不仁错失良机。国际、国内每年都举行新闻摄影比赛，摄影比赛是对摄影工作者专业素质和技术水平的检验，如果能在大赛中获奖，可以提高自己的知名度，激励自己发展进步。新闻摄影比赛一般都要根据不同内容、类别设置奖项，如果我们了解摄影比赛的奖项（题材）分类，便会有针对性地投稿，增强获奖的可能性；若是盲目投稿，门不当，类不对，即使精品佳作有时也会搁浅。不同类别的题材有不同的操作规律，懂得如何分类，了解不同类别的运作方式，有利于提高自己的业务能力。

新闻摄影题材大致可从四个不同角度划分类别：

一、以内容性质划分

这种划分形式主要是为具体题材解决范围归属问题，以便在概念上对具体事物进行定位。

1. 政治新闻

包括上层建筑领域里的活动。政治体制改革以及各地领导群众贯彻执行中央方针、路线、政策的一切活动。此外，还包括法制与人权与国际政治中的一切活动。报纸与此相对应的版面栏目是《国际要闻》、《看世界》、《国内要闻》、《法制世界》、《法在身边》等。

2. 经济新闻

包括金融、商业、生产、城乡建设等与经济相关的能引起大众关注的一切活动。报纸与此相对应的栏目有《经济社会》、《经济观察》、《经济与生活》、《经济穿梭》、《消费指南》等。

3. 军事新闻

包括国内军队的教育训练、官兵关系、军民关系、战备训练、对敌作战等一切军事活动；国际上的军事活动包括战争与维和行动。与此相对应的报刊栏目有《练兵场》、《军事科技》、《战事瞭望》等。

4. 文化新闻

包括文学、艺术、教育、考古领域里的新动向与新发展，与此对应的报刊栏目有《教育》、《招生就业》、《文化市场》、《艺术》、《文化娱乐》、《娱乐通报》、《影视星空》等。

5. 体育新闻

包括国际、国内专业团体和群众体育活动的新动向。报刊与此相对应的栏目有《赛场雄风》、《擂台》、《体育热点》、《群众体育》等。

6. 科技新闻

国内外科学研究、实验、生产发展中的一切新动态。报纸与报刊的栏目有《科技天地》、《科技与生活》、《现代科技》等。

7. 百姓生活新闻

涉及百姓衣、食、住、行、医疗、保险、就业、交通、精神生活以及生老病死等丰富多彩的新事物。与此相对应的报纸栏目有《衣食住行》、《生活聚焦》、《百姓健康》、《百姓采访》等。

8. 自然新闻

包括空中、陆地、水域等宇宙间与人类生存发展相关的自然生态与动态等，如日食、月食、环境污染、自然灾害等，为此中国环境报开辟了多种栏目，其他一些报刊为此所设专栏较少，有关自然新闻的报道多出现在综合新闻版。

二、以专业性质划分

我们面临的拍摄内容和拍摄对象多种多样，从摄影业务角度去研究，可大体分为预知、变动、突发、静态四类新闻，不同类别的新闻有不同的内容、范畴和不同的产生方式，只有注意区分各类新闻的特点，才能掌握其拍摄方法。

1. 预知性新闻

即有组织、有计划、有安排的新闻活动。如外国首脑来访、全国人民代表大会、大型体育比赛、军事演习、中国世博会开幕、大连国际服装节、柯受良驾车飞跃黄河等，都是计划已久、精心策划、定点定时定项、按议程进行的新闻活动，这类新闻的特点是策划时间长、进程有序，拍摄前摄影者有充分的调查研究时间和拍摄准备时间，拍摄对象的活动方式和画面效果多在预料之中。图 93 即属预知性新闻题材，其活动范围，活动内容都是在预定中，这类题材只要选择好角度把握好拍摄时机，就能拍到满意的照片。

图 93　2004 年 4 月 13 日郑州市的“青春与古都同行”青少年火炬接力拉开帷幕

2. 变动性新闻

指老题材有了显著变化并能引起读者兴趣的新闻。所谓老题材，就是党和国家指定的过去报道过以后仍需报道的长线任务，如精神文明、经济建设、环境治理等题材。老题材与“新闻”似乎是矛盾的，如果有了“显著变化”并能引起读者兴趣也就化解了这个矛盾。这类题材的特点是内容广泛、细微，需要通过深入观察和思考发现新视点。跳迪斯科是日常生活中常见的事情，过去的报纸杂志多次出现过这样的镜头。如果这个老题材有了突出变化还是能够抓住读者的目光的，例如俄罗斯选举总统，平日在政治舞台上叱咤风云的叶利钦为拉选票竟然也能屈尊来到百姓中间与其共舞（见图94），这个有关舞蹈的老题材因其仍具有新闻性和典型意义而备受读者喜爱。

图 94　叶利钦为拉选票与民共舞（俄罗斯 Alexander Zemlianichenko）

3. 突发性新闻

在预想之外突然发生的难得情景为突发性新闻。这类新闻的特点是来去匆匆，出现得快，消失得也快，通常需要快速抢拍。突发性新闻现场感强，画面活跃，是最受读者喜爱的一种题材。图 95 堪称突发性新闻类的经典作品，日本社会民主党领袖浅沼稻次郎在发表政治演说过程中突然遇刺，这是在场观众、浅沼本人和摄影师都没想到的事情，当突然事发时，许多人被吓懵了，摄影师长尾安却保持着清醒的头脑，并且在剧烈动荡中抓取了决定性瞬间。突发性新闻是动态性新闻，带有一定的戏剧性，能够刺激人的感官，思想性强，社会影响力大，具有良好的新闻传播效果。

图 95　日本浅沼稻次郎遇刺（日本　长尾安）

4. 静态性新闻

指的是自然界与人类社会中相对静止的新事物。如科学家从恐龙蛋中发现恐龙的胚胎，西安兵马俑考古发现彩俑并揭示俑彩消退的秘密，再如在大漠深处发现蓝色湖泊等。此类新闻的特点是事物相对平静，拍摄时不必神经高度紧张，用光构图有充分的选择余地。这类新闻照片的新闻价值来源于题材本身的新闻性与精神含量（图 96，见书前彩色插页），来源于摄影人对题材的宏观把握与具体表现。

三、中国新闻摄影奖题材划分

中国新闻摄影奖是由中华全国新闻工作者协会主办、中国新闻摄影学会和人民摄影报协办的面对全国专业和业余摄影工作者征稿的摄影大赛。这项摄影比赛始于 1992 年，除特殊情况外一年一次，故称为“年赛”。中国新闻摄影比赛与世界新闻摄影比赛有诸多相同点，但由于中国国情与其他国家国情的差异，其题材分类与奖项设置还是有所区别。1998 年中国新闻摄影奖所涉及的题材和奖项是：

1. 国内重大新闻和突发新闻

包括党和国家的重大会议、重大行动；党和国家领导人的重要活动和社会生活中所发生的重大事件。

2. 改革开放、经济建设新闻

包括城乡经济改革和经济建设过程中出现的新情况、新变化、新成就。

3. 新闻人物现场肖像

指各行各业引人注目的先进模范人物工作或生活状态中传神的肖像；强调用近景或特写刻画人物的思想情感与个性。

4. 体育新闻

国内外重大体育赛事和群众性体育活动中的新成果、新现象均在入围之列。

5. 科技新闻

如科学技术、发明创造等科学技术推广中的新突破。

6. 法制军事新闻

包括解放军野战部队，武警部队，军工生产及公安干警执勤，司法机关执法中的各类新闻活动。

7. 文化教育新闻

包括教育体制改革，教育方法改进，师资队伍建设以及希望工程建设中新动向、新问题。

8. 自然环境新闻

包括环境污染、保护、治理以及自然界的新动态与新发现。

9. 日常生活新闻

包括各地区各民族大众生活中的奇闻趣事及民族团结、民族互助中的新风尚。

10. 批评性报道

泛指街头巷尾及其他公众场合中违背社会道德、破坏社会治安以及党政部门违纪违法等现象。

中国新闻摄影奖实质上是一年一度对中国新闻摄影作品的检阅，其作品题材在中国社会具有较大影响，并不乏精品佳作。然而与世界新闻摄影相比，不少获奖作品题材的分量不够，画面视角缺乏变化，画面形象过于概念化，画面的语言相对贫乏，总之，画面的新闻性与表现力都存在较大的差距，这大概是我国在世界新闻摄影比赛上屡屡败北的根源吧。

四、世界新闻摄影比赛题材划分

世界新闻摄影比赛（World Press Photo）是1955年由荷兰摄影记者基斯·谢勒（Kees Scherer）、布拉姆·威斯曼（Bram Wisman）和本·范·米伦登克（Ben Van Meerendonk）发起创立的，其奖励基金主要由世界新闻摄影荷兰基金会提供，故称“荷兰世界新闻摄影比赛”。该基金会作为世界新闻摄影比赛的组织者面向世界各国媒体从事新闻摄影工作的专业摄影师征稿，参赛国最多时达120多个，参赛人数最多时达8 000余人。其举办的规模和在世界的影响愈来愈大，1985年这一比赛组织改名为“世界新闻摄影比赛”。

该比赛共设9类奖项，每个奖项对单幅和系列照片分开评选，并分设一、二、三等奖和提名奖，然后从整个获奖作品中评选出一幅“年度最佳奖”照片（见图97），奖给作者10 000欧元（欧洲统一货币之前奖15 000荷兰盾），并与各类一等奖作者同被邀请免费参加在荷兰阿姆斯特丹举办的颁奖仪式。在“佳能画廊”中举办个人摄影展。该比赛的题材与奖项分类是：

1. 突发性新闻

即无法预料突然发生的新闻。如“摔下吊车的防暴警察”、“美国总统肯尼迪遇刺”、“5月雅加达暴乱”等。这类新闻照片是世界新闻摄影比赛奉献给世界最叫好的主场戏。其作品内容多涉及战争、暴乱和灾难，作品多在瞬间状态下捕获，拍摄的难度大，画面的视觉冲击力强。1975年突发性新闻照片“波士顿太平梯事故”（见图108）实属难以预料，在突如其来的情况下，作者能在高速应变的状态中准确无误地捕捉震撼人心的一刹那，时间如此紧迫，动势如此强烈，如果作者没有过硬的身手是很难拍摄成功的。

2. 一般新闻

在计划之中安排组织的新闻事件。这类新闻即是按专业性质划分的“预知性新闻”，其实质是预料之中的新闻事件，如“雅加达的游行示威”、“伊拉克库尔斯坦医院接受烧伤治疗的妇女”等。这类照片划归“一般”新闻类，但获奖作者对画面处理的标准却没有停留在一般状态而是在竭力寻找从未见过的那种视觉感受。

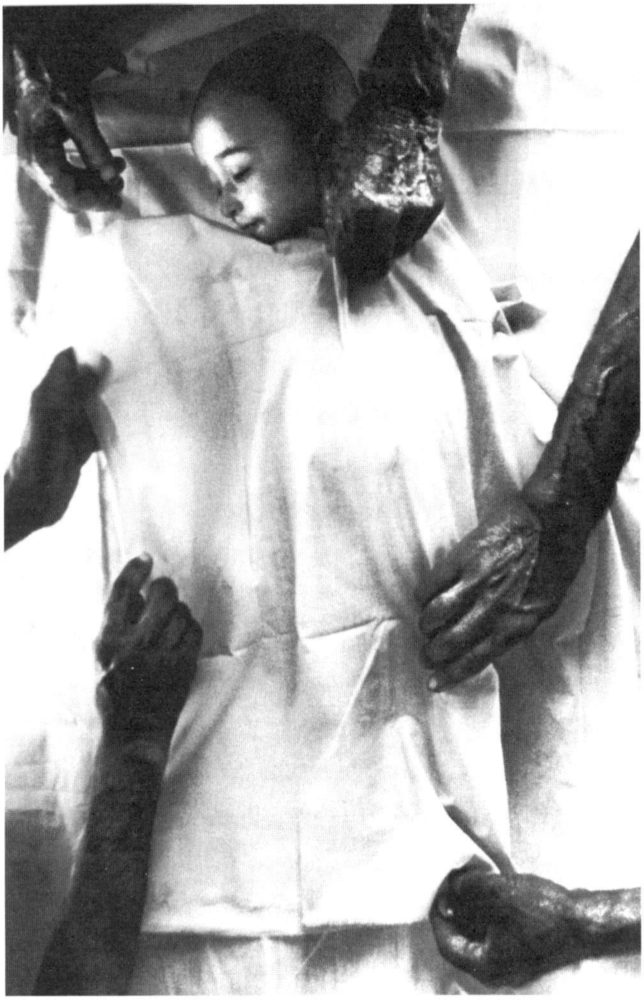

图 97　巴基斯坦难民营男孩的葬礼（丹麦 Erik Refer）

3. 新闻人物

在新闻事件中起作用的个人或群体的照片。这类照片多采用中、近景拍摄，要么突出某个人，要么突出某个群体，无论单人照还是群体照其画面形象都必须界定在“新闻人物”这一范围。

4. 新闻肖像

描绘公众人物、著名人士或者一般人的人物肖像。这类题材在画面处理上多用近景或特写。其内容诸如“爱尔兰共和军的老兵”、“阿富汗妇女”、“在首相竞选中的托尼·布莱尔”。

5. 体育新闻

体育运动中人的竞技状态或心态。如“盖尔·德弗斯在亚特兰大奥运会女子百米赛跑中获胜”、“奥林匹克运动员”、“世界残疾人运动竞技”（见图46）等体育新闻照片说好拍也好拍，说难拍也难拍。好拍的一面是体育均为运动项目，所摄照片一般都活；难拍的一面是体育运动就那么多项，比赛就是那些程序，在重复拍摄中拍出新意难。为此世界新闻摄影比赛强调多视角的观察，多景别的表现，青睐激昂的动态和运动者情感的爆发。

6. 科技新闻

任何科学技术最高成就和发展状况。例如“机械手运用与心脏动脉手术”、“机器人乒乓球比赛”、“放大后的人体寄生虫”等。现代科学技术尖端成果和鲜为人知的科学实验状态（见图98）之类的题材获奖的频率高。

7. 艺术新闻

时装、建筑、表演艺术中的任何精彩场景。“时髦的意大利人”、“时装追星族”、“巴黎现代建筑”、“越南叶素拉舞蹈团的排演”都在获奖作品之列。世界新闻摄影比赛的评委多出自西方发达国家，他们多用西方人的审美观念审视艺术类新闻的作品，崇尚西方的高雅情调。不过有时充满东方色彩的表演艺术也会受到重视。1996年第39届世界新闻摄影比赛中国的李楠和曾年所拍的杂技表演艺术照片分别获得了艺术类一等奖和二等奖。

8. 自然与环境新闻

植物群和动物群、地形、生态方面的新闻现象。大赛开设这一栏目的目的在于引导人们认识自然保护人类赖以生存的环境。从历届获奖的作品看以动物类占的比重大，其中不乏环境污染、生态失衡现象，也有人与动物和平共处以及动物之间共生的精彩画面（见图99）。

9. 日常生活新闻

日常生活中丰富多彩的现象。这类题材是为普通百姓所设的，但所摄内容多为普通人在特殊遭遇中的典型瞬间。如“马里暴风雨中的一位妇女”、“在风沙中劳作”、“教练在雨中洗礼”、“饥荒袭击苏丹”等。

为了适应新形势的需要，世界新闻摄影比赛于2003年把“科技新闻”从参赛类别中删去了，之所以这样做，不是科技题材不重要，而是科技类的参赛照片过少；此外，还把“艺术新闻”改为“艺术与娱乐”，其目的是强调艺术与娱乐的关系，希望新闻摄影师用新闻眼光多多关注平民百姓与艺术相关的娱乐活动。这一年的世界新闻摄影比赛增设了“当代问题”新闻奖项。

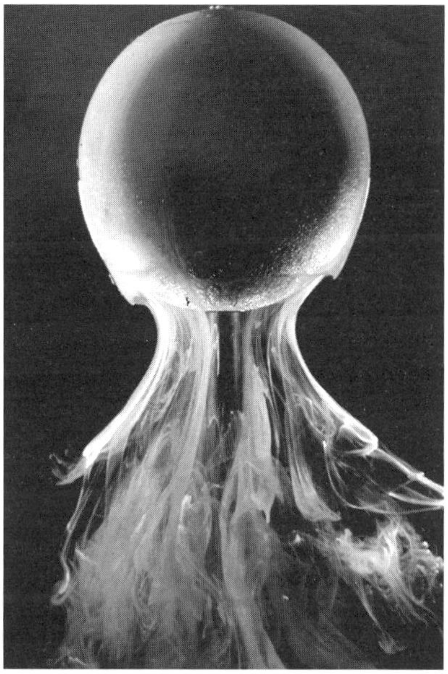

图 98　昂内拉航空研究所的实验（法国 Philippe Gontier）

图 99　澳大利亚袋鼠（澳大利亚 Michael Amendolia）

第七章
现代新闻摄影的报道形式

我们已知新闻摄影的产品——新闻照片是一种信息。信息的受众是社会各阶层的广大读者，由摄影者从生活中所摄取的信息要与广大读者见面，必须运用一定的报道形式传输给读者。不同的报道形式有不同的组织结构和不同的信息含量，应该用不同的思考方式去运作。从大体上看，新闻摄影存在独幅新闻照片和专题新闻照片两种报道形式。

第一节　独幅新闻照片

独幅新闻照片即用一幅画面配以简短的文字介绍（标题与说明词）报道新闻的照片。独幅新闻照片也称单幅照片。单幅照片作为一种信息形式在报刊上出现得最为广泛，频率最高，也是国内外摄影比赛设奖的类别之一。

一、独幅新闻照片的特点

作为一种报道形式，独幅照片之所以受报刊编辑的欢迎，是因为它具备这样几个特点：

1. 概括性强

一个新闻事件只用一幅画面说明问题，这就决定了独幅新闻照片必须要高度概括。没有概括性的独幅新闻照片是肤浅片面的、不知所云的“废品”。

2. 简练、精悍、占用版面少

报刊版面由文字和图片两种新闻内容构成，在报刊版面的画面分配上通常文字报道所占的比例相对大（摄影专业报刊除外），图片所占比例相对小，若用成组照片，其篇幅多，必会占去更多的版面，这是总编与编辑的多年办报定势所不允许的。

3. 在质量有保障的前提下，可用大篇幅强刺激的形式出现

直观、鲜明、信息传导快、感染力强、能产生强烈社会反响的好新闻照片编辑是不惜版面的，一幅新闻摄影佳作可用1/4版、半版（见图92）或整版的篇幅推出，给人以强烈的视觉感受，其震撼力是文字报道所无法比拟的。当然，这必须建立在题材与画面质量的基础上，平庸苍白的照片是无力承受大版面的。另一方面，独幅新闻照片的这种优势，组照也是无法与其相比的，在版面受限、数幅照片又有必要推出的情况下，组照的每幅画面所占用版块是可怜的，即使给一组照片辟一个专版，其单幅画面的篇幅也是无法与独幅新闻照片相比的。

4. 阅读所花费的时间少

独幅新闻照片画面形式的单一和高度概括性决定了形式简单而信息含量高的特点，在这种情况下，读者只要目光接触画面不必花费文字报道那份气力，即可轻松地感受画面气氛，领略其中的意境和韵味。

二、独幅新闻照片应有的画面素质

从数量上讲，独幅照片的画面数是少得不能再少了。独一无二的画面决定一条图像信息的质量与价值：质量高，大众喜闻乐见；质量低，则难以得到社会承认。拍出来的照片是否成功，能否被报刊采用，读者是否买账，这是作为新闻摄影爱好者和摄影记者经常思考的问题。高素质的新闻照片应该具备如下条件：

——画面足以说明问题，并成为一件新闻事物的代表形象；

——画面形象能抓住人的视线，对读者有吸引力；

——主次关系清晰，层次分明；注意净化画面环境；无论场景大小都是一个凝练的空间；

——画面可传达一种意向，能使人感受到作者跳动的心声；

——不在“鸡毛蒜皮”的题材上自作多情，而是抓住一个有意义的题材，在广度和深度上开拓精神空间。一幅好的新闻照片，可让人得出许多东西，其分量不亚于一篇好文章、一条好电视新闻、一首好诗，是其他任何一种新闻形式都无法替代的（如图100）。

三、独幅新闻照片的种类

独幅新闻照片因其独“身”一图，便于灵活机动地广泛运用，由报道功能派生出独立性新闻照片、图片新闻、插图照片三个不同类别的新闻

图 100　2001 年 8 月，莫斯科飞传捷报——中国获得 2008 年奥运会主办权（贾国荣）

照片。

1. 独立性新闻照片

即在报纸杂志的新闻报道中独当一面的单幅照片。这种照片通常由一个标题，一段简短的文字说明和一幅画面组成，三者可构成一个完整的信息体系，因而它在报刊“文图两翼齐飞”中发挥着重要作用。独立性新闻照片的特点是：照片的图片与画面的质量要求高，必须能够独当一面；以图为主，以文为辅。

2. 图片新闻

即由典型形象引发的值得用一段文字表述的图片故事。此类独幅新闻照片由一幅画面、一个标题、一段数百字的报道组成。它与独立性新闻照片的结构大体相同，所不同的是后者比前者在文字叙述方面更具体。图片新闻的特点是：图文并茂；带有叙事性或故事性。

3. 插图照片

配合通讯、综合报道等长篇文字新闻报道重大新闻事件、事态，插在文章中间或用于题头的独幅照片为插图照片。这类照片的作用是增加文字报道的直观性和可信性；拉近文字报道与读者的距离，使读者透彻地了解文章的报道意图；活跃版面的气氛，增强版面的艺术效果。综合性的人物报道其照片通常以肖像形式出现；长篇通讯中的照片多以场景及人物活动形式出现；用于题头的插图照片多以横条场景画面出现。在长篇文字报道中插图照片的数量不等，一般在两幅以上。照片之间的结构是松散的，不强求有必然的内在联系。插图照片的特点是：带有一定的依附性，在整篇报道中以文为主，以图为辅；带有佐证色彩，可增加报道的力度。

四、独幅新闻照片的常见病

新闻摄影初学者所摄的照片存在这样那样的缺陷不足为奇，然而摄影记者有时拍的照片也令人失望，甚至发表在报刊上的照片，有些也经不起仔细审视。从报社来稿和学生摄影实践的情况看，独幅新闻照片存在着如下常见病：

（1）题材陈旧，缺少新闻性；（2）画面平俗，缺乏感染力；（3）题材新，画面平，缺少形象感染力；（4）画面美，缺少新闻基础；（5）思路窄，题材单调；（6）缺少有分量的力作。

第二节　专题照片

围绕一个新闻主题展开，分别由数幅或更多的画面，从不同侧面表达主题，以交代一个相对完整的新闻故事的报道形式为专题照片。专题照片又称“组照”和“系列照片”。专题照片由多幅照片、标题、总说明词和分说明词四部分组成。

一、专题照片文字之间的关系

作为一种报道形式，专题照片中的文字部分是不可缺少的。其标题对总说明和分说明及所有照片起统率作用，它必须抓住事物的本质，准确概括出事物的特点，使之起到画龙点睛反映事物特色或升华意境的作用。

照片中的总说明一般在300字以上，字数的多少应根据题材的特点和报道的规模而定。总说明用来详细叙述新闻事物的前因后果，对新闻事物进行宏观而又翔实的报道。专题照片的总说明篇幅大小在不同媒体形式上的版面空间上有差异：参赛的专题照片讲求精，一般采用浓缩方式只作数百字的陈述，而不作千字以上的长篇大论，因为摄影比赛的评委和参观者没有时间去阅读大段文字；报纸上的专题照片总说明长短不一，长与短都要以充分展示事物的特色和传播价值而定；画报上的专题照片总说明千字以上的居多，因为画报是在人们消遣的时候阅读的，有情趣的或知识性强的长篇叙述人们还是乐于接受的。总说明无论长短都应注意文字的精练和内容的可读性。

专题照片中的分说明是为说明每一幅画面内容而存在的，一般只用一两句话叙述。但它不应该就图论图，画面上很清晰地让人们直接感受了的东西就不必再浪费笔墨；分说明应该交代画面背后紧扣画面内容的情况。

标题、总说明、分说明三者属于从属关系：标题统率总说明和分说明，总说明统率分说明。标题，即是主题，应该反映作者的主观意图，总说明与分说明都要为表达主题服务。

二、专题照片画面之间的关系

一组照片拍什么，从哪几个角度拍，如何拍，一切都要围绕主题思想行事。图与图之间应该是一个有机的整体，主题是连接所有画面的一条主线。照片应该按照时间因素或事物的发展进程排列；在画面意义上应该是一种递进关系，一幅画面比一幅画面深入，直至足以表达了主题。只有这样我们才能顺应人们的审美习惯，才能顺理成章地反映一种新闻观念。

三、专题照片文字与图片的关系

专题的图片与文字部分是有着种种内在联系的整体，标题是所有图片和所有文字的统帅；在整个专题中，图片唱主角，文字的总说明是在标题统率下对图片的补充；而分说明又是对图片的补充与说明。

四、专题照片的特点

专题照片与独幅照片的报道形式、轮廓、结构、摄制的思维方式以及摄制所投入的时间和精力有差别，其专业特点也有所不同，具体表现在：

1. 图文并举，以图为主

这是区别于独幅照片，展示其特色的首要一点。这点似乎与独幅照片的其中一个类型“图片新闻”的特点相似，但就其阵容、规模和对事物的包容力和影响力来看“图片新闻”显得单薄了许多。前边谈到了对独幅新闻照片文字数量的限制，独立性的新闻照片一般在百字左右，图片新闻最多不能超过数百字。这种限制是出于对摄影自身价值的考虑，如用数千字的篇幅叙述一幅画面，在形式上文字就成了“主角”，画面变成了“配角”。如此下去，摄影也只能起“插空”“美化版面”的作用了，不利于摄影自身的发展，报刊也就做不到"两翼齐飞"，而专题照片可用千字以上的文章详述新闻事件的前因后果，是因为它有三五张，七八张或十几张照片与文字进行平衡，况且在版面处理上编辑会限制文字数量给照片以足够的版面。总之，专题照片天生的数量优势和编辑的重视可确保专题中的照片占主导地位，而不丧失摄影本身的价值、地位和社会功能。

2. 层次丰富，内容充实

专题照片是有多种层次的，就组成形式看，分文字和画面两个层次，就画面看有多幅照片，一幅画面反映一个侧面，即是一种层次，整组画面是一个多重形象层次的组合体；就文字而言，分标题、总说明、分说明三个层次，而总说明里也包含着多种层次。专题照片多重层次有秩序、有逻辑地排列与组合，可容纳大量抽象的和具象的信息，使人看起来有一种充实感和厚重感。

3. 具有情节性或故事性

这也是专题照片的一个重要特点。正因为这一报道形式由多幅画面组成，我们也就有了用一幅画面反映一个情节的条件。画面情节可粗可细，相比之下，粗略的情节一般只能照顾面上的东西，而细腻地表现可紧紧抓住某一主线，用较多的画面一点一滴地循序渐进。这样的专题血肉丰满，情节性强。但若把每一幅画面都拍得妙趣横生传情达意是有难度的。情节细而多，整个专题就产生了故事色彩，若能选一个原本故事性强的题材配以细腻的表现，则故事味儿就更浓了。

五、专题照片的文字素质

由于专题照片是图文并茂的，文字的写作质量与照片的画面质量同等重要。一些摄影爱好者甚至一些摄影记者对待专题照片存在着重图轻文现象。有些记者照片拍得很精彩，文章却写得空洞枯燥。殊不知文字功夫才能反映一个人的文化实力，只会拍照片，不会写文章的记者是被人瞧不起的，优秀的摄影记者必须具有深厚的文化底蕴，因为文化底蕴是一种潜在的动力，即使目前可以拍出一些像样的照片，如果文化底子浅薄，照片拍到一定程度就会停止不前。

专题的文字必须具备下列素质：

——从文字上可以看出作者良好的写作功底。文通字顺，层次分明，中心思想明确，整篇文章具有逻辑性，没有错别字，这是专题文章写作的起码要求。

——精练而充实。不能因为专题可以长篇大论就七拼八凑，啰啰唆唆，语言精练就是尊重读者。当今社会的读者时间宝贵，我们没有理由用一些废话去占用他人的时间。需要指出的是精练不等于简单，对此我们应该处理好充实与精练的关系。内容充实有吸引力的文章，读者是不怕占用时间的，这里所提的精练是在内容充实的基础上的语句精练。

充实的文章内容来自于丰富的实例素材。为此，你必须舍得下气力调查研究，掌握大量的第一手材料，写起来才得心应手。

——富有特色。文章是整个专题的一部分，照片的画面与文章同样有特色才显得成熟完美。文章的特色包括写作的思路特色和语言特色。写作的表达方式不能只限于消息形式，可采用通讯形式、散文形式、诗歌形式或倒叙形式。这要根据题材的特点和照片的拍摄思路而定。

——围绕主题画面叙述。写作时每一句话和每一段落以及整个情节的发展都要围绕主题思想来写，只有这样才能透彻地阐明主题。与此同时，还要考虑照片内容。总说明虽然不能用来解释每幅画面（那是分说明的事）但其内容必须与照片有着本质的内在联系，对画面应起到补充和完善作用。

六、专题照片的画面素质

一组照片拍得是否成功，可用下列标准衡量：

——一个专题有一个主题，每幅照片都为主题表达而存在；

——照片排列有序；

——照片之间是一种递进关系，而不是拼凑关系；

——有一幅象征主题并具表现力的点题照片或一两幅拳头作品支撑整个主题，每幅画面都有存在的必要；

——注意景别变化，即有全景、中景、近景和特写（详见“新闻摄影表现”一章），整组照片显得有血有肉；

——注意视角变化，一幅画面有一种感觉；

——整个专题是一个视觉上的和思想上的立体空间。

七、专题照片的种类

新闻事物的特点和媒介新闻宣传的意图不同导致专题照片分化成一般专题、故事性专题、小专题、综合专题四种类型。

1. 一般专题

新闻事物的时间和空间有一定跨度，作者对事物的观察思考以及每一幅画面的提取上都用宏观俯视的方式进行，作者在文图之间和画面之间不追求特殊的结构关系的一般组照为一般专题。第42届世界新闻摄影比赛一般新闻组照三等奖《飓风袭击后的尼加拉瓜》(美国杜勒姆·布瑞克斯摄）分别以劫难后骨肉重逢、儿童无家可归、被毁坏的家园、风餐露宿、留在记忆里的一幕、抗灾时的年轻人等12幅照片组成。从整个专题看作者显然是抓住一个事件，站在宏观角度观察，从不同侧面切入，反映不同时间、不同空间、不同对象的不同生存状态的。这类专题的特点是有一定的情节性却情节松散；整体看像是一个故事，有一定的故事性，但故事细节的连接跨度大小不一。该类专题的这两个特点并非缺陷，而是由图片新闻的天生特点决定的，其组成形式实质就是“专题概括”与“提炼”的具体体现。由于事件本身有一定的时空跨度，且一般专题不强调浓厚的故事色彩，在整个专题拍摄过程中无须像“故事性专题”那样神经高度紧张，但涉及具体流动变化的瞬间时却必须眼明手快。

在图片数量上，世界性的新闻摄影比赛对专题的要求一般是12幅画面，太多故事会变得邋遢，太少不足以说明问题，且故事色彩欠缺。《昌平瓦窑村的暑期国学班》(见图101组照昌平瓦窑村的暑期国学班，延婧摄）当属一般新闻专题，这个专题用12幅照片向人们叙述了学国学的孩子回忆、初到国学班的关系摩擦、学国学、修心与修身结合、新气象、离别等六个故事梗概，较为完整地报道了一个带有方向性和指导性的文化新闻。

图101-1　昌平瓦窑村的暑期国学班

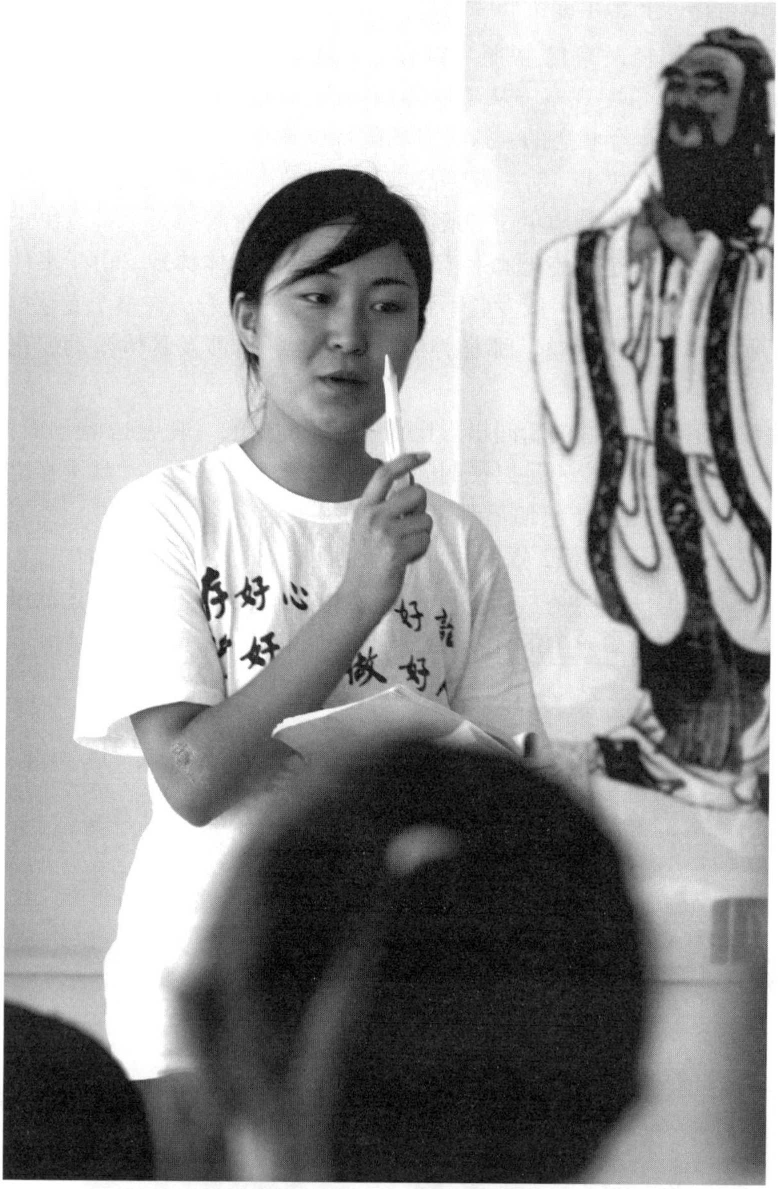

图 101-2　昌平瓦窑村的暑期国学班

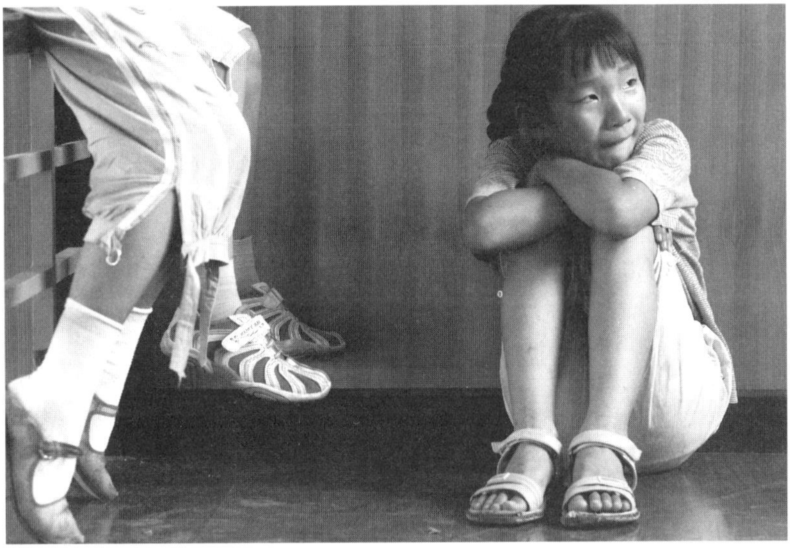

图 101-3 昌平瓦窑村的暑期国学班

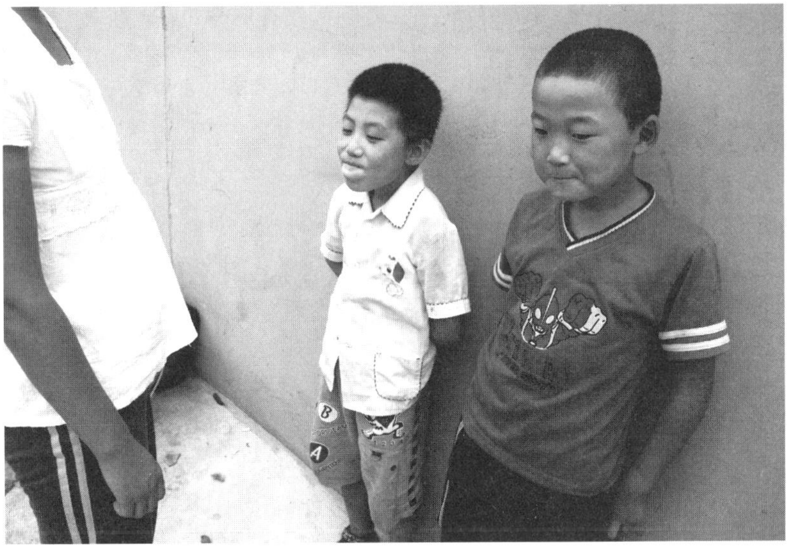

图 101-4 昌平瓦窑村的暑期国学班

图 101-5　昌平瓦窑村的暑期国学班

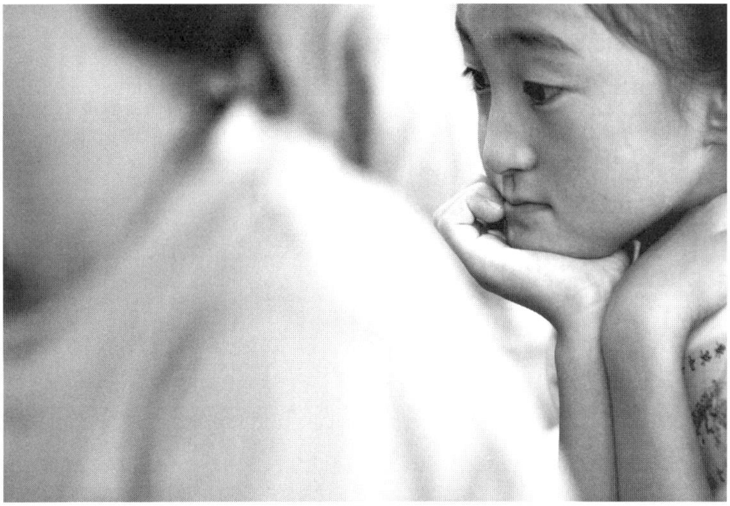

图 101-6 昌平瓦窑村的暑期国学班

图 101-7 昌平瓦窑村的暑期国学班

图 101-8　昌平瓦窑村的暑期国学班

图 101-9　昌平瓦窑村的暑期国学班

图 101-10　昌平瓦窑村的暑期国学班

图 101-11　昌平瓦窑村的暑期国学班

值得一提的是，专题照片不是事物表象的罗列，而应进入事物的深层和人的内心世界发掘最本质的东西，《昌平瓦窑村的暑期国学班》这组照片有可取之处。

2. 故事性专题

抓住一个富有情节的新闻故事或富有新闻情趣的新闻人物，用数幅以上的画面细腻地刻画诸多相互连接的情节，从而组成一个较为完整的故事结构的组照是故事性专题。如 1997 年世界新闻摄影比赛突发类获奖组照《利比亚的武装冲突》(美国　科瑞民·杜夫卡摄)，照片虽然不多，但却紧凑完整地表达了一个事件的全过程，从“追杀”到“搏斗”以至主人公的“惨败而死”中间没有缝隙，环环紧扣地道出了故事的前因后果，带有很强的故事色彩。

故事性专题的特点有三个：一是所选题材面窄而具体；二是事物本身具有故事色彩且有戏剧性；三是故事本身均处于运动变化状态。故事性专题的以上三个特点决定了摄影者的拍摄难度，为此摄影者必须细致观察，高速运作，准确无误地捕捉精彩瞬间。

故事性专题和一般专题由于具有一定的规模，可被报纸做专版刊发，也可被新闻杂志和其他文化刊物辟数个页面采用。

3. 小专题

有许多新闻事件没有大的时间跨度，没有曲折的变化，也就没有更多的内容组成庞大的专题。但这些事件有一定的情节，有数个视点相加可以相对充实地构成一则有形象特色的视觉信息（如图 102 拍的是 2004 年 8 月在肃南裕固族自治县成立 50 年庆典仪式上的裕固族人及图 103《天山岩石上的自然图景》）也可占用报纸 1/2 或 1/3 版面。由于这种专题短小精悍，便于机动，比较受报纸欢迎。

4. 综合专题

拟定一个主题，而后把不同地区与之相关且又具有代表性的多幅生动的画面加以组合与读者见面的报道形式为综合专题。

这种专题通常是由图片编辑人员在各个重要时期和重大节日根据新闻宣传的需要进行组合的。我国的重大节日有元旦、春节、“三八”妇女节、“五一”国际劳动节、“六一”国际儿童节、“七一”建党节、“八一”建军节、“十一”国庆节等。每逢这些节日作为全国性的报刊都要围绕与节日有关的主题选择全国各地的优秀图片稿件，用半版或整版的篇幅进行直观形象的报道。诸如春节多反映大众安居乐业，欢度佳节的情景；“三八”妇女

图 102-1　裕固人肖像

图 102-2　裕固人肖像

图 102-3 裕固人肖像

图 102-4 裕固人肖像

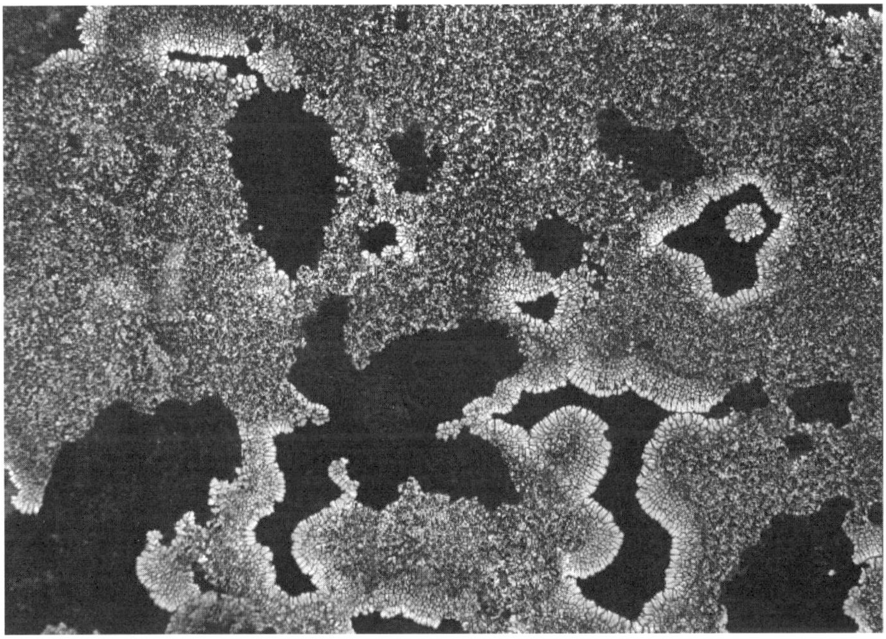

图 103-1　天山岩石上的自然图景——生命起源

图 103-2　天山岩石上的自然图景——地月系

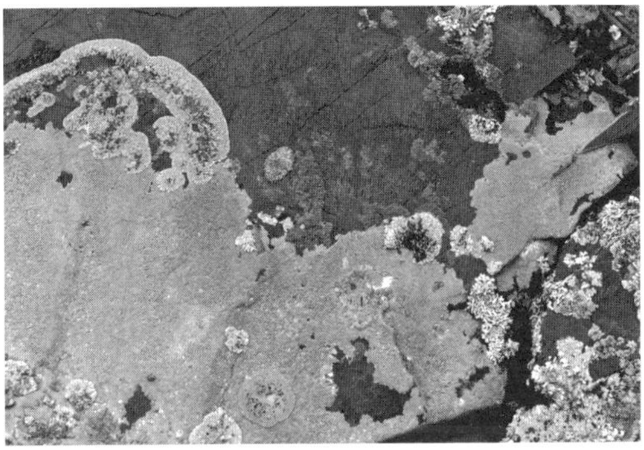

图 103-3　天山岩石上的自然图景——一叶小舟

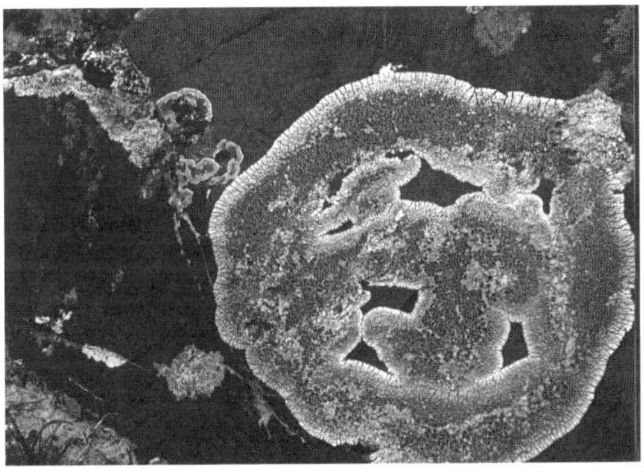

图 103-4　天山岩石上的自然图景——猴子登月

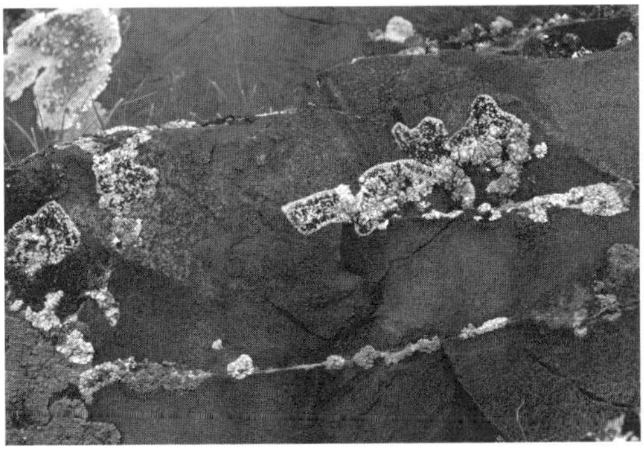

图 103-5　天山岩石上的自然图景——丝绸之路

节多反映各条战线上具有代表性的女性人物学习、劳动、生活的情景；“六一”则会反映不同省份天真活泼的儿童茁壮成长的情景；“十一”则会反映工农业生产、经济建设方面的大好形势。

重要时期，如一年一度的学雷锋精神文明日，大范围的抢险救灾以及少数民族自治区成立几十周年，或者党的重大决定发布之后各地贯彻落实中央指示精神的综合情况。通过综合专题的宣传，可以用直观的形象营造一定的政治气氛，制造一定的政治声势。

综合专题的特点是编辑的操作性强，摄影通讯员和摄影记者的可操作性相对弱；所选照片的代表性强，并具有一定的典型意义；图片的画面形象较为出色，对读者具有较强的视觉冲击力。对此作者难以驾驭编辑的意志，但作者却有驾驭图片稿件的题材和画面质量的权利。

八、专题中的常见病

由于专题照片是由标题、总说明、图片、图片说明词四种综合因素构成的，运作的难度比独幅照片的难度相对大，可以说要拍好一个专题就是一个工程。一些初学者由于不懂得专题的结构，不懂专题图片摄影和文字写作的常识，完工后的专题常存在如下缺陷：(1) 标题没有特色，不能引人入胜。(2) 文图脱节。(3) 文字不能对事物进行本质的概括。(4) 照片之间结构松散；缺乏内在联系，有拼凑现象。(5) 缺少景别变化，缺少视角变化；拍摄手法单调，有雷同现象。(6) 画面内容肤浅。(7) 缺乏形象表现力。

第八章
新闻照片的构成与运作

熟知新闻摄影的题材和报道形式之后立即端相机未必能拍出像样的新闻照片。因为我们确定题材与形式是解决“拍什么”的问题，并没有解决“怎么拍”的问题。

会不会拍新闻照片，能不能拍出优质新闻照片，不在人的个子高低，不在人的胖瘦，不在人的容貌美丑，也不在男人女人，而在端相机的人是否掌握了拍摄新闻照片的内功。新闻摄影内功修炼需要经历两个阶段：第一阶段是认识新闻照片的构成因素。一旦领会其构成因素，拍摄时也就明白该在哪些操作环节操心，该往哪些地方使劲。第二阶段是在实践中掌握新闻摄影的运作规律。经过第一阶段了解“怎么拍”的问题，只是解决了理性认识而尚未解决感性认识。在实际操作中还存在由生活形象向画面形象转换的过程，其间有些东西只可意会不可言传，这时便需要把理性知识转化为感性知识。这一过程就是掌握新闻摄影规律的过程。相比之下，第二阶段比第一阶段要花费更多时间，甚至要持续一个阶段——半年、一年或者再长一些时间。

有志者事竟成，让我们从第一阶段开始揭开新闻摄影成功的奥秘——

第一节　首选新鲜性，把画面纳入新闻轨道

照相机普及了,顺手即可拍得一幅五颜六色的照片。但一般人的举手之作未必能当新闻照片看,原因很简单:拍摄内容压根儿不新鲜,画面场景不在新闻范畴,如此拍下的照片当然不能贴“新闻”的标签。要获得真正的新闻照片,拍摄前须先选新题材,拍摄中要找新视角,抢新情景,拍摄后要保新时效。

一、选新题材

拍摄新闻照片，这是必须迈出的第一步，忽视这一点在司空见惯的老题材上下工夫，无论费多大工夫都可能是徒劳的。

衡量一件事情，一个情景值不值得拍，首先要看有没有新鲜感，似曾相识、别人曾经报道过以及屡见不鲜的事情必须放弃，能够触动你的心扉、使你产生耳目一新的愉悦感的情景就是新闻摄影题材。照此把关，也就把摄影纳入了新闻的轨道。

二、找新视角

视角，在物理学中是指由物体两端射出的两条光线在眼球内交叉而成的角。在摄影学中指的是在一定方位、一定范围内事物轮廓特征所形成的视觉感受，这种轮廓特征被摄入镜头，将直接影响画面的轮廓特征，决定画面形式。从某种意义上讲，视角新，画面形式就新；视角老，画面形式就旧。形式的新旧影响新闻照片的新鲜性，最终影响其社会效果：新的视觉形式能刺激人的感官，吸引读者阅读画面内容（如图 104），旧的画面形式陈俗，乏味无力，在这种画面前人们会不屑一顾。同一事物在不同角度上的观察存在新旧不同的视角，为了新闻照片的可读性，我们必须用变化角度观察的方法发现新视角。

图 104 科索沃的阿尔巴尼亚人（丹麦 Joachim Ladefoged）

三、抢新情景

一幅新鲜画面的构成，不仅需要一个新的形式外壳，更需要一种新的画面内容。画面内容的新旧取决于题材的新旧程度，也取决于拍摄对象为实现某一目的所引发的活动方式和内心情态。其外在与内在活动之和即是视觉情景。一件动态性的新闻事物包含诸多具体的情景，在这些情景中有的新鲜，有的陈旧，其新与旧都在流动发展中变化，要获得其中某一能够说明主题思想的新情景必须抢拍。

图 94 从题材到画面形式以至画面的细节情景都是新鲜的。叶利钦是一个威严的领导人，谁见过他与百姓同乐的情景？在特定时期为了拉选票，他居然也在舞厅跳起了迪斯科。通常表现动体或静体形象多以中心聚集的方式构图，而这幅画面却不拘一格，因地制宜地把主体放在画面一边，如此布局的本身就散发出自由轻松的气息；从画面的具体动态和静态看，主体风趣而诱人，陪体欢快而妩媚，主次如此和谐统一的情景并非比比皆是，摄影记者在此的任务就是注视事物的发展进程，当某一新鲜完美的情景闪现时立即抢拍下来。

四、保新时效

所谓新闻是与时间分不开的，一件新发生的事搁置的时间长了也就成了旧闻。新闻照片的新闻价值同样如此，一幅新闻价值很高的新闻照片要及时地发到报刊的版面上通过媒介传播于众，才能实现其社会价值。新闻价值的有效期是非常短的，一些时间概念不强的新闻有效期约在十天之内，一些时效较强的新闻有效期在两三天之内，一些时效特强的新闻的时效性要用小时计算，一些时效性特强且又竞争激烈的新闻时效就是一步之差，因此，要保新闻照片的时效性就要把拍到的新闻照片以最快的速度传递到报刊编辑的手中。

第二节 强化形象性，让画面说话

新闻摄影就是采集形象新闻。在新闻价值营造中，不能不考虑形象因素。因为新闻照片靠形象说话，画面本身能说明问题，感染读者，就是成功作品。画面意向模糊，靠文字解释新闻事件，是不配贴“形象新闻”标签的。因此，摄影记者采访的主要功夫应该下在采撷新闻形象上。

一、寻找适合形象表达的题材

成功的新闻照片孕育在适合形象表达的题材中，要摄取新闻形象，就得寻找适合形象表达的题材。这是新闻摄影的最基本常识。可是有不少初学者意识不到这一点。有许多新闻事件适合文字表述，而不一定适合摄影报道。例如数学家陈景润在证明“哥德巴赫猜想”这一数学难题时提出了“陈氏定理”，这一研究成果为逼近“哥德巴赫猜想”的最后结果“1+1=2”作出了重大贡献。此事在作家徐迟笔下写得有声有色，而用照片去反映这件新闻，就无能为力了。因为新闻摄影必须以直观可视的形象作为拍摄对象，而“陈氏定理”这个数学定理从外表看只是一些冰冷的数学公式，反映到画面上不能说明任何问题。

二、在形象性强的场景上做文章

拍新闻照片不能满足于说明问题，一般地完成任务，而应争当优秀摄影师、优秀记者，树立“精品”意识，使每一幅照片都有一定的形象价值，让人通过鲜明而富有感染力的形象读出一些“东西”。判别眼前的事物有没有形象价值的方法是凭你的直觉去感受事物，能触动你的心灵、激起感情浪花的即是具有形象价值的题材。图 105 形象特色鲜明，画面气氛热烈，这些要素都构成了新闻照片的形象性和可读性。

图 105　湘西秋千（单红生）

三、注意画面形象的整体完美

在新闻现场，主体形象是我们经营的重点，另外，还须留心主体四周的人物及景物的协调。因与主体相关的某一环节出现纰漏而功亏一篑是常有的事，拍摄时，尽管我们会受时间和空间的种种限制，但从主观上仍要尽力把握影响形象表现性的几个环节：

陪体——是否与主体和谐或起到了反衬作用，要防止喧宾夺主，破坏画面。

背景——是否简洁，当心杂乱景物对照片发挥作用，扰乱读者的视线。

取景——哪些该取，哪些该舍？要恰当把握新闻现场的空间范围；要酌情把握空间的大小，并优化空间，不能为追求主体突出舍去了陪体和背景的有利因素；更不能为了背景和陪体淡化淹没了主体。

第三节　开凿思想性，给新闻照片注入灵魂

一张照片只有画面形式，没有思想意识就如同“植物人”，只有躯壳，没有灵魂。新闻照片思想性的注入必须具备两个条件：一是事物本身具备一定的思想意识。二是作者认识其思想意识的特点，并通过形象表现传达其思想信息。说到底，还是摄影人在主观方面如何求索，如何认识，如何用画面形象反映事物特点的问题。

一、寻找独特的精神品格

文字作品只要注入独特的精神品格，就格外引人注目，给人留下深刻印象，产生不同凡响的艺术效果。张艺谋执导的电影《秋菊打官司》之所以能获得世界大奖，是别开生面的纪实导演风格和剧中主人公为得到“一个说法”而不屈不挠的精神折服评委的。新闻照片的生产方式和社会作用虽有别于文学作品，但它也需要“观众兴趣”，其间能感动观众，使其在记忆中打下烙印的也是独立性的精神品格。过去人们对动物任意捕杀，很少有人与之和谐相处，并尊重它们，图 135 中的主人公与众不同，他“爱猴如子”，有福同享，我想这也是国际摄影比赛评委为之动心的“奥秘”所在吧。

新闻照片能否拍出独立的精神品格，与作者对事物的认识角度和对画面的处理方式有关。对事物的认识角度是指作者以进取意识凭借其敏锐的眼光

发现事物独特的一面，并确认其对象所蕴含的思想倾向和独特意义；对画面的处理方式是指，当作者发现事物独特的视角之后，借助最能张扬这一角度，最能揭示其精神品格的相关表现措施——或广角大展，或近景特写，或明暗反衬，或藏露结合，尽力达到预期表现目的。

二、抓住具有时代特征的事物

具有时代特征的新闻事物维系着时代的神经，代表着一个时代的观念和意识。该类照片新闻价值高，有较强的现实意义，也有历史价值，其生命力是不朽的。

具有时代特征的事物蕴藏在时代的“主旋律”中。改革开放抓经济建设即是中国社会发展的主旋律，我们应以此作为新闻摄影报道的工作重点。从主旋律到新闻照片成品的产生还有一段距离，摄影者只有在改革大潮中去调查具体事物，寻求具体场景，才能拍到形象性与思想性有机结合的新闻照片。此外，还必须留心大众关注的生活热点。国家的改革直接影响到人民群众的利益，如改革开放给人民带来了好处，改善了人民的物质生活和精神生活，广大群众的参与意识增强，每个阶段都有一个大众关注的热点，这些热点事物往往带有时代精神，不仅有思想意义，也有生活情趣。

时代特征是一种表象，可以从人们开放的精神状态、穿着打扮、住宅、生活用品的特点中体现出来。

三、攻克重大新闻事件

新闻事物有大小之分，其规模的大小关系到思想分量的轻重。重大新闻事件应是摄影记者的主攻目标。重大新闻事件须具备三个条件：一是规模大；二是意义大；三是影响大。所谓大，是和一般新闻事件相比而言的，它在整个新闻事件中属个别现象，发生的频率低。此外，重大新闻分官方组织安排和突发性的社会重大新闻，前者获得拍摄权需与有关组织部门联系，后者获得拍摄权则需“眼观六路，耳听八方”凭事业心去争取。

新闻事件的重大影响和新闻照片的社会反响是两码事，受客观原因和主观原因的影响，有时重大新闻事件也会拍得冷冷清清。在这种情况下不必期望轰轰烈烈的场面，如能把某一局部强烈动势和激昂情感充分表现出来，同样可达到预期目的。导致画面不力的主观原因有四个：一是眼力不够，对意义深、形象性强的可拍情景缺乏发现；二是发现了没有抓住；三是抓住了却没有恰当有力地表现；四是用光聚焦没有精确到位。上述失利既涉及技术修养，也涉及专业素质修养，要把重大新闻拍出思想深度，拍出视觉效果需要扎扎实实的基本功。

四、挖掘内涵，深化主题

在静止的平面上创造一个有力度的精神世界，这应是摄影记者的一种责任。一张强有力的新闻照片应具备两个条件：其一，使人在低平面上感觉到形象是立体的；其二，使人感觉到低平面上有一种立体意境。

新闻事物的意境是其本身潜在的一种精神元素，通过摄影者用某种思维方式和处理方式挖掘形成。挖掘内涵深化主题的方法通常有：

1. 在新闻现场寻找发人深省的情景

新闻事物的外在形式是由诸多形象细节形成的。这些细节有些是琐碎的，不具备该事物的形象特征，没有任何拍摄价值；有些细节形象能够代表该事物，人们通过其形象可以感知“是什么”和“干什么”，可以拍出一般质量的新闻照片；有些细节形象特点鲜明，把人的视线抓住之后促使你咀嚼思考，品出其中的滋味，悟出其中的含义。例如“英国首相撒切尔夫人和希思在保守党的一次会议上”不约而同地看手表，这是一种巧合而又有情趣的细节，通过画面人们感觉到的是他们的“时间宝贵”，高层领导人是极为珍惜时间，重视分分秒秒的。再如获得普利策新闻奖的《饥饿的女孩》(见图 106)，作者利用前后两个语言符号以最显著的表达方式表明了人性的倾覆。

图 106　饥饿的女孩——1993 年 3 月的非洲（南非 Kevin Carter）

2. 利用形象对比深化主题

无论单幅或系列照片都可用形象对比法深化主题。

单幅可在同一幅画面中通过两种意义对立的情景进行对比；系列照片可以通过一幅与另一幅意义形成鲜明的画面对比，通过对比即可使主题得到深化。解放军报社摄影记者乔天富拍摄的组照《渎职者的窘境》用烧焦后的漠河县城变成了废墟与“县长高保兴的住宅完好无损”进行对照，使人认识到身为父母官的一县之长在国家财产和人民生命危急关头的拙劣表现和他渎职的严重性。

第四节　把握真实性，维护新闻摄影的生命

具有历史价值的新闻照片可以作为文献长久地发挥社会功能，甚至年代越久，越显得宝贵，其生命力是不朽的。然而，这种照片必须建立在事实依据之上，缺少事实基础的照片即使外在形式再动人，一旦被人识破公布于众，其“新闻”的生命与“形象”的价值便立即完结，取而代之的是鄙夷的目光，以致招来作者的人格与尊严被摧毁，引发照片媒介的信任危机……总之，一张假照片会产生连锁反应，多方受牵连。这绝非耸人听闻，此类例证在国内外不胜枚举。从新闻的生命来看，真实性虽是一种人为把握的“软素质”，却是每一张新闻照片必不可少的硬条件。

新闻照片的真实性应从照片拍摄、制作、说明词编写、编辑编发四个环节把握。

一、把住拍摄真实关

由于相机具有高度的写真功能，可忠实地再现事物的形态，因此，人们才信任它，图片新闻才有文字新闻、美术作品所不及的独特感染力。

照相机固然不会撒谎，但是如果它被不诚实的人操纵，也会变成撒谎的工具欺骗大众。对反映社会生活或政治领域的动态性新闻，无论有无事实基础，都不应用摆布、导演的方法去拍摄。没有任何事实依据，通过导演制造“新闻”是彻头彻尾的骗局；有事实依据，但时过境迁，用导演方式“再现”，对观众同样是欺骗行为。新闻摄影的可贵之处是现场气氛和真情实感，而经导演拍摄的照片既无真情也没实感，其中充满着造作，即使支配对象装得像也是虚伪的。因此，对政治新闻和社会生活新闻能否坚持现场纪

实，能否坚持“抓拍”，是新闻摄影的大是大非问题。

要保持新闻的纯洁性，把握（政治领域社会生活中的动态性新闻）拍摄的真实关应该做到画面四真：

真事——要以实事为前提，不可无中生有，不可添枝加叶。

真人——拍摄的对象应该是新闻事物的当事人，不可为了美或追求特殊效果用“替身”表演。

真景——事情在哪里发生就在哪里拍摄，不能为强化美而人为造景，也不能为了制造“特色”把现场人物拉到有特色的环境中组织加工。

真情——拍摄时必须尊重事物发展的进程，不能把自己的意志强加给对方，只能在事物的进程之中通过光线、角度和时机的选择把握画面质量。

二、把住制作真实关

在化学感光时代，新闻照片的真实性是其中一个关口，那时的暗房技术可以移花接木，添枝加叶，以假乱真。到了数码影像时代，原来暗房偷梁换柱的伎俩成了小菜一碟，暗房技法做到的电脑可以做到，暗房里做不到的，电脑也能在明室里堂而皇之地做到，可以说数码影像系统的无所不能向新闻摄影的真实性发起了挑战。在这种情况下，真实性成了摆在每个新闻摄影者面前的道德课题，稍一放纵，就有可能酿成令读者和作者本人都不想看到的结果。美国《洛杉矶时报》摄影记者布莱恩·沃斯基就是一例：2003 年 3 月他被派到伊拉克进行战地采访，在拍摄《英军士兵和伊拉克平民》的照片后发现自己所摄的照片没有一张完美的，就把两幅画面通过电脑合成了一张照片（见图 107-1 至图 107-3）被《洛杉矶时报》和其他报纸刊登。一个编辑后来闲暇时在网上浏览照片将其合成的照片放大六倍使作者的造假行为败露，此事很快在媒体内外传开，产生了极坏影响，迫于压力报社将布莱恩开除了，就这样他因在一张照片上做手脚而丢掉了饭碗。

三、把住说明真实关

摄影记者把制作好的新闻照片置于案头编写说明词的时候，没有人在一旁监督，也没有具体的尺度去把握说明词的真实性，在完全自主的情况下，写作的弹性比较大。此时如果缺乏客观的态度，个人感情把握不当或调查不够深透，其词语的表达就会出现偏差，为避免失实，新闻照片的说明词通常需要在五个环节把关：

图 107-1　合成后的照片

图 107-2　原始图片 1

图 107-3 原始图片 2

时间——这是新闻摄影报道的要素之一，其画面是不是真正的新闻可从时间上体现，时间错位，也就造成了新闻的失实。在时间上确切地写明事情发生的年、月、日，画面中的事情才更可信，我们不能为了提高上稿率偷换时间的概念，钻时间的空子，把上月发生的事写成当月，把去年的照片翻出来写成今年以“旧闻”当“新闻”发表，也不能用含糊的字眼蒙骗读者。有些作者以为“不久前”、“日前”、“最近”、“近期”之类的字眼，没有确切的时间限度，把老照片下面写上这类词语发稿，既解决了时间要素，让过期的照片起死回生，又不会招来“失实”的非议。其实，有心的读者一看这类词便能意识到作者在做文字游戏，会立即引起反感。

地点——不仅是一种地域方向概念，也关系到事物的重要性。如果事物发生的地点写作有误，之后某一天突然“败露”则读者是不能原谅的。在编写说明词时务必要确切写明事物发生地的名称，不能为达到个人的某种目的，把南京发生的事写成北京，把内地某一个局部写成边疆。

人物（单位）——有些新闻事物是个人行为，有些则是群体性的单位行为，在新闻照片说明词的个人与单位的写作结构是一致的。人与单位都是新闻事物的主体，主体的名称有误不仅会招致主体自身对作者和媒介的遣责，读者知道真相后也会声讨作者和媒介。照片中的说明词不可写别字、写错字，更不可张冠李戴。

过程——新闻事物发生的过程反映到照片说明词中就是简要叙述事物的来龙去脉，浓缩新闻事物的情节使其有一个相对完整的轮廓。对此作者不可杜撰，不可歪曲，以防新闻故事走形。

结果——用于表述事物的结局，作者应确切写明其程度、状况、数据等，不能夸大，也不能缩小。

四、把住编辑真实关

照片到达媒介编辑部，编者在两方面拥有修改的权力：因画面松散，主体不够突出，编者有权在原画面基础上进行剪裁去粗取精；因语言冗长，或过于笼统、用词不当，或语言表达未能切中实质，编者有权在事实基础上进行适当删改或增补，使其达到信息传播的基本要求。但编者无权超越客观，游离事实而随心所欲地对词语进行润色，增补故事情节，无权改变事情的结局，更无权歪曲事实真相。以往在提到新闻的真实性时，人们只注意敲作者的警钟，而极少有人防范编者，其实有的稿件失实与编辑有关。对此编辑必须讲究职业道德，用自己的真诚与良知对待读者。媒介编辑大多有知识、有修养，而少数媒体中的少数编者出于个人“成就”和集体的利益驱动有时也会做出违反职业道德的事，如南昌某报未经作者许可，盗用了三幅照片，其中有两幅照片歪曲了事实：一幅是反映民兵与洪水搏斗的抢险救灾照片，该报却说成了“8·15 犯人大解押”。另一幅是笔者拍摄的有关消费者因上当受骗气昏在街头的照片，该报却在照片上压了一个醒目的大标题：十二岁孩子请杀手杀死亲生母亲。这种行为不仅践踏了当事人的人格，也歪曲了作者的本意，欺骗了读者。

第五节　认识瞬间性，捕捉决定性瞬间

当今世界新闻传播有文字、广播、电视、新闻摄影等多种方式。就其功能而言，文字新闻可用书面语言报道新闻事件的完整过程，广播新闻可用生动的话语较为详细地介绍新闻事物的整个情节，电视新闻可用连动画面声情并茂地展示新闻事件的宏观场景和具体细节，而新闻摄影只能抓住瞬间情景做文章。因而瞬间性也就成了新闻照片的特性。对摄影者来说，这一瞬间把握的好坏是至关重要的，因为它就是“一锤子买卖”。

在不少人看来，拍新闻照片就是那么“一下子”，不过举手之劳。殊不

知，这是对新闻摄影学的一种误解。摄影记者要在一个静止的平面（胶片）留住一个有动感的瞬间，一个有立体感的瞬间，一个充满情感的瞬间，一个震颤人心的瞬间，绝非轻而易举。

新闻照片所取之影像是瞬间精华，这种影像是成百上千个形象细节中的一个最为精彩的情景，要得到它，摄影者须从涌动繁杂的场景中识别挑选出来。在动态性新闻中，这种情景往往是来去匆匆、转瞬即逝，摄影者必须用眼力发现，手力捕获。

新闻摄影的眼力是摄影者的快速反应和快速判断能力，手力是摄影者的快速抓取能力。

一、快速反应

新闻事物是生活中的个别现象，具有一定的偶然性。当我们穿行在大街上，乘车行驶在旅途中，或在工作之余的某些场合都可能和它相遇，一旦这些事物突然闪现（或擦身而过）的时候，记者必须对此立即做出反应，反应迟缓或视而不见均会失去良机。摄影记者这种应有的快速反应能力也可称之为“新闻敏感性”。它的养成，要靠记者良好的文化修养、良好的政治素质和新闻素质，靠客观物象转化为画面形象效果的感知能力以及敏锐的个人灵性。

二、快速判断

记者的大脑对新闻事物的快速反应，只是一种闪电般的意识，至于眼前事物新闻价值如何，是否值得拍摄，尚需做出判断：该事物的精神实质是什么？是否有典型意义？有无鲜明的形象特征？这些都是要在判断中考虑的具体问题。通过判断，决定行动——拍摄或放弃。

鉴于新闻事物情态的不断变化和图片新闻对精彩瞬间的要求，当新事物反映到大脑之后，要随时做出判断，有些事件可能就是一两个动作，稍纵即逝。如世界新闻摄影比赛获奖照片《美国波士顿太平梯事故》(见图108)，两个孩子从高楼上跌落下来是整个事件中最为惊心动魄的瞬间，作者凭迅速判断能力才获得了这一永恒的情景，如在此从长计议，恐怕早就时过境迁了。有些事件持续时间长，记者可相对从容地进行形象思维和逻辑思维，并有较多的选择余地，但最终也得抓住一个具有“象征性”并切中事物的精神实质而能足以表达作者思想意图的瞬间，这一瞬间同样是短暂的，更需快速判断。

图 108　美国波士顿太平梯事故（美国 Stanley J. Frman）

三、快速抓取

可以说，新闻摄影的每一次“发现”都是一次机遇的降临。怎样才能赢得机遇呢？这也要在时间上争取主动——迅速抓取。此时优柔寡断可能会铸成永久遗憾。例如图 109 的作者在两个儿童从天而降的一刹那稍一迟缓，世界新闻摄影比赛“最佳新闻照片奖”还能与他有缘吗？实践证明，动态性新闻事件的最佳瞬间往往是短暂的，在拍摄时，记者要密切注意其动向，一经闪现，就要立即按下快门。

第六节　注重典型性，确保新闻瞬间的分量

由于新闻摄影的一幅画面只能承载一个瞬间，把动态情景转化为瞬间的静止影像，其画面的情节还不如电视新闻丰富，现场的气氛远不如电视新闻那样浓厚。在这种情况下新闻照片作为新闻的一个分支，新闻摄影仍需体现其自身的价值，尤其需要强调新闻照片的分量。那么怎样运作才能确保新闻照片的分量呢？其方法是把典型性注入每一幅画面。

一、选择典型题材

选择典型题材是营造照片分量的第一措施。题材典型是照片进入新闻传播领域的一种资格，也是新闻照片的基础。

典型题材通常是用比较的方式获得的。所谓比较就是当你衡量眼前事物新闻价值的时候，将其拿到一个大范围内与同类事物作比较，看该事物是否比其他同类事物更突出，更有形象特色，更先进，更有推广的价值，使人更能从中受到启发。如果在各个方面都相对冒尖，相对有思想价值，就可确认为新闻题材，采取下一步行动。

二、选择典型形象

一个新闻场景一般存在着多个形象，在这些形象中，并不是每个都能作为新闻形象推出的，只有那些形象相对强烈、相对有个性、相对有精神意义的形象才可作为画面的主要形象予以展示。无论人物活动题材，动物活动题材，还是自然物均是如此。以人类之间的战事而论，一场战争就是一个重大新闻事件，但并非战争的每时每刻，每一角落中的每一个人物都有新闻报道的价值，只有在战乱时期有着特殊遭遇的普通人，有着特殊遭遇的特殊人物

才是值得报道的典型对象。图 110（见书前彩色插页）的情景令人刻骨铭心，此图何以吸引我们的视线，震撼我们的心灵——就是作者摄取了一个典型形象。

三、选择典型瞬间

典型人物与典型动物的动作姿势，表情与活动的内容是变化的，然而并非变化中的典型人物的每个具体状态都有拍摄利用的价值，其中大多活动的细节情景不是不能说明问题，就是平淡无力，反映到画面上显得软弱苍白，如果抓住一个典型瞬间，其画面的视觉冲击力就会大为改观。让我们再看图 109 的主体形象——枪口下的小男孩，作为一个有生命的人，他的动作有走、有跑、有站，为什么作者偏偏选择了他倒下的一刹那呢？因为这是一个意境深刻，使人感到沉重的典型瞬间。

图 109　以军占领加沙十年间（美国 Judanh Pssow）

第七节　营造趣味性，增加画面的诱惑力

菜炒熟了，要加点味精。否则，吃起来就缺少味道。新闻照片也需要放点调料，这种调料叫“趣味性”。有了趣味性，画面能透出韵味儿，产生诱

惑力。

一、在题材上营造趣味性

有些题材原本风趣、诙谐，拍摄时如能抓住典型瞬间，便可获得趣味盎然的作品。如幽默表演艺术家王景愚表演《吃鸡》，几乎每个情态都像一幅画面，摄影者要拍得一个有趣画面并不难。

新闻照片的趣味性，没有局限在幽默事件中，一般新闻事物只要有意识地选择姿态、表情、光线、角度、景别，尽力把握画面气氛和照片影调，也能拍出味道。

二、在姿态上营造趣味性

一个动态性新闻事件有数十以至上百个变化的姿态，当颇具象征性、高度反差或和谐的态势出现时触按快门，一个耐人寻味的画面就诞生了。

三、在表情上营造趣味性

人有七情六欲。欢乐、忧愁、痛苦、丑恶、善意等一切情感都要通过面部流露出来。这些表情只要真切，就各有意趣，尤其感情发展到顶点的时候，意趣更浓，新闻审美价值更高。

四、在角度上营造趣味性

同一题材，不同作者在不同角度拍摄，其画面效果有明显差别。正面、侧面、背面、平视、仰视的意味浓淡各不相同。在拍摄过程中，从多角度观察比较，可获得最具表现力的画面。

五、在景别上营造趣味性

同一角度，在不同距离拍摄，画面趣味的浓淡也有差异。揭示人的内心世界用近景、特写比用全景和中景更奏效；表现场面、渲染气氛用中景全景比近景和特写更理想。

六、在气氛上营造趣味性

不同气氛的画面，趣味性强弱不一。一般来说，动态性的新闻事物越真切、活跃、浓重，趣味性越强。图 110（见书前彩色插页）就是以气氛取胜的新闻照片。

七、在色调上营造趣味性

黑白、彩色新闻照片各有其味。彩色片色彩还原逼真易被人接受，个别题材酌情夸张、改变色极能别开生面。黑白照片曝光过度与不足，导致影调灰雾、生硬，会使画面趣味大减，光线生动、曝光准确、明暗反差适中、层次丰富的本身就包含着审美趣味。

第九章
现代新闻摄影观察

在我们解剖了新闻照片，认识了新闻照片的组织结构，懂得了拍照的心思和气力该下在哪些地方之后，你或许想立即实践，企盼尽快摘取新闻摄影的果实。当你走出家门看到纷繁世界芸芸众生时你会觉得茫然，不知哪里有新闻，哪种场景是新闻。这便需要通过新闻摄影观察发现新闻题材，解决拍摄目标的问题。

我们都有眼睛，有眼睛就能观察事物。然而，现代新闻摄影观察不同于日常生活的一般观察，它要求摄影人凭借新闻意识，用形象思维和逻辑思维的方式审视事物有无新闻摄影的价值。这种观察需要脑力与眼力的配合，需要通过事物的现象认识事物的本质，从而发现有新意，有形象表现力，有精神含义的新闻摄影题材。

第一节　摄影观察的立足点

作为一名新闻摄影工作者，站在哪个立足点上进行摄影观察至关重要，它关系到能否发现新闻题材和如何发现画面形象的问题。1998 年秋笔者带学生赴豫西山区进行新闻摄影实践曾两次出现学生遇到新闻题材“视而不见”的情况：一次是我们在贫瘠的黄土高坡上忽然遇见抬着彩马，抬着大红棺材，身着孝服的送葬队伍，当时不少人把镜头对准这突如其来的场面，而旁边的一位同学却无动于衷，并振振有词：这有啥意思，胶卷没地方用了！其实这意思太大了：一是这一场景充满了传统的文化色彩；二是在如此宝贵的土地上死人还与活人争地，是一件典型的社会问题新闻。另一次是我们在北宋王陵采风，发现有些石人头像被锯割，有些石马只剩半张脸，有些望柱倒在地上，其惨状颇多，这自然也成了多数学生的拍摄目标，对此也有学生不以为然：走吧，没意思！其实，这是一个难得的新闻题材，千年以前的艺术瑰宝惨遭如此厄运难道还不值得关注吗？

上述两位同学为何面对新闻场景视而不见，其原因并非文化素质低下（他们都是大学本科生），而是摄影观察的立足点有问题，其立足点错位，必然导致新闻价值取向错位。

带着社会责任感，站在社会立场上，用新闻摄影的眼光观察事物，这就是新闻摄影观察的立足点。其中包含两层含义：

一、在社会立场上观察

新闻摄影具有社会属性，它要求新闻摄影者必须具有社会责任感。新闻摄影产品——新闻照片的作用不同于个人生活照片，后者只在家庭范围内供个人欣赏，而前者则必须通过媒介公之于众使其产生社会影响，因而社会性也就成为新闻摄影的天然属性，为大众服务也就理所当然地成了新闻摄影工作者的服务宗旨。

摄影记者的社会责任感来自于人的政治素质，来自于人的事业心，来自于摄影人对摄影艺术的热爱，三者结合形成新闻摄影人的工作动力。人在对崇高事业自愿追求探索的时候会油然产生人生乐趣和神圣感，大脑会处于高度的兴奋与激情状态，此时触景便会生情——产生灵感，从而敏锐地感应新事物，发现新事物，千方百计地把自己的发现通过照相机生动地展现出来。

基于新闻摄影的社会性，摄影者的摄影观察必须站在社会立场上，对此别无选择。脱离这一立足点进行观察，也就脱离了摄影的价值轨道，无力发现具有传播价值的摄影题材。

新闻摄影社会立场的实质是政党、国家、大众利益的立场，站在党和国家及大众立场上看事物，也就自然而然地进入了社会价值的轨道。

站在社会立场上我们所观察到的新闻事物有先进和落后之分，先进事物可用于正面报道，落后事物可用于反面报道，二者殊途同归，最终均能产生社会效益，促进社会发展、进步。因此，党和政府提倡什么，反对什么；公众道德提倡什么，反对什么；社会发展提倡什么，反对什么也就构成了我们衡量眼前事物有没有新闻价值的试金石。

强调新闻摄影者的社会责任感，就是强调摄影工作者在精神修养方面的基本条件，只有具备社会责任感的人才会练就新闻敏感性，认识新闻价值有、无、高、低，才能客观公正地评价事物，并以饱满的热情传播事物。

强调新闻摄影者站在社会立场上进行新闻摄影观察，就是强调其正确的工作方式和工作效率。上述两位同学对新闻题材之所以视而不见，其原因在于站在个人好恶的立场上看问题，难免狭隘片面。个人立场与社会立场的价值观不同，如果他们当时站在社会立场上衡量事物，同样会认识其价值含量。

二、用新闻摄影眼光观察

新闻摄影眼光就是新闻摄影工作者发现新闻事物的能力。新闻摄影发现就是摄影者悟出某一事物的特点与传播价值，这种感悟能力养成的先决条件是摄影者必须具备新闻摄影眼光。新闻摄影眼光培养应着眼于如下几个方面：

1. 新闻意识培养

应先从了解新闻的含义入门，弄清新闻照片价值的构成因素，把自己的人生乐趣纳入新闻领域，树立新闻报道的使命感——这是新闻摄影人所必需的基本修养；学习党和国家的路线、方针、政策，了解现阶段党和国家下达的各项任务，及时掌握党和国家的新决策和新动向，增强政治敏锐性；研究报刊栏目，知道报刊现阶段稿件需求的侧重点；倾听大众呼声，理解民意，研究社会生活中急需解决的问题，分析新闻事物在社会生活中可能产生的积极影响；研究国家发展战略所将要解决的问题。

2. 形象感应力培养

形象感应力，即摄影者遇到有形象价值的场景时大脑于瞬间作出反应，快速感知其形象价值的能力。摄影者有了这种能力就可及时发现、捕捉典型瞬间，获得更多的成功机会。形象感应力培养应从新闻照片价值构成研究着手，认识形象的直观性和暗示性（由形象引导人们体味画面意境），并通过实践加强对形象的感知能力。

3. 形象转换的经验积累

新闻摄影的过程就是把新闻现场形象转化为画面形象的过程。在《摄影构图》一章我们就曾提到过生活形象与画面形象在视觉范围、空间效果、光色、气氛、趣味等方面的种种差异，作为一个新闻摄影者必须研究这些差异，并通过不断地实践，认识、驾驭这些差异，一旦它们被认知、掌握，再次遇到新闻情景时，也就有了预知画面效果的能力。

第二节　摄影观察的着眼点

一个热衷于新闻摄影的人在初探阶段往往不清楚“新闻摄影”的含义，

当懂得其含义之后又不知哪里可能发生新闻，哪里有新闻出现。世界之大，摄影人的目光扫向何处才能发现新闻呢？这便涉及新闻摄影观察的着眼点。作为一个摄影探索者如能找准其着眼点，即可有的放矢地注视世界关键环节的变化，及时发现并捕捉新闻事物。

世界虽繁，概括起来不过人生、社会、自然三大视角范围，世界上每一个人，每一个群体所做的每一件事均在其三大范围之中；与此同时，三者又影响着每个人的命运与生存质量，于是人生、社会、自然也就成了政府、党派、宗教人士乃至媒体和大众关注的对象。

一、人生

这是离人类最近、最能引发人们兴趣的一个大课题，有关人生的题材在新闻报道中占有最大比重。在人的生命历程中，只要出现特殊情况刺激了他人的好奇心使人受到感动或震惊并为之欢心、仰慕、同情或反感、悲伤的情景均可成为新闻视点。这些现象可能发生在生命历程中的每个阶段、每个环节：

1. 孕育

普通人的一般怀孕并没有新闻价值，但普通人过早或过迟受孕因其超出了常规生理现象，也就成为他人眼中的新闻。在美国，少年生子屡有报道；中国报道也曾登载过老妪受孕的新鲜事。一般人响应计划生育号召，一对夫妇生一个孩子不是新闻，而不顾政府号召胆大妄为的“生儿狂”已有 9 个孩子又怀第 10 胎就不能不算新闻。

体坛明星、歌星、舞星、皇妃都是公众熟知的人物，她们怀胎之后就更加引人注目，此时谁能摄下某一名人怀胎的风韵，也就获取了读者感兴趣的图像信息。

2. 出生

意味着人生的开始。在正常医疗条件下一般人顺利出生是一个家庭的头等喜事，而记者对此未必会产生兴趣，因为记者追求的是社会价值和新闻价值，普通人顺利出生是正常的生产现象，事情本身不具备新闻因素，难以产生社会效应。

有时随着客观条件改变，事物会发生质变，山西曾有一位农妇在回娘家途中突然临盆顺利产下了婴儿。这是一种难以置信的事实，条件与结果形成反差，普通产妇有了不普通的经历，也就成了新闻传播的话题。

衡量某一人物出生是不是新闻事物，要看事情本身是否存在“与众不同”点，因为新闻都是在一事物与他事物的不同点上暴发形成的。济南有位普通产妇一胎生 4 子在生产的数量上与众不同；美国一产妇在水中促生是生产方式的与众不同；“小萝卜头”的妈妈在狱中生下“小萝卜头”是生产的环境与众不同。上述有关胎儿出生的事例正是因为各有其不同点才成为报刊版面和世界新闻摄影比赛中的新闻照片。

3. 面容

没有个性特征的普通人的面孔不是新闻形象，当本无任何血缘关系素不相识并相距甚远的两个人长相一致出现巧合时也就产生了新闻由头。例如西安有个青年酷似北京的演员谢园，这一现象被一位摄影记者发现并拍摄下来将两个人的头像登在报端，读者竟难以辨认哪个是假谢园，于是电影导演便在他俩的相貌上做文章，让他俩出演一部喜剧片；再如部队宣传干部胡学诗（古月）酷似伟人毛泽东，幸运之神便把他带到了银幕上，带给了大众。

一般的笑脸没有新闻价值，全国最后一个看上电视的村民的笑脸却值得一拍，因为这张脸经历过长久的封闭，经历过辛酸，这标志着一个旧时代的结束和新时代的开始。

人在特殊遭遇情况下的面部表情不单是一个人的悲欢问题，其神情的由来可能关联着正义、邪恶、幸福或灾难，诸如老板作恶多端工人不堪忍受而抗议的愤怒及地震中痛失亲人哀伤的面孔均带有某种意义的形象信息。

4. 躯体

普通人的身躯一般不能成为新闻视点，但普通人在特殊经历的特殊活动中，其躯体若能传达某种精神、透出某种境界就有了新闻意义。罕见的残缺、连体及克隆人，因其与众不同并代表着某种生理机能的退化或科学进步的躯体，可成为直观而有意义的画面形象。身高超常与年龄形成极大反差者——如 30 公分的老头儿和 200 公分的少年也可成为新闻视点。

5. 生活

平平常常的家庭，平平常常的日子，平平常常的生活与传媒无缘，当生活质量发生飞跃——80 岁的农民穿西装，中国农户做西餐，现代农民盖“古堡”，农户家庭买飞机时记者便会蜂拥而至。此外，地震后埋在废墟中 15 天不死，用自己的小便维持了生命；远在天涯孤身一人守岛 10 年；西藏平叛中流散在无人区顽强生存 40 年成为活着的“烈士”等可歌可泣者均应成为我们镜头中的新闻人物。

6. 奋斗

一般人为生计种地、做工的场景不在新闻范畴。但一般人遇到转机，激发斗志干出了惊人业绩，这种从一般人转化为模范人物的过程就是由非新闻价值到新闻价值转化的过程。以奋斗著称远近闻名的楷模通过再创造又有重大发展仍有新闻报道价值。人对人的影响莫过于精神影响，当某个人奋斗进取的精神折服了他人的时候，这个人物也就有了传播价值，就能产生社会影响。贫困山区的小学生为了希望的明天在极为简陋的学习环境中刻苦学习，战场上硬骨头战士受伤不下火线，为抢救粮食农民深夜在田间收割，在新年钟声敲响之时工人坚守在岗位上忘我工作，身残志坚的张海迪在轮椅上写出鸿篇巨制奋发向上的精神都可给人以心灵震撼。

7. 成功

每个岗位上的每一个人都做事，在平凡岗位上的平凡人完成任务没有重大意义，然而有位以农为主、以画为辅的农民画家在国际画展中获得大奖，令众多专业画家惭愧，自然是一件颇有精神分量可给人带来许多思考和启示的新闻。新闻是在前所未有和稀少的基础上诞生的，中国的航空母舰面世、中国的人造飞船登月、中国第一列磁悬浮列车造成都将成为未来的新闻热点。

8. 苦难

苦难是人生的一个重要话题。有些苦难可以抗拒，有很多的苦难则无法抗拒。每个人在人生历程中都有苦难相随，但其轻重程度不同，一般人遇到困苦没有构成新闻，而一般人有了特殊遭遇（如图 111）及特殊人遇到特殊困难也就进入了大众关心的新闻圈。非洲大灾荒，萨赫勒地区的饥儿挣扎在死亡线上牵动了外国摄影记者的心，也牵动了中国人的心。每一国家的每次灾难都使全世界的人为之震惊。

向苦难宣战，抗拒苦难永远是人间壮歌。邱少云在烈火中潜伏一动不动，以个人的生命换来了整体的胜利；中国登山队员挑战极限登上珠穆朗玛峰；陈景润潜心研究，提出“陈氏定理”等不可枚举的人和事正因为有了苦难才发出精神的光环，才成为文字记者的篇章和摄影记者的画卷。

9. 疾病

每个人都会生病。一般人得小病不属于新闻现象，即使患了大病因其缺少“新鲜性”和个性特点也不具备新闻条件。有时一个普通人得了罕见的疾病，其病情有了“新”的概念并给人以独特感，那么这时的普通人也就可能成为新闻采访的对象。艾滋病起源于非洲，流行于欧美，20 世纪 80 年代以前这种病不曾侵入中国，当中国第一例艾滋病患者被发现的时候，新闻时空中也就多了一道热门话题。一个普通人与疾病顽强斗争，最终战胜了病

图111　塞拉利昂，六月（丹麦 Jan Dago）

魔和死神也就成了典型人物——中国的张海迪、俄国的保尔·柯察金都是由普通人演化为新闻人物的。领导人本身就是大众关注的对象，即使他们得了小病，也具有一定的新闻价值，如俄罗斯前总统叶利钦患肺炎住院，美国前总统克林顿打针，有可能的话，任何一种媒体都不会放过这种新闻报道的机会，因为他们的安危牵动着一个国家的命运，甚至对全世界都会产生某种影响。

10. 死亡

死亡是生命历程的最后结局，普通人与伟人都无法抗拒。普通人的普通死亡在其所处的小范围内是新闻，放在一个县、一个省衡量就毫无新闻价值了，因为死人的事在各个地方是经常发生的。有时普通人特殊死亡就转化成了新闻，如豫北乡村一个婴儿死亡被抛尸野外四天后又复活，之后引发出一连串的传奇故事，《安阳日报》为此进行了连续报道。死有多种多样——因贪财而死，为求生卑鄙的死，为正义英勇的死……无论何种性质的死，只要触及了社会道德，就有必要予以揭露或赞颂。

二、社会

社会是以共同的物质生产活动为基础相互联系的人们的总体。物质是连接人们的纽带，围绕物质会引发不同的情感、不同的观念、不同的道德、不同的表现。于是，真与假、善与恶、美与丑、进步与倒退、战争与和平在社会舞台上一幕又一幕上演着。摄影记者是社会的瞭望哨，是社会动态的记录者和传递者，任何有益于社会发展、给大众带来幸福、受到大众赞颂的社会新闻，任何破坏他人生活秩序、给他人带来不幸而引起公愤的社会新闻，都应引起摄影记者的重视。

1. 美好

真诚、善良、美丽统属美的范畴。美是社会的主流，因而报道人类社会的内在美，展示人类社会的外在美是新闻摄影工作者的主要任务。美的范围颇广，美无处不在，并非每一美好事物都可挂靠新闻。眼前的美景是不是新闻，要看是否具备两个条件：其一，是否有新鲜感——新鲜便能和新闻接轨；其二，是否美得动人——动人便可保证新闻照片的精神分量。中国模特在国际表演赛上获得冠军是我国时装表演艺术的新成就且达到了一定的高度，即是值得拍摄的新闻题材。

新时期的真诚高尚、进步发展、高度敬业以及为人类文明努力推进文明者都充满了新闻因素，由此引申的新闻事物有：上海浦东开发区兴旺发达；边防战士以生命捍卫祖国尊严；巴塞罗那缪斯影像展开幕；美国女教师珍妮无私捐助中国希望工程……

2. 丑恶

有美必有丑，丑总是伴随着美与生俱来。丑恶是令人们憎恨的社会现象，揭示出来可使人们认识其本质与危害，以唤起大众的防范、斗争意识。新闻记者的这种“暴露”行为是积极的，有利于社会健康文明。新闻具有舆论监督的功能，污染、破坏、流氓、盗窃、纵火、抢劫、吸毒贩毒、行凶杀人、贪赃枉法等凡是能引起公愤的丑恶现象都在社会新闻之列。

3. 进步

发展与进步是社会的总趋势，也是人类的希冀。在社会发展推动历史前进的阵营中，其进步有个人进步、单位进步、民族与国家进步，无论哪类进步，只要有较大跨度被众人注视赞誉的事物与景物都是新闻题材。

新闻摄影就是为社会发展而存在的。某位农民率先承包百亩土地，用机械化耕种，以商业运作的方式经营土地获得高效益为个人进步，这种进步传播于众具有较大的楷模性、示范作用和影响力；沂蒙山区某一村庄过去穷得两人轮流穿一条裤子，改革开放后利用当地资源发展农业经济和乡镇企业，10 年巨变，村民集体乘飞机到外地旅游，报道出去可为集体经济树立一面旗帜；解放前西藏实行农奴制，广大农奴处在水深火热之中，解放后人民当家做主，政治上抬起了头，信仰有自由，行动有自由，生产有自由，加上中央政府的科技扶持与资金投入，藏族同胞的衣、食、住、行和城乡街道发生了翻天覆地的变化，这些进步通过电视、图片、广播等舆论形式传播于众可在内地和世界各国产生极大反响……总之，报道人类进步是新闻摄影工作的主旋律。

4. 倒退

历史的车轮是滚滚向前的，有时也会遇到曲折和倒退。中国在隋唐时期是世界繁盛的楷模，到了清代慈禧太后当政时期又衰败到了极点。倒退是人类的不幸，无论局部倒退或是大局倒退，都会程度不同地给社会带来灾难。以殡葬为例，20 世纪 50 年代我国政府出于对土地资源的保护而提倡火化，这种决策就是制止死人与活人争地的局面，无疑是一种社会的进步。到了 90 年代，一些人发家致富之后，在良田里又造起了豪华墓穴，这便是一种危害社会的倒退现象，是政府坚决反对的，作为新闻工作者有责任配合政府的呼声，组织新闻报道。中国共产党尊崇唯物主义，反对唯心主义和封建迷信，南方某省卫生局在乔迁之际为祈求来日发达竟集体烧香拜佛，作为政府部门如此逆潮流而动其社会影响极其恶劣，作为新闻工作者有必要予以揭露曝光和批判。

5. 繁荣

繁荣是社会发展进步的结果，是社会集团的科学治理和社会成员奋斗成就的具体表现。我国改革开放后的繁荣可从市场、民居、交通、街道以及百姓生活中领略。国家兴旺发达的景象四处可见，只有那些独特并超越一般可使他人受到启示的繁荣现象才有报道价值。

6. 贫困

贫困是一种社会悲剧，凡是有良知的人对此都会关注与同情。贫困有真假之分：所谓真贫困就是天灾人祸导致倾家荡产而衣不遮体朝不保夕的生活处境。这些贫困现象较为严重，有必要通过传媒让富裕地区的人们了解以资助扶贫。至于一般家庭相对贫困是普遍现象，报道宣传没有实际意义。所谓假贫困，是手中握着钱，高喊贫困的虚假贫困现象。例如一些国家级贫困县的县官与属下相当潇洒，吃喝招待没有一点寒酸气，县长照坐高级轿车，如此贫困是值得深思的。再如20世纪末中国城市中的乞丐绝大多数并非缺吃少穿，而是把乞讨作为不劳而获发家致富的方式。据说有些能干的乞丐在人群密集流动量大的地方一年能讨几万块钱。近两年在城市街头我们不时看到青年男女戴着眼镜、挂着因“贫困上不起大学”的自白书的求救者现象。其实，我国高校几乎没有因大学生交不起学费责令其退学的例子，真正的“骄子”也不会如此丧失自己的人格。假贫困也是一种社会污染，予以曝光，揭穿其行骗实质，照相机是得力工具。

7. 战争

战争是人类的最大不幸，任何一场战争无论规模大小都会受到广泛关注。基于此，中东战争、南联盟战争以及“巴以摩擦”也就成了电台、电视台、报刊持续报道的对象。一场持久战的各个重大环节因其显著特征必然会引起媒体的重视。由于持久战的时间跨度大，区域具体而广泛，并非全程战争的每一时刻每一角落都有报道的价值，唯有决策者、参与者和受害者的行为冒出新闻火花能够震撼人心的情景才能成为新闻画面，战时的新闻暴发点不在人物景物，不在前方后方，不在场面大小，不在职位高低，不在男人女人，不在大人小孩，其新闻价值构成在于是否能够刺激人的感官，由此产生社会效应（参见书前彩色插页中的图112）。

8. 和平

和平是人间最美好的赞歌，是社会生活中最美妙的图景。战争行将结束，和平曙光来临之时，预示着新纪元的开始，此时应是新闻工作者最忙碌的阶段。

通常，最刺激的事物才有感染力，和平的景况没有棱角何以刺激人的感官呢？新闻摄影还有一种愉悦功能，人们只要能从中获得精神的满足，无论人与人、团体与团体、民族与民族、国家与国家、人与自然、自然与自然的和谐都有摄取传播的价值。荷兰郁金香盛开在中国大地、在新开的海滨浴场人们沐浴着自由的阳光、国庆之夜人们在华灯下载歌载舞等都是新闻美景。

9. 交流

人类社会中人与人之间需要相互交流，社团之间需要交流，国与国之间需要交流。只有通过交流，才能加速社会的发展进步。交流可具体到两个人的情感交流，也可着眼于技术交流和物质交流，其新闻价值不限于交流规模，只要能产生社会影响，便可为我所用。我国西汉时期开辟丝绸之路的规模并不大，那次交流却成了古今商贸与文化交流的典范，遗憾的是那时候没人记录张骞率队西行的实况。

10. 变革

变革是社会发展的必然规律，世界的许多次变革推动了历史前进。变革的实质就是新事物取代旧事物，任何一种变革对百姓生活和命运都会产生影响。涉及民族、国家前途和命运的变革是重大新闻，新闻摄影作为可视的信息形式，可在展示现时、记录历史方面发挥重要作用。

社会制度改变、国家经济发展战略改变、军事政变以及技术革命均属变革范畴。20世纪下叶中国的改革开放是中华大地上的一场重大变革，反映其间的新人、新事、新经验、新成就，捕捉变革中的闪光点是摄影记者的历史重任。

三、自然

人类的生存质量与自然息息相关，离开自然人类便不能生存。通过我们的第三只眼睛——照相机镜头让大众认识自然、亲近自然、爱护自然是新闻摄影工作者不可推卸的责任。

1. 日

在我们的感觉中，似乎太阳每天都是新的。然而，当我们的新闻照片屡屡出现太阳的时候，画面就会变得俗不可耐。就太阳而论，新旧各有其理，问题的关键在于人们如何利用才能有益于新闻画面。若以太阳作背景使其出现在新闻场景后面，可给画面注入时间概念，增强画面的美感和新闻情趣；若让太阳作为陪体出现在新闻形象一侧，则画面会变得结构清晰，意味深长；若让太阳作主体出现在画面中，它必须给人全新的感觉——诸如用长镜头放大了的太阳中透出树木的婆娑、鸟儿的对话和人的倩影时才称得上“自然界新闻”。太阳是宇宙中的一个生命体，其自身也在发生变化，通过画面形象让人认识其内在结构和运动规律就是对人类文明的具体奉献。

2. 月

月亮在文学作品中总是被描写得那么妩媚而富有感情色彩，总能让人联想起嫦娥与玉兔的故事。当人造飞船登抵月球时宇航员发现原来月宫里没有玉兔，也不见嫦娥；没有水源，也没有生命，只有荒凉的土地。第一个登上月球的人用照相机揭开了月亮神秘的面纱，把真实的月亮展示在我们面前，这便是新闻形象。

在晴朗的夜空中我们常可看到一轮明月挂在天上，于是月亮成了摄影师们的表现对象。众人捧月，难免雷同，其中绝大多数画面中都是印象中的月亮，这样的照片即使画面完美无缺，也不能称其为新闻。通过某种构思让丰满的月亮里反衬出人的某种活动或某种美妙的自然物；或者利用微弱的月光拍出了令人难以置信的神奇景色；或者中秋月夜“天狗”吃掉了月亮。总之，当拍摄方式或画面形象有了突破而拍出新意时，新闻园地才会接受月亮。

3. 山

山是具有起伏变化、便于构图、最能产生视觉效果的一种自然景观。黄山、天子山、华山固然美丽，如果在旅游景点拍照，所获画面并无太多魅力，大家都能看到的场面以至游客用“傻瓜”机都能拍下的山景，新闻记者再拍又有什么意义呢？众人不曾听说、不曾目睹或听说而未曾目睹，或目睹了不曾认识的山景才有新闻摄影的价值，如：山体意外变故后的情景；在老景点上发现了新视角的山景；细微之处存在的人们不曾察觉的植物、动物、文物；新近发现的山景；新发现的矿藏以及开发中遇到的新问题……

4. 水

水是生命之源，万物生长离不开水。有时水又能毁坏生命，如山洪暴发酿成的水灾淹没庄稼、对人与牲畜构成威胁，如此反常的大事，是当然的新闻题材。人与洪水搏斗可拍出情景惊险、气氛热烈的画面——美国摄影师约翰·麦康尼科的《从飓风引发的洪水中营救儿童》即是一幅惊心动魄的新闻图景。有时水还可能引发更多的新闻：因水荒而土地干裂；因水荒引起争斗；因水被污染导致鱼类死亡；在号称死亡之海的大漠中发现清泉；在雅鲁藏布江大峡谷发现大瀑布；从水滴中窥见人的笑脸；某国元首参加中国傣族的泼水节；中国选手获奥运会游泳项目的金牌。总之，具有强烈的刺激性而变异的水滴、水流和巨浪都是含金量较高的新闻题材。

5. 火

火给人以温暖，给社会以文明。但人类需要对火加以控制，一旦失控，为此忙碌的不仅是消防队员，还有摄影记者。森林、油田、工厂、商厦失火以及宾馆、剧院、家庭失火，只要记者能及时赶赴现场，就能获得新闻影像。

6. 天

围绕天空发生的新闻更是不胜枚举，如天文学家发现了新的行星，人造卫星上天，空中出现不明飞行物，陨石从天而降，天气持续阴雨，天上的彩云形成地面某种动物、某种景物样的图案，大气污染治理后的蓝天重现……

未来还可能出现外星来客、人类向其他星球转移、空中飞人、星球大战之类的新闻图景。

7. 地

在大地上发生的新闻更多，因为人类居住在地球上，人在相互的交往中，在与土地的交往中会书写许许多多的新闻故事。

围绕土地发生的新闻多由土地制度变革而来，每次土地政策改革都牵涉到农民的利益，牵涉到国家的利益，因而每一次土地革命都是一个重大新闻事件。

新闻又是由一事物向另一事物转化中产生的，由人为因素或自然因素导致土地状况转化就是新闻现象，这里略举几例：良田被风沙侵袭致使土地沙漠化；人类在与风沙斗争中用草网和林带锁住了沙漠；风把沙粒塑造成海一样的波涛；为烧砖长期挖掘而使大片良田变成纵横的沟壑；极端的年代军民围海造田，出于对自然的保护现在又把田还给海。

大地与大地之上的意外变故即是突发新闻。诸如突如其来的地震给人类带来巨大灾难；山洪暴发把土地变成沼泽；某城市突遭原子弹袭击，把高楼林立的街市化为焦土……

8. 草木

田地、山野、乡村、城市的绿色四处可见，草木还有新闻可言吗？新闻是人们从物质中感知的一种精神信息，草木与人的精神关系极为密切。在奇异的地方长出花草或在平常的地方长出奇异草木都可给人以感奋——四川的一位农民为充分利用土地资源在屋顶上种水稻，此事不仅有观赏性，在土地资源缺乏的地区还有推广意义；树洞里长出一簇鲜花令人陶醉，细微之处这种清新的精致比公园里大片盛开的花朵更沁人心脾。

当草木与人或动物的模样相像时也可产生新闻情趣——有的小花长得酷似维吾尔族老汉，有的树皮长得如同人脸，有的树枝犹如一只仙鹤。这些奇观是自然的造化，也是人生乐趣中所不可缺少的物质。

有时草木还会引发社会新闻——一名游客因在内蒙古草原误食美丽的“断命草”而身亡；有人为眼前利益疯狂砍伐树木导致水土流失等。这些新闻现象因其直观可视适合画面表现。

9. 动物

动物是大地上的生灵，少见的动物种群即是新闻现象，如20世纪90年代城市的“宠物热”开始时从西方引进的第一只“洋狗”成了摄影记者猎奇的目标；中国的熊猫远嫁美国成了美国人的奇闻。

少见的动物情感表达方式是颇具趣味性的形象新闻，例如某一动物见同伴受伤流出了悲伤的眼泪；鹿妈妈即将产下它的小崽（见图113）；小羊在吸吮母乳时母羊亲吻小羊；狗妈妈哺育小老虎……

图 113　加利福尼亚动物园第一次产崽的母鹿（美国 Bryan Patrick）

少见的动物活动方式也是颇具形象特色的新闻，如小鸟在牛背上捕食；蛇吞老鼠被鼠胀死；猴子扮演“探长”；金钱豹冲出铁笼后在大街上横冲直撞……

第三节　新闻摄影观察的方法

新闻摄影观察是有一定方法的，了解、掌握了观察方法，就可拓展自己的视野和思路，充分挖掘自己的潜能，广泛发现新闻摄影的题材，提高工作效率。新闻摄影观察的方法大体有 4 种：

一、直觉与思维结合

新闻摄影与其说是用照相机摄取影像的过程，不如说是摄影者用某种思维方式认识感知事物的过程，因为任何一幅新闻照片都是通过大脑的思维获得其形象外壳和内在灵魂的，因此新闻摄影在观察的同时还必须配以大脑思考，而思考又必须建立在直觉基础上。

直觉，即在未作深入分析研究的情况下仅据现象和直接感觉而获得的印象。新闻摄影观察强调直觉，就是强调第一眼后的第一印象。因为用直觉观察时，大脑对事物不带任何杂念和干扰，其意识是清醒的。在这种良好的精神状态下，往往能准确无误地感悟事物的特点。

发现具有鲜明个性特点的题材之后，就需要用大脑作相对细致的思考。这时所采用的思考方式是形象思维与逻辑思维。

通过形象思维所要解决的问题是：（1）眼前事物的形象特点是什么，其形象价值有多高；（2）用什么光线，在哪一角度最能反映事物的特点；（3）以何种表现方式才能强化画面形象的表现力。

通过逻辑思维所要解决的问题是：（1）眼前的情景是否具备了新闻照片构成应具备的条件——形象性、新鲜性、典型性、思想性、趣味性；（2）最终能否产生强烈的视觉效果，能否表达某种主题思想。

二、整体与局部结合

世界是由不同类型的无数局部的物质单位构成的。在物质运动的过程中某一范围生成一个故事，这一故事与众不同且不被人所知，这便是新闻的原生态。这种具有个性不被人知的情景既存在于较大的范围，即相对完整的整体之中，又存在于较小范围，即相对狭小的局部之中。因而摄影记者发现题材既要着眼于整体形象又要着眼于局部形象，才可充分发掘业已存在的新闻题材，获得丰硕的新闻摄影成果。在摄影实践中你会发现：有时大场景平淡如水，其中某一细微之处却引人入胜；有时细微之处无景可求，跳出局部举目宏观却别开生面；单看两个人物并无新奇之处，由主体远望，映入眼帘的竟是如梦如幻的新闻场景；再如集市上喧闹的人群并无诱人之处，其中一个幼小而老成的烟客却是一个意想不到的新闻人物。

三、区域空间与广阔空间结合

报社的新闻记者各有分工，省报记者采访有人侧重省城，有人侧重地市或某一系统；国报记者大抵如此，有的负责京城摄影报道，更多记者被派往全国各地采集稿件；作为媒介以外尤其地县乡级的摄影报道员（亦称新闻干事、摄影通讯员，有的还被聘为某报的特约记者），则把大部分精力放在辖区内图片稿件的采集上。总之，大多数新闻摄影工作者及新闻摄影爱好者的活动空间会多少不同地受到区域限制，从大局和客观条件看这种限制是正常的，每一个人都应把工作重点放在一定的区域范围内。

在完成任务的前提下不妨把视野拓宽些，以便在更广的领域获得更多的成果。这样做有利于个人和单位共同发展：（1）长期限制在一定区域内其视野相对狭窄、大脑的思维空间相对狭小，久而久之会产生封闭意识，导致思路和进取意识退化。酌情拓宽摄影观察和拍摄区域可不断补充精神养分，可防止思路和进取意识退化。（2）新闻摄影需要创新意识，固守区域会导致激情萎缩；而走出区域可呼吸新鲜空气。随着视野的开阔，精神的愉悦，其激情也就释放了出来。激情是灵感的动力，有了激情触景便可生情，从而发现新的境界。（3）广泛观察，就能广泛收获，为报刊提供更多的稿件，有利于报刊的发展；与此同时摄影记者也得到了多方面的自我充实。

四、一般时空条件与特殊时空条件结合

如前所说，新闻事物并非只在晴朗的天气和正常上班时间发生，在8小时以外的任何时间段各种气候条件都可能出现新闻事物，因而新闻摄影者要确保工作效率争取辉煌业绩，必须把一般时空条件与特殊时空条件结合观察。

（一）一般时空条件

一般时空条件是指正常的天气、正常的时间、正常的工作场合。

1. 正常天气

即指晴天。在这种光照条件下人与动物最活跃，新闻发生的频率相对高。晴天的光线亮度高，有利于手握相机灵活机动地拍照并有条件用高速度抓拍高速动体，在高亮度条件下还可使用小光圈扩展景深，即使把光圈调到最低程度仍可采用1/30秒以上的快门速度稳定影像。

2. 正常时间

即指上午8时至12时，下午2时至6时的8小时以内的上班时间。在这两个时间段内各行各业都在工作，其新闻的发生率也最高，作为一个新闻摄影工作者起码应在8小时以内努力工作。投入与获得是成正比的，在8小时内混时间、熬时间的人是不会有作为的。

3. 正常工作场合

即指本单位管辖的所有劳动场合。这是自己的职责范围，注意在不同劳动场合和生产场合进行摄影观察，可丰富新闻照片的内容、拍出不同特色的画面。

（二）特殊时空条件

特殊时空条件是指特殊天气、特殊时间、特殊劳动场合。

1. 特殊天气

包括阴、雨、雪、雾、风等恶劣的天气情况。这些天气给人与动物带来诸多不便，但事物的性质却由此得到了强化，引发出种种具有精神力量和视觉效果的新闻事物。比如在正常条件下，运动场排球赛和观众看球赛不算新闻，而在倾盆大雨中运动员不下“火”线，观众不离看台，这既能体现运动员的敬业精神，又能体现大众对体育的热爱程度。以恶劣天气取胜者大有人在，河北石家庄作者李尚才在风雨中出“机”，发现一人力车夫为生计冒雨拉肥胖乘客的艰辛情景，遂抢拍下来，其画面具有强烈的视觉效果和精神力度，后投往全国影展，获得银牌奖。

2. 特殊时间

包括 8 小时以外的任何时间段。例如夜晚是黑暗的，行窃者并不因黑暗而停止罪恶行动，公安战士并不以黑暗而停止捕获罪犯。作为公安战线的摄影工作者或负责公安口的摄影记者便不能在公安战士有重大行动时睡大觉。黑夜的色彩浓重、气氛神秘，一般的摄影工作者如能注视夜间可能发生的事件，往往能拍出视角独特的新闻场景。

当然我们讲 8 小时以外进行摄影观察，并非误导影友不吃饭、不睡觉，只是提醒诸位不要轻视 8 小时以外的新闻事物。如能酌情安排好作息时间，可取得更大的工作成就。

3. 特殊劳动生产场合

即指正常劳动生活以外的其他所有劳动生活场所。有些新闻事物的出现具有很大的偶然性，在上班的路上、外出执行其他任务、度假旅游时都可能巧遇新闻事物发生，有些新闻题材是可遇不可求的，若让千载难逢的机遇流失岂不可惜！此外，在完成工作任务的条件下还应创造条件到少见而艰苦的工作环境中去体验生活、观察生活，摄取鲜为人知的新闻场景。

第十章 现代新闻摄影采访

现代新闻摄影采访，即摄影记者根据已获得的新闻线索深入事发地点找知情人访问，搜索有关新闻摄影所需要的内容材料。其内容材料包括新闻事物发生的时间、地点、参与对象、内容程序、最终目的和新闻的思想特点与形象特点，以便为新闻照片拍摄和文字说明写作奠定基础。

不同的新闻题材有不同的存在方式，应视题材的特点进行事先采访或事后采访。

第一节 事先采访

事先采访是指拍摄之前对知情人或当事人进行调查访问，了解新闻摄影所必须掌握的全部材料，以便确立拍摄意图和照片文字的写作意图。

一、事先采访所适应的题材

1. 预知性新闻

预知性新闻通常是预先有计划、有组织、有安排的新闻。由于这类新闻具有很强的公开性和预备期并且是按事先的周密计划进行的，摄影者若想圆满完成拍摄任务就应事先进行采访，以免到时手忙脚乱。联合国的有关会议，世界地区性的协作会，国家政党代表大会，人民代表大会，国家元首出访，迎接外国元首，较大规模的体育盛会，大型宗教活动，民间团体的艺术汇演，大型军事演习等新闻事件均在预知性新闻之列，拍摄前均应事先采访。

2. 变动性新闻

这类新闻一般是在老题材的基础上有所发展而产生的，其时间有一个相对缓冲的阶段，有些事情发生后还有一定的延续阶段，这就给摄影者事先对新闻事件采访提供了条件。联合国秘书长易人，中国导演张艺谋赴意大利执导歌剧《图兰朵》，少林寺接收洋弟子，火车大提速，高校大扩招，中国普及可视电话，乡镇企业进行网上交易，中国反腐败采取重大行动等变动性新闻均可在事先进行采访。

3. 静态性新闻

此类新闻事物由于是静止影像，一般不会轻易消失，在拍摄之前摄影者可从容充分地进行采访。考古重大发现；1999 年岁末中华世纪钟铸成悬挂在天安门城楼上；奥运会吉祥物推出；瓜农靠科技种田地里长出百斤重的大西瓜；被盗割的宋陵大臣头像失而复得；泥人张又出力作；大漠中的古长城之美；雅鲁藏布江大峡谷发现稀有植物；新疆罗布泊发现碧湖等均可在拍摄之前采访有关详细情况。静态性新闻虽然时效性不强，但摄影者应尽可能在事发前采访或事后及时采访，这样做一是可保新闻的新鲜性，二是可在同行的竞争中争取主动。

二、事先采访的特点

采访前需要首先获得新闻线索，从获得信息到采访之间的时间相对宽松，摄影者可在有条不紊的情况下较为细致地搜集情况，可以口头调查与实地考察相结合，采访后大脑有充分的思考余地，可对如何拍摄，怎样拍摄拿出一套相对完整的方案。其中事先调查了解和事先现场考察是事先采访的主要特点。

三、事先采访的三个阶段

1. 掌握报道精神

作为摄影记者在采访之前必须有明确的政治方向；当前党和政府提倡什么，反对什么；党和政府所提出的中心任务是什么，其他任务是什么；围绕党和政府的新闻宣传意图报刊开了哪些栏目；已获得的新闻信息和眼前发现的新闻场景属于什么思想性质；适合在哪家报刊哪个版面上发表，等等。只有在认清工作方向，明确采访拍摄目的的情况下，才可能提高自己所摄新闻照片的用稿率，取得丰硕成果。

掌握报道精神需要首先掌握党的路线、方针、政策。具体讲就是每次中央召开党代会或人大召开人代会需要及时研究会议公报所提出的战略任务，及时研究中央领导人的讲话，及时研究中央文件并及时研究《人民日报》社论，因为《人民日报》是党的喉舌，每次社论都是代表党中央发言的。

掌握报道精神，还要掌握报刊的报道计划。中国的党报及行业报一般都是按照党中央及当地党组织及行业领导部门的任务要求制订报道计划的，其报道计划就体现在报刊所开设的各个栏目上。因此在研究党和政府的路线、方针、政策的同时还要研究报刊的栏目。

2. 搜集报道线索

掌握报道精神只是解决了抽象的报道目标，而新闻摄影所摄取的是具体事例，因而，在吃准报道精神之后便要搜集新闻线索，并顺线索的方向到实地采访，研究新闻素材的价值。

3. 选择报道素材

作为摄影记者和编外记者的新闻摄影报道员（或称特约摄影记者、新闻干事）可能会从四面八方获得新闻线索，掌握大量的新闻素材，却无法也不能在每一素材上都花费精力和物力。因为我们所获得的素材有的新闻价值高，有的新闻价值低，在高低不等的情况下，要保证新闻照片的质量，就必须有选择的采访，有选择的拍摄。

新闻摄影素材的选择标准是：

（1）思想标准，即抓思想特点。当了解了新闻素材之后就要衡量一下本素材是否有思想意义；有多重的思想分量；放在大局看有没有典型意义。

（2）形象标准，即抓形象特点。这件事情是否直观可视，其形象本身能否说明问题；是否有形象特色，有没有鲜明的个性；这是预知性新闻还是变动性新闻；是老题材还是新题材；老题材有没有新视点；新题材是否存在新视点；该素材与哪家报刊哪个栏目吻合，拍摄之后哪个栏目的命中率最高，在哪家报纸哪个栏目最能广泛有力地实现照片的社会价值。如果是报社的专职记者和特约记者所摄的照片应首先为本报提供，在本报不便采用的情况下再投给其他媒体；若是自由摄影师和新闻宣传部门的报道员则不必局限于一家报刊，哪一家采用的可能性大，在哪儿最能产生社会效益和经济效益就把稿件投到哪里。

四、事先采访的内容

1. 预知性新闻的采访内容

（1）新闻事件开始的时间，到什么时间结束，其时间跨度有多长；是连续进行，还是间隔进行；间隔进行的准确起止时间。（2）事发地点在哪里，名称是什么；是在一个点进行，还是多点进行；各个点的环境有什么特色。访问后还须到实地考察，弄清楚关键议程进行的详细位置；主要人物大概在什么位置，朝哪个方向；次要人物在什么位置，朝哪个方向；预先确定拍摄角度，预测画面效果。（3）事件主要参与者的姓名；与主要人物密切相关的次要人物姓名。（4）事件的全部议程是什么；其中的关键议程是什么；关键议程的细节是什么。（5）最终达到什么目的；其具体结果是什么。

调查完上述内容后，还须了解事件开展的动机、意义和社会作用。

此后作者应该对调查观察到的情况进行综合衡量，如果形象性强、具有典型意义、可作为新闻摄影题材拍摄，即可采取下一步的拍摄行动。

2. 变动性新闻的采访内容

（1）事件是将要开展还是正在进行。若将要开展与正在进行均有继续采访的必要，若已时过境迁便不能作为新闻摄影的题材进行报道。（2）将要开展的时间，整个事件的时间跨度有多长（时间长短对摄影者抢拍新闻至关重要，长应有长的对策，短应有短的对策）；正在进行的事件已经到了哪一个阶段，什么时间结束（如能争取就要迅速赶到现场；如即将结束，来不及实地拍摄，应该放弃，以免浪费时间）。（3）事发地点，其环境有什么特色。（4）参与人的姓名及其相关者的姓名，主要参与者和次要参与者有什么形象特色。（5）事件的来龙去脉是什么，其关键环节展开的方式是什么，有没有精神特点和动态特点。（6）最后可产生什么样的结果。

掌握了上述情况之后，摄影者应该考虑以下问题：其一，这件变动性新闻的思想意义是什么；其二，其变动性新闻是否有显著变化；其三，假如我是读者，这一新闻事件能否足以引起我的兴趣；其四，放在全行业、全省乃至全国是否有典型意义，是否有传播推广的意义；其五，这一事件是否有形象价值，是否值得花费气力、花费胶片。只要具备新闻照片构成的条件即可肯定这一题材，并酌情不失时机地采取拍摄行动。

3. 静态性新闻的采访内容

静态性新闻分人文、自然两类新闻。

人文类新闻所调查的内容是：（1）其新闻形象何时发现，在什么地方发现；（2）新闻形象出自哪一年代；（3）历史背景是什么（包括与其相关的政治、经济、军事、科技、文化、道德方面的背景材料）；（4）文化特色与内涵是什么；（5）具有什么样的形象特征和感情色彩。做好上述内容的调查研究工作，有利于配合照片书写文稿，领会新闻形象的文化精神，把群众性的新闻形象拍出深度。

自然类新闻所调查的内容是：（1）新闻形象属于自然类的哪个范畴；（2）名称是什么；（3）何时发现；（4）发现的地点；（5）四周的环境对画

面新闻形象可能产生什么影响；（6）新闻形象是否具有一定的象征性；（7）是否带有某种精神风格。精神是静态性新闻的最高境界。

第二节 事后采访

一、事后采访所适应的题材

这种采访方式只适合于突发性新闻。突发性新闻是在作者预料之外突然发生的一种新闻，来得突然且又消失得快，当新闻情景在眼前出现时摄影者必须先抢拍新闻形象，若是仍沿用先采访后拍照的工作程序，恐怕早就时过境迁了。

二、事后采访的特点

其特点是：在事发过后当场采访，如以后采访则当事人和目击者都可能消失，就找不到事实依据；有时需要找当事人采访，若条件不允许可找目击者采访（正面主体人物有时可能没有说话的能力，或拒绝采访，此时不必强求，找目击者了解事情的原委即可；若主体人为反面人物，对方配合采访的可能性更小，在这种情况下仍有必要找目击者采访）；采访的过程较短。

三、事后采访的内容

事后采访的内容也就是突发性新闻所应采访的内容，包括：（1）当事人的身份；（2）当事人的姓名；（3）事发地的名称；（4）事情是怎样引起的；（5）导致此事出现的根源是什么；（6）事情的结果如何；（7）旁观者对此事的看法。

第十一章
新闻照片拍摄

新闻摄影的目的就是收获新闻照片。在新闻照片拍摄的过程中将具体涉及相机性能的选择、像素量和感光度的选择、镜头焦距长短的选择、光圈速度的选择、光线的选择、画面形式的选择，以及新闻题材、报道形式、拍摄手段和拍摄方法的选择，总之新闻摄影的过程就是运用新闻摄影的价值观进行选择的过程。

第一节　新闻照片的拍摄手段

新闻照片的拍摄不过两种手段：一是用现场纪实的方法通过实地抓拍获得新闻照片；二是通过摆布导演的方法获得具有真实性的新闻照片。其中前一种手段为新闻摄影的主要拍摄手段，后一手段是根据题材情况选用的次要拍摄手段。总之，无论用什么手段拍摄都不能离开真实的原则，都要为获得高质量的画面而努力。

一、抓拍与适应对象

1. 抓拍的含义

抓拍，即摄影者在人与动物活动现场用纪实的方式、进取的意识，酌情抢拍具有形象表现力、具有精神含义的典型瞬间。

2. 抓拍适应对象

世界新闻摄影比赛的 9 类奖项较为全面地包容了人类生活及相关的事件，这里便以该项比赛所列的奖项（题材）为例介绍抓拍和摆拍所适应的对象。

（1）突发性新闻中的人、动物和自然的动态情景——此类新闻的可贵之处在于瞬间状态的真切惊人，唯有采取抓拍方式才能确保其最佳效果。

（2）一般新闻中的人物活动——这类新闻的含义是指按计划安排或组

织的新闻，与按专业性质划分的“预知性新闻”相同。就视觉效果而言，按计划安排组织的新闻事物远不如突发性新闻那样惊心动魄，其中有不少步骤的视觉形象是传统的、平淡的，摄影者也只有用抓拍的方法才能提取其鲜活的瞬间。

（3）新闻人物——是指在新闻事件中起作用的个人或群体照片。其中“在新闻事件中起作用”强调的是新闻照片的主体实质。此类画面形象不能离开“新闻事件”本身，并且还必须“起作用”，由此所获得的画面形象和一般的人像照片就有了根本区别。世界新闻摄影比赛对“新闻人物”的评判标准是“真实可信而具有精神分量的人物”，若使画面中的人物具备这种素质必须抓拍，摆拍无法达到预期画面效果。

（4）日常生活新闻——所谓生活是指人或生物为生存和发展而进行的各种活动。抓拍可保留各类活动中的生活气息。

（5）部分肖像——人物肖像不强调拍摄对象必须处在某一环境气氛中，人们对新闻肖像所感兴趣的是从人物面貌中找到某种精神信息，不在乎作者用什么方法去拍摄。尽管如此，抓拍成功的肖像并不比摆拍成功的肖像逊色。

（6）体育新闻——体育运动本身是动态形象，如果用摆拍容易把活的情景摆死，再说体育比赛是按计划严格进行的，是不允许摄影记者摆布的，抓拍是体育摄影的必由之路。

（7）部分艺术新闻——艺术新闻包括时装、建筑、视觉和表演艺术等。其中时装表演、艺术演出以及其他艺术活动是不能摆布的，抓拍的本身就是摄取其风采的最好方式。

（8）部分科技新闻——有关科技的新闻活动用抓拍法可把画面拍活。

（9）部分自然与环境新闻——自然界的动物及人类与自然交往的情景在现场抓拍能反映其动态特点。

二、摆拍与适应对象

1. 摆拍的含义

摆拍，即摄影者为在画面中建立一种秩序，使画面形象更具表现力，对读者更有感染力，而对拍摄对象所作的摆布调整。

2. 摆拍的适应对象

摆拍所适应的对象范围是：

（1）部分自然与环境新闻——自然与环境中一些活动的、能够搬得动的相对静止的新闻影像可以摆拍。自然界发生在植物和地形上的新闻，虽然不限于用什么手段拍摄，因为人的力量不能搬动拍摄对象，也就不存在摆拍的问题。自然与环境中的静止的新闻形象是客观存在的物质现象，若将其作为主体形象，无论用现场纪实的手段，还是摆布拍摄的手段获得画面形象都不会改变物质的本来属性；只要不在发生的地点上有意编造谎言，就不存在失真问题。

（2）部分艺术新闻——艺术领域相对静止而便于搬动的新闻形象，如民间工艺品、出土文物、名人字画、面具等可以根据画面表现的需要摆布拍摄。

（3）部分科技新闻——科技成果是人类科技的结晶，为了把照片拍出科技特色，有时通过摆拍可以消除可能对画面产生的不利因素，使其趋于画面的整体完美。如此摆拍对科技成果不会构成任何损害并且作者的动机是积极的，摆拍合情合理。但是摆拍是有一定限度的，作者不能为了追求画面美做违反科学的荒唐事。

（4）部分新闻肖像——肖像照片一般取半身以上，其环境因素被淡化或排除，所应追求的是公众人物或普通人物的典型形象的情感信息，摆拍只要能达到预期目的，无论怎么拍，“张三”都不会变成“李四”。但用导演摆布手段拍摄人物肖像未必是获得精彩肖像的最佳途径，因为新闻人物被他人摆布很难流露出真情实感，必要时还应考虑抓拍。

（5）其他新闻中的部分活动物——如一般新闻原本是有组织、有安排的新闻事件，其事件的主流在于议程中的人物活动，旁边某些妨碍画面形象的小物体在条件允许的情况下移动一下位置不会影响大局。不过，如能通过改变视角的方法排除不利因素，还是不作调整为好。

第二节 新闻照片的拍摄程序

预知、变动、静态、突发四类新闻是按照专业性质对所有新闻内容的归类，这样划分新闻类别的目的在于帮助摄影探索者认识新闻摄影各类新闻所涉及的业务常识，掌握新闻摄影专业各类新闻的运作规律。研究新闻照片的拍摄程序，理应从这四类新闻入手。

一、预知性新闻拍摄程序

（1）提前进入新闻场地，熟悉场地与四周的环境；确认各项议程的具体位置，以便在事件进行过程中有次序地开展工作。

（2）根据场景人物的活动情况，确定最初阶段的拍摄点。这个阶段是在预测初期阶段重点环节人物活动的具体位置、朝向、可能构成的画面效果基础上进行的。

（3）备好相机，装好胶卷，安上所需要的镜头，测光，确定曝光模式和聚焦模式。

（4）议程开始，立即进入拍摄状态，密切注视事情的发展进程，并迅速通过照相机的取景框观察事态中的人物表情、动作以及人与人的关系、人与景的关系对画面的影响。

（5）当直观的形象能够足以说明问题并且形成一个生动的画面格局时聚焦，按快门。

（6）继续守在原位置或改变观察点，寻求更好的画面（一个专题不能只拍一张照片，即使拍独幅新闻照片也不能只按一下快门，或许有更精彩的画面在等着我们。如果原拍摄点还有挖掘画面的潜力，可原位不动；若没有更好的拍摄前景，不如改变一下拍摄位置）。

（7）通过拍摄距离、拍摄方向、拍摄高度和光线的选择在新的拍摄点待机抢拍，力求有新的发现，新的突破。1983 年 9 月，美国摄影记者唐·顿普卡在拍摄预知性新闻英国伊丽莎白女王欢迎美国总统里根的宴会时，没有把拍摄的侧重点放在一般的欢迎仪式上，而是注重寻求新的视觉状态，力求把预知性新闻拍出新的感受。当女王郑重其事地向里根致欢迎词时，里根总统却开起了玩笑，这一瞬间被顿普卡抓住，使人想起了里根曾经有过的演艺生涯，他向人们展示了一个“新里根”。

以上程序应重复多次，直至自我满意为止。当然，由于种种客观条件限制并非每次行动都有圆满的结果，作为摄影者却应尽力追求最佳画面效果。

二、变动性新闻拍摄程序

吃透变动性新闻的特点，明确其变动的关键所在。

（1）备好相机，深入事发现场。

（2）确定拍摄点；掏出相机，装好镜头，察看相机里是否装有胶卷；根据主体形象的重点部位测光，确定曝光模式，眼睛贴近取景框观察，进入拍摄状态。

（3）注意观察每一细节情景的形象性，以及所形成的画面结构，当象征这一事件的本质特征出现且又生动完整的画面形成时聚焦，按快门。

(4) 再次测光，酌情进行曝光组合，遥控相机选择取景方向，定位，等待，一个具有显著变化并能足以打动人的画面结构形成，聚焦，抢拍。

三、静态性新闻拍摄程序

静态性新闻分文物、植物、地貌、工艺品等不同种类，因各类新闻的文化属性和形象特点不同，拍摄的程序也略有差别。

1. 文物

不能只重视表象的动人，应着重探讨文化韵味。

(1) 在了解其历史背景基础上观察拍摄对象的形态、色彩及韵味。

(2) 选择与其历史情感相吻合的背景色彩以营造特定的文化韵味。

(3) 选择有助于意境表达的光线，以强化主体形象，强化画面的文化韵味。

(4) 选择并确定拍摄角度，以有力展示其形象特色。

(5) 把照相机架在三脚架上（静物摄影没有突发新闻那种紧迫感，有充分的时间使用三脚架。把相机固定起来总比手端着保险，况且有些自然光本身就暗）；根据景别需要选择相应的镜头；对主体形象的重点部位测光，进行曝光组合；取景，观察主体形象的大小，处理主体与环境的比例关系（以足以说明问题，画面形式生动诱人为准）。

(6) 画面构成后精确聚焦，按快门。

(7) 再观察思考，看有没有突破性的画面形象存在。

2. 植物

草木花卉，苔藓等均属植物类，尚未被人类认识的植物均为新闻现象。这种新闻现象因其自然生长在地面而不便摆拍，只能在尊重其客观存在的前提下，通过作者主观选择的方式尽可能把照片拍好，其拍摄程序一般为：

(1) 在有新闻价值的某种植物前驻足，认真观察，确认其传播价值，以此让人们认识自然现象或某种自然现象被破坏的状况。

(2) 选择拍摄时间。不同时间被光照射的植物色彩是不同的，好的光色可增强画面形象的表现力，影响影调的刚柔。

(3) 把相机架在三脚架上，根据物体的大小选择镜头的长度；微小物体用镜头放大，庞大物体用标准镜头或广角适当缩小。

(4) 选择拍摄角度，以摄取植物最精神的姿态。

(5) 选择景别，以恰当处理主体与四周空间的比例关系。

(6) 选择光圈，根据其景深需要确定光圈大小。

（7）对主体的重点部位测光，确定光圈所对应的快门速度以便底片适量曝光。

（8）精确聚焦。

（9）按快门。

（10）再次观察思考，看有没有更新的视角可拍，或者换一种更有表现力的方式拍摄。

3. 地貌

边远地区人迹罕至的地方或内陆地区尚不被人察觉的某一有研究价值的局部地貌有新闻价值。任何地貌都与整个地球相连，同样不能被我们摆布，还须采用选择的方法通过主观努力把照片拍好。其程序、方法是：

（1）在发现处驻足，观察其地貌特征，研究其地理位置、地质年代、地质构造、传播价值。

（2）确认其传播价值后，根据地表的色彩、形态以及气韵选择某种时间的光照效果。

（3）在不同方向不同高度观察，选择最佳拍摄高度。

（4）把相机架在三脚架上；根据拍摄范围选用镜头；根据景深需要确定光圈；测光，将速度调至测定的挡位；取景，根据地貌特点选择画幅，确定取景范围；对该地貌最精彩的部位调焦，以保画面趣味中心高度清晰；按快门。

（5）再观察、再思考、再选择，力求新的突破。

4. 工艺品

创造性强，艺术品位极高或制作难度极大而获得成功的工艺品才有新闻价值。这种拍摄对象可以搬动，可作为摆拍对象。摆拍的目的是强调产品的艺术品位。

（1）观察工艺品的色彩和艺术情调，选择能够强化其艺术情调的背景烘托。

（2）选择光线，以强调工艺品的神韵。

（3）把相机固定在三脚架上，根据工艺品的大小选择相应的镜头。

（4）取景，根据工艺品的姿态和对衬景的恰当利用确定景别。

（5）对主体形象测光、聚焦，按快门。

（6）重新审视自己的拍摄方式，看是否有更具表现力的拍摄方式。

静态性新闻形象应该拍出内在的动力，不要把死的东西拍死，而应把死的东西拍活。情感与灵性仍是静态性新闻的最高境界。

四、突发性新闻拍摄程序

这类新闻因其来去匆匆，拍摄过程应突出一个“快”字，其操作程序是：

（1）相机随身带；

（2）时时留心，处处留意；

（3）快速反应；

（4）快速判断；

（5）快速曝光组合；

（6）快速取景构图；

（7）快速聚焦；

（8）快速捕捉典型瞬间（此时由于心情比较激动，拍摄时应尽量控制情绪，稳定相机以免影像晃动不清，前功尽弃）；

（9）在时间允许的情况下变换角度、变换光种、变换景别、变换时机多拍几张，以便有挑选的余地；

（10）采访当事人或目击者，采访事情的经过及有关文字说明的有关材料。

第三节　新闻照片拍摄策略

在我们将要拍摄的对象中，并不全是“镜头敏感症”患者，在很多时候，对方一门心思考虑如何把自己的事做好，根本不在乎你给他拍不拍照，这就给我们抓拍提供了有利条件。然而有时因种种客观原因美妙的瞬间难以捕捉，此时应该灵活多变地考虑拍摄策略。

一、抓拍的策略

1. 长焦远摄

这是抓拍常用而且是获得真情实感最有效的策略之一。

长焦镜头能把微小的物体和远处的拍摄对象放大，天生有远摄功能，用这种镜头拍摄人物或动物的活动场景，摄影人轻松惬意，被摄者无忧无虑。镜头焦距越长，机位与被摄体距离越远，越不易惊动对方。

2. 隐藏拍摄

在没有长焦镜头而只带有标准或广角镜头的情况下，拍摄中近景画面表现人物的心理活动就有较大的困难，因为刻画人的内心世界必须接近拍摄对象，此时对方容易察觉有人把镜头对准了自己。在这种情况下不妨把相机隐蔽起来，或者钻到某一房间里通过墙洞、门缝、窗户向外拍摄，或在外边透过人与人之间的缝隙隐藏拍摄，或利用外边的某一遮挡物隐藏摄影动作。

3. 欲取姑予

要想从他那里取得东西，必须先给他东西，这叫欲取姑予。新闻摄影为达到拍摄目的，一般不提倡等价交换，但我们却可借用古人的“欲将取之，必先与之”的聪明才智对拍摄对象进行感情投资。所谓感情投资，就是发现新闻人物之后为了达到取其神韵的目的，先与对方进行感情沟通并通过种种努力建立一种融洽的朋友关系。这时他在专心致志做什么事的时候便不在乎你在他面前出现，不在乎你的相机。电影导演张艺谋早期曾用此法成功拍摄了《对弈图》。

4. 缓兵之计

在街头巷尾发现社会新闻之后，作为摄影师肯定要凑上去的，或许在你刚刚举起相机时，对方就发现你了，他的情绪或许受到影响，此时你不妨把相机收起来，让对方确实相信你“不干了”。这时对方若重新进入自己的“角色”你可悄悄地再度准备相机，预先调好光圈速度和焦点乘对方完全进入自我状态时，突然出击，把某一情景抢拍下来。

5. 转移视线

拍摄社会新闻有时会遇到怪癖人物，一旦他发现你在拍他便会予以拒绝，即使他在做好事，你的动机也是好的，他也不愿接受你的“表扬”和“赞美”。这时你可佯装不再拍他，把镜头对准别的方向，对方的神经会逐渐松弛，待对方再度进入自我状况的某一理想瞬间时，你可突然调转机头再次抢拍。

6. 盲目射击

摄影记者对社会的丑恶现象有揭露的责任。有时遇到凶狠的拍摄对象，你不妨用傻瓜相机或自动化程度高的相机盲目扫射几张。这样所摄的照片虽不会十全十美，拍了总比不拍有希望。

7. 居高临下

在盛大的新闻场景中如果地面拥挤不堪没有立足之地时，或者在地面取景无法达到所需要的宏阔气势时，你不妨设法占领一个制高点从上向下拍摄。墙头、屋顶、汽车顶部、树杈、土丘等凡是能利用的高度均可居高临下拍摄。

用这种方法不仅可以获得得天独厚拍摄大场景的条件，如果带有长焦镜头甚至还可拍近景、特写，并且可以获得其他高度不曾有的视觉效果。

8. 坐井观天

坐井观天虽然只能看到一片狭小的空间，但这一观察点却能看到不同寻常的天地。新闻摄影抓拍利用这种策略，就是根据题材特点需要在地面挖一个能容纳自己的土坑由下向上拍摄。这一拍摄方式尤其适合人与动物腾跃的情景。解放军报社记者郝建国为了拍好军事演习，事先在战马必经之地挖了一个坑仰视拍摄马的雄姿，这样一是可在马群穿越的时候保证自己的安全，二是能以其独特的视角摄取恢弘气势，结果他获得了成功。

9. 趁火“打劫”

新闻主体人物作报告、两国领导人会晤、舞台表演、体育比赛、社火表演、军事演习、实战冲锋等重大新闻事件，新闻对象对自己所要做的事情具有高度的责任感，会把全部身心倾注在事务中，摄影记者的镜头对他们不会产生影响，你可在他们情绪最高涨、气氛最热烈的时候按下快门。因为这时的情感最真切、最动人。

10. 守株待兔

当新闻人物从一地向另一地运动，你没有条件与他同行或不必要同行的时候，可在对方的必经之地守株待兔。如马拉松比赛、汽车拉力赛、×××驾车飞跃黄河、敌军溃逃、动物迁徙等新闻活动，应在事先侦察，选择一个衬景理想、光线理想、机位理想的拍摄点预先做好曝光、测距、构图等一切准备，待运动目标到预定位置时按下快门。

11. 跟踪追击

有些重大新闻事件值得连续报道，有的重要新闻人物许多活动有新闻价值，有些运动项目守株待兔不能解决问题时就需要跟踪追击，锲而不舍地抓拍。中国大河报记者朱金星在郑州街头发现两个学龄女童在卖唱，意识到事情的背后有许多值得思考的社会问题，连写带拍从河南跟到安徽先后以“风中有俩小歌女”、“两个小歌女笑了”、“小歌女重返学校”为题在该报进行了连续报道，在河南、安徽两省引起了很大反响。此事不仅给报道对象带来了幸运，提高了媒介的知名度，而且还倡导了良好的社会道德风尚。英国王妃戴安娜，以她人生的幸运与曲折成为世界注目的新闻人物，英国的摄影师为了拍到她的新闻情景，跟踪追击，煞费苦心地猎取其新闻瞬间。

12. 坚持不懈

有些新闻的时间跨度长，有些新闻没有大起大落的情节，不像来去突然的突发性新闻那样可在短时间解决问题，拍这两类新闻不可急于求成，要获得“决定性瞬间”只有等待。为此摄影者必须凭耐力坚持不懈地等待时机。

13. 同甘共苦

有许多可歌可泣的新闻事物都是在艰苦环境中产生的，比如要拍摄抗洪大军与洪水搏斗或抢险筑坝情景，要拍摄登山运动员登上世界最高峰那一幸福时刻，摄影记者就别指望到哪家企业或哪家宾馆采访那样享福，必须与拍摄对象同甘共苦。

14. 出生入死

越是艰险的地方越会出精品。艰险的情景本身就与精彩的画面形象联系在一起，况且在艰险面前许多人退缩了，只有那些不畏崎岖和艰险的人才有可能到达光辉的顶点。为了事业，摄影记者应该有献身精神，在历次战争中我国都有为了新闻事业而赴汤蹈火者，1999 年的南斯拉夫战争，中国女摄影记者黄文就冒着生命危险拍摄了大量战地新闻照片。在和平年代、和平环境的局部地区有时摄影记者也面临着事业心的考验——1997 年大河报记者陈更生在歹徒挟持 28 名幼童作人质的现场冒着生命危险沉着应战，成功拍摄了歹徒与武警对峙、干警击毙歹徒、人质被解救等一系列照片。如果记者贪生怕死不接近拍摄目标或手腕颤抖，即使遇到难得的题材也难以摘取满意的果实。为祖国、为事业勇于献身的人不只是中国摄影记者，西方摄影记者也大有人在，西班牙人罗伯特·卡帕在第二次世界大战中拍摄的传世之作（见图 114），即是在枪林弹雨中获得的。海湾战争，美国曾有多名自由摄影师为了拍摄战地新闻自发去了战场。

二、摆拍的策略

新闻摄影摆拍的对象只限于部分题材的人物和物体，其中人是有头脑有思想的高级动物，在摄影师摆布的过程中，由于被摄者处于被动状态往往限制了自我情感的流露。因而释放对方的情感，把人物摆活，摆到由被动到主动的自我发挥状态，从而截取一个富有个性而传神的瞬间，始终是摄影师摆拍所应追逐的目标。

1. 平和交往

如因种种原因不便抓拍或抓拍未能奏效，且摆拍不会伤害新闻真实性的

图 114　共和国战士之死（西班牙 Robert Capo）

话，摆拍未必不是一条出路。

摄影师摆拍行动的本身就是在驾驭对方，因而被摆布者有时显出几分尴尬是正常现象。在这种情况下，摄影者就要想方设法让对方释放自我。

释放他人，先要释放自己。因为对方情绪好坏在很大程度上直接受摄影师的影响。摄影师精神轻松，对方受感染即会轻松起来；摄影师严肃拘谨，对方也就难以潇洒。而在摆拍新闻对象时摄影师必须有平和、轻松、美好的心态，只有在双方精神沟通的前提下才有合作成功的可能。

当然，摆拍不能追求一种精神模式，至于对方出现什么样的情态为拍摄时机，这要视新闻题材的思想特点而定。报道新闻人物刚直不阿的精神境界，摄其甜蜜的笑容就不当；报道新闻人物谦和的美德，沉重的心情则不可取。无论什么心态，都应是被摄者自我状态的真情流露。

2. 摆抓结合

新闻摄影的摆拍不能像雕塑那样给对方摆一个架子，刻意追求一种造型，那样处理的结果是只有造作，没有真情，与新闻的本质——真相悖。新闻摄影摆拍只能给对方某种启示，至于什么姿态，什么表情应该由被摄者自主并且应该给他（她）一个自我发挥的空间，这便是对被摄者的精神释放。

在其自我发挥的阶段，对方的姿态（影响构图）、神态（影响画面的情感意识）在不断地变化，摄影者此时的责任就是密切注视并思考变化可带来的画面效果，在对方神形兼备而含蕴某种精神意味时抢拍。

图 115 是在黄帝后裔的老宅里拍摄的，那天我带学生实习，在墙面上发现凹陷在墙体里的人像很有意味，如果只拍这幅平面影像未免单调，为了增加人气，拓展画面的时空，我招呼一个学生过来，在他立足未稳向里窥视时我按下了快门。这也属于摆拍照片，但动态与静态的人都是“采风行动”里存在的，如此摆拍没有改变事物本质，在没有丧失真实性原则的情况下采用“摆抓结合”法，照片更有看头。

图 115 遗弃的家园，2003 年 9 月荥阳潘窑

3. 避重就轻

在摆拍的过程中，有时费九牛二虎之力也摆不出名堂。在这种情势下，双方的精神都需要释放。此时被彻底释放的应先是对方，摄影者只能从原来摆布的模式中释放自己和为达到释放对方的目的佯装“不拍了”的表面释放。此时对方可能会出现一种轻松感，或者在某一瞬间想起了什么，或者在一瞬间暴发出爽朗的笑声，这几种情态都是真情实感，摄影者应根据人物原有的精神特点，抢拍与其个性特征相应的瞬间情态。

第十二章
现代新闻摄影提炼

随着文化的发展和读者对新闻摄影质量的进一步要求以及新闻摄影的自身进化，现代新闻摄影更需要重视提炼。

新闻摄影提炼，就是摄影记者在新闻摄影观察中用新闻摄影的眼光从人生、社会与自然中筛选出具有新闻价值可供传播的新闻情景。每一幅新闻照片在诞生之前都必须经过提炼这一过程。

第一节 提炼的作用与特点

一、提炼的作用

新闻摄影初学者往往有一种见什么拍什么的习惯。其新闻照片之所以拍得不好，是因为缺乏提炼意识，不了解提炼的作用。

1. 提炼是获得新闻唯一的途径

新闻形象存在于人类社会与自然界，它的存在不是普遍的、均匀分布的，是自然存在着的个别现象，要获得这种现象就必须提炼，不提炼便无法获得新闻题材，难以获得真正的新闻照片。

2. 提炼就是抓取事物的本质

新闻照片强调思想性，其思想与意境是事物本质在画面中的具体体现。一个摄影者如果没有提炼意识，就等于在茫茫世界里盲目抓取，也就抓不住事物的本质，无法获得形象饱满、精神充实的新闻画面。

3. 提炼的结果是获得决定性瞬间

新闻摄影最终所应提取的是能代表整个事物的决定性瞬间。这个瞬间与整个世界相比，只是其中的一个细节，因而每一幅新闻照片都是这个世界中的具体形象，都必须由提炼而产生。

二、提炼的特点

任何一种形式的新闻都是由提炼得来的，但不同新闻类别有不同的提炼特点，认识其特点，就能在短时间内进入理性运作状态。新闻摄影提炼也是这样，一旦认识其特点，就能顺利进入新闻摄影成功之路的“快车道”。

（一）提炼必须在现场进行

现场纪实是确保新闻照片真实性的途径，新闻照片从发现到摄取都离不开现场，提炼则必然要在现场进行。现场提炼这一特点决定了摄影记者拍新闻照片必须走出家门，深入生活、深入实际、深入现场筛选新闻画面所需要的东西。

在深入现场提炼的过程中要想卓有成效，摄影者必须做到以下几点：

1. 多跑

摄影记者成就的积累无一不是建立在多跑基础之上的。古人云：读万卷书，行万里路。学摄影亦须如此，摄影人业务素质的提高需要理论与实践结合，跑的过程就是对理论消化和加深认识的过程。跑得多了见识自会增多，心胸自会开阔，人生的抱负自会丰满。为此，报社的记者、自由摄影师为了事业才不辞劳苦，一年四季总是风风火火地在生活中闯荡，总是忙忙碌碌地活跃在新闻现场。

2. 多看

多跑的目的就是多看，见得多了学识才会广。作为一名摄影记者所应掌握的不仅仅是相机的操作、用光、构图和按快门，还应具备社会、政治、经济、军事、科技、法律、道德、文学、艺术等多方面的修养，因为记者的职业特点决定了记者必须认识各种事物，应对各种事物，报道各种事物，如果缺少某一方面的修养，在遇到某一新闻素材时也就不能深刻认识，则新闻报道也就不深不透。

另外，新闻摄影题材一般要在广泛的观察中通过筛选去粗取精，以此保持新闻照片的质量。正因如此，中国许多摄影爱好者与职业摄影师才不满足于周围的活动空间，想方设法地接触各种社会现象，接触各种社会环境。正是出于这种目的，西方记者罗伯特·卡帕以及卡尔·布勒松等人才不远万里来东方的中国进行采访。

3. 多问

在多跑、多看中我们常常见到一些陌生的东西，或见到不理解的东西，这时就需要就地请教他人，通过打听访问也就懂得了事物的名称、作用、社会价值，从而准确地判断出事物有没有新闻价值。

能否多问与个人的性格有关，富有好奇心、性格开朗的人把问作为一种乐趣，这样的人会获得大量信息；内向沉稳的人一般不习惯多问，这对新闻摄影来说，不能说不是一种缺陷，过于少言寡语，缺少沟通、交流，必然影响其知识积累和工作效率。要做高产的摄影师，前一类性格者应张扬自己的长处，后一类性格者应克服自己的短处，养成多问的习惯。

4. 多记

摄影采访就是把看到的和听到的东西记下来。记，一是要用脑子记在心里，这是一种主要记忆方式；二是要笔记。大脑的存储能力有限，记得多了，时间长了，有些细节就会忘却，而笔记是不会轻易抹掉的。有关事物的时间、地点、名称、过程、细节、详细结果以及作者的感受都有必要做笔记，到写照片说明词时笔记也就派上了用场。真正的摄影师是文化人，应该有带笔、带本子做记录的习惯。

5. 多思

新闻摄影观察发现的过程本身就是形象思维与逻辑思维的过程，只有通过思考才能由事物的表象看到事物的本质。新闻摄影的全部过程就是提炼的过程，而提炼的全部过程就是自始至终大脑支配行动的过程。

6. 多拍

新闻摄影是一种实践性很强的学科，君子动腿、动眼、动脑、动口，也要动手。只有多动手才能对事物深切体验，才能从生活中提炼更多的画面，提炼更多的精品。

(二) 提炼必须宏观与微观结合进行

自然界有些新闻事物涉及面宽，有些涉及面窄；社会新闻有些场景规模大，有些场景规模小；人类日常生活新闻有些新闻人物涉及的人多，有些新闻人物涉及的人少。其景物的宽大，社会场景规模大及新闻人物涉及的人多的共同点是宏阔；景物的窄小，社会场景规模小及新闻人物涉及的人少的共同点是相对微小。鉴于新闻事物有宏阔和微小之别，因此，新闻画面提炼就要用宏观与微观结合的方法进行。如果认识不到这一点，只在大范围观察或只盯着局部场景，必然会丢弃另一部分新闻题材。

(三) 提炼必须思考与行动结合进行

新闻摄影思考是认识事物揭示其本质，寻找表现方法所不可省略的过程。思考的目的就是理智的行动，找到一个最佳拍摄方案以获得高质量的新闻照片，因此，提炼新闻照片必须在思考与行动紧密结合上进行。

因新闻事物运动的节奏快慢、有无，其思考与行动的时间间隔也就长短不一：静态性新闻事物没有运动的节奏，从思考到拍摄允许有一个时间段；多数预知性新闻因其预先知道计划与进程，可以先思考后行动；变动性新闻、预知性新闻的突发现象和突发性新闻的精彩瞬间因其是未知数且显现的时间较为短暂，思考与行动便须同步进行，否则就难以提取决定性瞬间。

新闻事物的时间跨度长短和情节的多少，决定思考与行动结合的次数的多少。某些时间跨度特别短，情节特别少的突发性新闻及其他类别中的突发新闻现象思考与行动只能结合一次，如果照相机没有连拍系统的话，则只能获得一幅新闻画面，在这种情况下，成败仅此一举。对于有时间跨度，情节多的预知性新闻和变动性新闻及不受时间制约的静态性新闻则可思考与行动反复结合提取多幅光照效果、空间画面结构、视觉感受不同的新闻画面，即使相机没有高速连拍功能同样可达到预期目的。

第二节　提炼的方法

新闻摄影提炼的方法是众多实践者用汗水与心血踩出来的一条路。

一、从普遍现象中寻找个别事物

尽管新闻是新近发生或发现的事物，存在某种特殊性，但是它们并没有生长在空中楼阁上，而是与普通事物共同扎根于自然和生活的土壤中；大量的新闻原本是普通事物，只是经过其内部运动及外部运动影响发生某种变化后才有别于普通事物的；普通事物的数量在整个世界中占有绝对优势，新闻事物被普通事物裹挟包围在其中。在这种情况下，要想得到新闻摄影的题材就得从普遍现象中寻找个别现象。

新闻的数量与空间的大小有关。虽然新闻事物没有均衡的局面，但总体看，其数量的多少与空间的大小有一定关系：空间大，发生的数量相对多；空间小，发生的数量相对少。摄影者要想拥有大量新闻题材，获得丰硕的成果，就应设法拓展自己的活动空间。

新闻的数量与摄影观察的细致程度有关。摄影师对生活应该有绣花时的那种耐心，无论存在于宏观还是微观的新闻，都需要通过细致地观察去发现，如果走马观花，一些新闻事物就会从眼皮底下溜走。

二、从个别事物中寻找个别形象

一件新闻会直接、间接地涉及多个分体形象。在这些形象中有的是典型的核心形象，有的是次要形象，有的是更次要形象，甚至还有重复的更次要形象。在主次混合的情况下，我们便不能不加区别或不分轻重地将其全部摄入镜头，那样是难以把事情说清楚的。要实现自己的表达意图，拍摄前必须先找出个别典型的核心形象以及说明事物所不可缺少的相关形象，有取有舍地进行提炼。

三、在个别形象中寻找个别视角

同一个新闻形象，从不同方位观察便有不同的视角，在不同视角上取景会产生不同的画面形式，这些形式多数不尽如人意，或平、或俗、或杂、或有某种残缺，只有相对完整、相对新颖、相对有形象表现力、相对生动的画面形式才是我们摄取的对象。这种可取的视角通常难以在第一视点上发现，而是在变化比较中发现的。

四、在个别视角中寻找个别状态

找准一个空间透视满意、形象结构生动的视角随即按下快门未必能获得精彩的新闻画面。优秀的新闻照片必须是动人的外壳（画面形象相互联结成的整体轮廓，即画面形式）与动人情感的结合体。拍摄对象的情感在不断地变化，有时情淡，有时情浓，有时情感还会转移，在这种情况下就必须用等待的方法酌情捕捉最有感染力和说服力的精神状态。

五、在个别状态中切出部分空间

法国抓拍大师卡笛尔·布勒松在谈到底片空间利用时说："摄影家的本领就是以选择的方法给原来没有界限的自然划出界限。"布勒松之所以如此概括摄影最后一个提炼过程是因为每一件新闻事物都要占据一定的范围，在事物之外还有很大的天地，而底片画面对物像的容纳力是有限的，要有效地利用底片，就应通过照相机的取景框切出部分空间，这一空间必须是相对凝练，相对独立、完整并能足以表达某种意向的画面场景。

第十三章 现代新闻摄影表现

在人们看来，新闻摄影是一种简单劳动，摄影者的作用就是学会操作照相机，然后用工具把生活翻拍下来。如此拍摄的照片质量如何呢？实践证明，其画面不是残缺不全就是主次不分、杂乱无章，甚至不能切中实质，拍些浮躁的表面现象。那么，怎样才能把照片拍出章法，拍出生机，拍出味道，拍得深刻呢？表现，是打开成功之门的金钥匙。

新闻摄影表现是利用新闻现场客观存在的某些条件，通过场景的大小选择，透视方向的选择，机位高低的选择以及对比、呼应手法，使画面空间利用更得当、形象更生动、感情色彩更浓郁、主题更深刻。这一过程是作者对生活感悟的过程，借助相机表达情感的过程，主动把握视觉语言的过程。

第一节 新闻照片的主体与空间表现

不管你有意无意把握画面空间与主体的关系，两者总在影响着你的画面场景和主体的关系。场景与主体形象的大小比例，对主题表达至关重要：在需要表现主体形象存在的特定环境，以此说明事物的关联、由来的时候，主体便不能占据整幅画面，否则，画面是令人费解的，难以表达作者的主观愿望；在某一有魅力的形象自身就足以说明了问题的情况下，我们应集中精力以选择姿态和情态的方式刻画好这一形象，没有必要把他推向远方，不然，画面也就主次不分，失去形象优势，同样难以达到预期目的。

空间与主体的大小在画面中呈反比关系：空间大，主体形象变小；空间小，主体形象变大。决定其大小比例的是拍摄距离的变化和镜头焦距的长短变化。用一只镜头，距主体形象远近不同，所摄取的影像大小就不同：距离远——主体小，空间大；距离近——主体大，空间小。同一拍摄场景在同一距离用不同焦距的镜头拍摄，其影像也会发生大小不同变化：镜头短——摄取的场景大，主体小；镜头长——摄取的范围小，主体大。变焦镜头，尤其是高倍率的变焦镜头在场景调度方面占有优势。

随着拍摄距离的变化和镜头长短的变化，可产生下列五种空间大小不同的景别，每种景别对新闻场景都有一定的表现力。

一、用远景表现深远

镜头对准远处的目标摄取的画面即是远景。远景画面的空间特征是：上下左右的空间较大，透视深远，着重表现的对象没有突出的前后差别，整幅画面给人以遥远宽松感。

远景好拍，但拍好一张远景照片却要费些功夫。好的远景照片首先要有一个具有新闻价值的拍摄目标，这一目标或者是奇丽的自然景观、人文景观，或是某种苦难的人生场景（见图 116）。其次，整幅画面还应有体积、面积、高度、色彩、形态上的变化。“变化”在这里的作用是打破单调、平淡无味的局面，营造画面的新闻情趣。

图 116　回故乡之路——卢旺达难民（美国 Thomas Hurst）

二、用全景表现全貌

在较远较高的拍摄点上把某一场景相对完整地收入画面并按下快门即可得到全景照片。全景画面的特征是场景相对大，整幅画面具有宽松感和完整感。目标的体积、规模不同，其全景的空间大小是不同的：一个人物的全景形象比一个群体的全景空间小；一座楼的全景比一座城市的全景空间小；而一片森林就比一棵树的全景的视觉空间大。空间大小不应成为我们的追寻目标，利用全景画面展示规模的庞大，渲染一种浓厚的气氛，充分表达画面的主题思想才是我们利用全景画面的根本目标。

全景画面对大范围的新闻场景具有表现力，图 117 展现的是水源告急的情景，这张照片用全景画面把取水人的群像囊括其中，较好地表达了水资源匮乏的严峻性。

图 117　1998 年中原大旱，嵩山脚下的山民吃水告急

三、用中景表现情景交融的新闻情景

在主体形象神形兼备，周围存在一些与主题表达不可缺少的物象时，应

采用中景构图。中景画面的摄距比全景近，比近景远；其画面空间比全景小，比近景大。这种画面形式既可用来刻画拍摄对象的神态和姿态，也可摄入部分衬景，选用准确可达到情景交融的表现目的。

图 118 表现的是黄土高原的三个小伙伴的一次“信天游”，三个人的激情四溢，用歌声抒发他们萌动的信念与理想，中景构图兼顾了人的情态、姿态与特有的自然形态，把人与其生存的环境有机地结合在一起，使画面充满了地域特色和豪迈气息。

图 118　唱醉的时候——豫西黄土高坡上的自发童声合唱

四、用近景表现局部特征

在中景的基础上进一步接近拍摄对象，某种无关紧要的部位被取景框排除在画面以外，其重点部分变得比中景突出，这就是近景画面。

近景的画面空间特点是：主体形象所占比例大，环境所占比例小，整幅画面有紧凑感，主体的视觉强烈。

近景画面适合刻画人物或动物的情态，强化某种自然物的姿态。图 119 中的藏族同胞个性鲜明。用近景刻画达到了事半功倍的效果。

图 119　藏人肖像（吴世成）

五、用特写表现细微特征

用照相机对人或自然物的某一有新闻价值或审美价值的局部进行集中刻画的画面为特写。

特写镜头的画面特征是：形象充实丰满，拍摄对象的周围空间极少或没有空间。

这是一种极具表现力的画面形式，通过它透视人的面孔、手或脚，可细致、深刻地揭示人的外在和内在特质。图 120（见书前彩色插页）为人物特写，这种景别直逼其充满岁月痕迹的面孔，把一个百岁寿星刻画得活灵活现。

特写对某些潜藏在微观世界的自然物更有表现力，它能把一个庞然大物的某一细微部位展示在我们面前，使你惊叹不已，也能把某一细小的物体放大，通过一滴水见到太阳，见到人脸，见到猫头，见到山峰。

特写镜头的表现力和长焦镜头有不解之缘，镜头焦距越长越得心应手。

第二节 新闻照片的情感表现

情感是新闻照片所不可缺少的成功元素。画面情感的浓淡，除了取决于拍摄对象自身流露之外，摄影师取景的方向也会对其产生影响。

一、用正面形象强化内心情感

正面是人或动物最有代表性的一面，人与动物的五官也都由正面生长向外展示着，即使是一幢建筑物设计师也把代表性的结构设置到了正面。正面是最完整的一个拍摄角度。

由于正面形象的完整性，从正面拍摄人物的心理活动，可达到最充分、最透彻的程度（见图 121）。如果拍摄对象声泪俱下，从正面取景其画面的气氛也就格外悲伤；如果拍摄对象喜形于色，从正面拍摄的照片气氛也就格外欢快。

图 121 身陷黑心窑厂被解救的民工，2004 年郑州（白韬）

拍摄对象情绪的强弱影响正面拍摄的质量：情绪弱，正面的分量轻；情绪强，正面的分量重，拍摄时当选择后者。

二、用侧面形象表达某种情感特征

从侧面看人的情态，虽不如正面那么强烈，但侧面的姿态往往比正面生动。例如图 122 表现的是人物交流的情景，作者从一侧取景，充分体现两个人交流的状态，成功地展示了一个默默无声的情感世界。

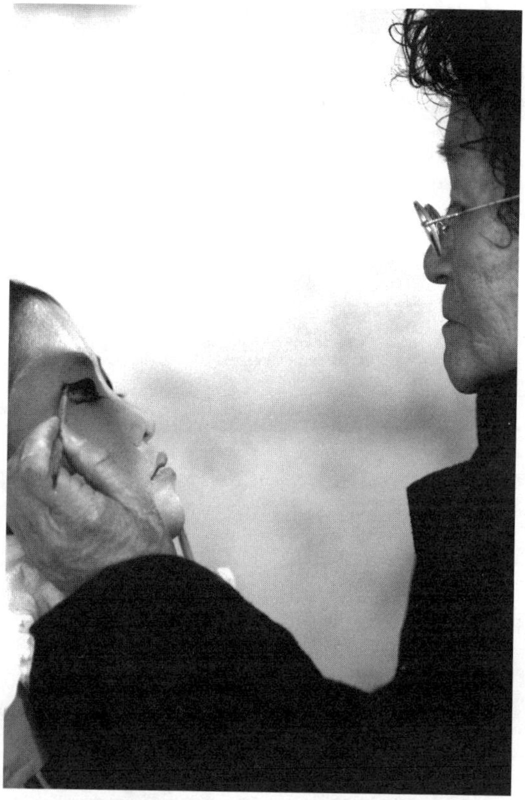

图 122　浚县正月游春前的彩妆

侧面取景也可把具有新闻价值的动物交流情景拍得意味隽永。具有新闻价值的建筑物在侧面拍摄，再选择逆光照射，其静态的物质形态也会呈现人文气息。

三、用背面形象表达抽象情感

在人的背面看不到面部的表情，给人一种朦胧含蓄感。然而人的心灵支配行动，有时人的意向、情绪会通过体态反映出来。从一个赤手空拳、单枪匹马者背后透视远方全副武装的军警群体，我们可以感觉到主体形象不畏强暴的精神品格（见图 123）；在德国法西斯将要进犯法国，戴高乐将军面对大海沉思时从他的背影中人们可以感应到他那颗跳动的心；在一对恋人背后，两只交叉的手共握的那束鲜花上可使人感受一片情……

图 123　单枪匹马——荷兰街头，赤手空拳的示威者面对武装军警（世界新闻摄影比赛参赛作品）

当然，并非每个人每时的背影都有拍摄的价值，至于何人何时的背影值得一拍，这是一个未知数。但是有一点是可以肯定的：心存背影意识，发现了令人心动的背影按下快门总会有所收获。

第三节　新闻照片的气势表现

气势，即新闻照片中的气派和声势。气势有无、大小直接影响画面的感染力，没有一点气势的画面无力刺激人的神经，气势浩大的画面则可产生震撼力。当然，因题材特点不同，我们不能对所有的新闻画面强求大气势，对人与自然界中某些和平的新闻景象则可强调气势。气势与气氛的实质是情调，气势的情调强烈，气氛的情调相对平和，在新闻照片中二者必具其一。

照片画面中的气势大小和气氛的浓淡与拍摄对象运动强度以及整体的规模有关，与照相机镜头对事物透视的高度也有密切关系。摄影者在此的作用一是选择拍摄场景，二是通过拍摄高度的变化去主动把握。

一、平视拍摄平和气氛

真真切切的生活，朴朴实实的人情在平平和和的高度上取景可获得情真意切的画面效果。用这种平易近人的目光看待人、表现人，其画面形象自然平实可及。对美好人情拍摄是作者对被摄者的一种认同，这时作者的视点对读者也就起到了视觉传导作用，当读者的目光从画面上触及了作者眼里的人和事时，作者、被摄者和读者也就实现了心灵的碰撞与沟通，这便是平视拍摄的魅力所在。

平视拍摄适合表现普通人也适合反映国家领导人生活的一面。1987 年春节团拜会，国家领导人杨尚昆与王平见面时开了一个“新式武器”玩笑，在场的一位记者遂以平视取景的方式摄下了一个诙谐的一瞬，此片问世受到众多读者好评。图 124 是世界新闻摄影比赛“新闻人物类”组照《巴格达人民》的其中一张照片，作者拍摄这个专题的目的是与美国政府意志相对，展示伊拉克人平和的一面。

二、仰视拍摄高昂气势

照相机在主体形象下方镜头由下向上仰视触按快门是仰视拍摄。

仰视拍摄的画面形象特征是上窄下宽，稳重而庄严，具有一种高昂的气势。在这一视点上拍摄英雄与伟人，带有敬慕、赞颂的色彩，其视觉效果是强烈的，因而这也是一种极具情绪化的拍摄角度。

仰视拍摄可用来强调建筑物，山峰的雄伟气势，如珠穆朗玛峰从下向上仰视取景，你可强烈地感觉到这是“世界屋脊”，若从飞机上向下观望你很

图 124 巴格达人民组照之一（法国 Hien Lam-Duc）

难相信它是世界上的第一高峰。一座摩天大厦由下向上看气势恢弘，如站在另一座摩天大厦上拍摄，原来矗立在你心目中的那种高大形象会荡然无存。

仰视拍摄可强调人或动物的跳跃高度，诸如大雁在空中飞翔，撑竿跳运动员的凌空飞跃，戏剧舞台上孙悟空的凌空翻腾均有很强的表现力，就连 1998 年世界杯足球赛足球名将巴尔泰兹的突然一跃也大有猛虎下山不可战

胜的气势。图 125（见书前彩色插页）更有不俗的表现，作者用仰摄的方式把“步入天堂”的艺术人体真的送上了太空。

三、俯视拍摄广博气势

新闻摄影的成败与客观条件有关。然而一个颇具特色的场面在不恰当的高度上拍摄可能会断送一个好端端的题材，如图 126 在平面高度上拍摄闹春的人就必须下到天井院里取景，那样做不仅看不到其环境特色，也不能摄取其闹春的全貌、表现事物的规模气势。

图 126　陕县张村天井院正月闹春

俯视拍摄的画面透视深远，纵深感强，拍摄大规模的人物活动和大规模的自然景观显得格外壮阔。基于俯视拍摄的宏观表现能力，许多记者拍摄大型集会喜欢选择制高点：桌面、墙头、树杈、屋顶、山腰都可能成为拍摄点，一些军事记者在拍摄大型军事演习时竟然把机位选到飞机上。

对那些数量少、规模小的场景用俯视拍摄法不仅无助于气势表现，还会把场景拍得更小、更冷清，但这种视点却与一般的平面取景有着明显的视觉区别。

第四节　新闻照片的画面语言表现

不用口头和文字解释，画面以其自身的形象关系和形象特征表述的情节与意境即是画面语言。画面语言是作者用形象思维和逻辑思维方式表达事物的结果，也是新闻照片素质的最高体现。画面语言也称形象语言，它所传达的是真正的图像信息，可有力地发挥新闻摄影的社会功能。

画面语言分直观、抽象两种语言。直观的画面语言就是画面形象具有明确的行为和意向，人们一看便知作者的意图；抽象的画面语言，是主体形象带有某种朦胧含蓄感，通过解读画面各种形象关系后，可使人感悟其中所蕴藏的丰富意境。

画面语言形成的各种因素虽是客观存在的物质条件，它要求摄影者首先认识，并予以利用。除此之外，有些画面语言的形成还必须借助于提炼及表达的方法。

一、反衬表现法

某一视觉因素与另一视觉因素形成反差对比，可以反衬主体的形象特征和精神境界，达到强化主题思想，扩展、延伸画面思想空间的目的。

1. 在体积上营造画面语言

当一大一小两个拍摄对象同时出现在一个场合，通过典型瞬间抓取主体得以强化即是体积对比，这种对比称作“大小对比”。

大小对比是常用的一种表现手法，我们可利用人与人的体积的差别，人与物的体积差别，物种之间的体积差别进行对比。任何一种被摄体经过对比都能增强形象表现力，形成“潜台词”。图 127 为人与鸟的体积对比。大与小是相比而言的，在这幅画面中因为有了人的高大，我们才感觉到鸟儿的小；反之，也正是因鸟的小巧，才感觉到人的雄风。大与小的反衬促使我们对两个并存的物体进行审视。图 127 的影像之间还存在着另一种反衬，这就是历史与现实的并存、反差与辉映。读了这张照片，我们可感受到一种岁月的悠久感，在动与静、今与昔的交会中对中华民族曾经的风云变幻和人世变迁作深深的思考。

图 127　2003 年的宋皇陵

2. 在高度上营造画面语言

当某一新闻人物与另一人物形成明显的高低反差，或人与某一具有内在联系的物体形成高低反差，或两个有新闻价值的物体形成高低反差，作者有意将其摄入镜头，以此达到强化某一拍摄对象即是“高低对比”。

高低对比不仅可以打破画面布局的冷清局面，由此而营造的画面语言也是显而易见的。以图 128 为例：画面左边的士兵高，右边的将军低，但将军的分量却不低于士兵，并且他是崇高的，值得敬慕的，因为身体残缺的将军曾经是一个为国立过赫赫战功的英雄，当他来到青年一代面前，这些后生会情不自禁地向他致以崇高的敬礼。如果作者没有采用高低对比的理念处理这个题材，我们很难读出如此多的信息。

图 128 崇高敬意——俄国街头的历史瞬间

3. 在数量上营造画面语言

照片画面是一个有限空间，在这个空间里所有的被摄体分成多少不同的两个部分，人们会自然地揣摩作者的意图，探究多与少的存在意义。有许多时候少的部分因其特殊而更能引起人们对他的注意。图 129 就是一例：这幅画面中的人很多，但却条理清晰，层次分明，整个画面就是围绕“多少关系”与读者进行视觉对话。这里“少”者依然是被人们重点关注的对象：他为什么与众不同？一个不在参赛行列的人为什么跻身运动员的行列？当辨明其身份的时候才知道了他精神的可贵。

图 129 美国西雅图圣·帕特里克的 1993 年万人长跑（美国 Tom Reese）

在数量上进行互相反衬的叫“多少对比”和“繁简对比”。前者多指人与人的相互反衬和动物之间的反衬；后者多用于植物的相互反衬。这两种对比法对画面所作的贡献不只是营造画面语言，繁简与多少本身就能构成轻重对比的构图，也能起到激活画面的作用。

4. 在距离上营造画面语言

一个（或一部分）拍摄对象离镜头近，与其相同、相关、相反的另一个（或一部分）拍摄对象离镜头远，以此强调纵向透视拍摄的是“远近对比”表现法，亦称作“前后对比”。

这种表现方式可以扩展画面的纵深感，它的出色表现是引导人们观察思考前后视觉关联或意义关联的影像关系，使画面的内涵得以延伸。图 130 为“远近对比”中的一个范例。此作品利用远近关系将三个视点收入画面，其视觉信息超常丰满，人们在阅读这幅画面的时候，能够感受到画面所传达的立体信息。

远近反差的最佳武器是广角镜头。这种镜头视角宽、景深长，可把主体形象拉近，把后景推远。由于广角镜头的景深大，在造成强烈的视觉反差的同时，前后影像的清晰度均有保障。

图 130 2002 年 2 月，以色列袭击巴勒斯坦贝拉特难民营（玛格南 Iikka Uimonen）

5. 在线条上营造画面语言

每一种线条都带有一定的感情色彩：垂直的线条代表着庄重与尊严；横线代表着平稳与安定；斜线代表着危险与邪恶；委婉的曲线代表着幽雅与流动；不规律的曲线代表着复杂与曲折；多种线条混合代表着混乱。生活中到处都是线条，山峰是曲线，水波是有规律的短线，树木是直线与曲线的结合体，房子是横线与竖线的结合体，家具有横竖两种线条支撑框架并由其他线条装饰；人站立时是一根直线，弯腰时是曲线，人的胳膊、腿、鼻子、眼、眉、头发乃至指纹都是长短粗细不同的线条，一句话，我们生活在线条中，线条影响了我们的生活，同样影响着摄影画面的语言表达。线条对画面情感的一般影响是单一的线条出现在画面中给人一冷清单调感，相同的线条出现给人以节奏、韵律、热烈感。比如，当一个亭亭玉立的女孩（直线）与一个驼背老人（曲线）出现反差被收入一幅画面之后，或许能使你对人生有一个深深的思考。

有意利用曲线与直线反差营造画面语言的是“曲直对比”表现法。此外，我们还可利用线条的粗细、长短关系营造画面语言。

6. 在色彩上营造画面语言

色彩比线条对人的情感影响更直接。当我们看到红色会产生温暖、炽热、欢乐、幸福、美好的感觉；看到绿色我们的心中也就注入了凉爽，注入了希望与生机；看到黄色似乎看到了富贵；看到白色便有一种纯净、圣洁感；看到黑色时，心里也就平添了一份沉重。

从感情角度讲，色彩可分为冷暖两类色调，其中红、黄、紫色为暖调，白、黑、绿、蓝色为冷调。新闻照片的情与意紧密相连，在客观条件允许的前提下，酌情利用“冷暖对比”可深化主题思想。图 131 的作者就巧妙地利用黑红在情感上的象征意义：人物身上的红色象征着她人生仅有的那点享乐，其身上与背景的黑色则是对其人生苦难的暗语表述。

图 131　肯尼亚的艾滋病与色情业（法国 Laurent Monlau）

7. 在视觉情状上营造画面语言

用摄影技巧和用构图形成种种视觉反差者，皆可程度不同地扩展画面的想象空间。

用追随摄影或慢速曝光方法使影像动静反差叫“动静对比”。将这种表现方法用到新闻摄影中，可使画面的静衬动，动推静，通过相互烘托，其主体形象便分外活跃，从而超越照片的静止，把人带到流动的世界，去体味人与自然的奥妙，体味人间的酸甜苦辣。

用大光圈控制景深后，主体栩栩如生，背景博大幽深，其精神的驰骋也就超越了画面界定的物质范围。这种表现手法便是“虚实对比”。

在主次抗衡，取景框里的影像落入俗套时，不妨用“藏露结合”的方法把次要部分藏起来，让重点部位露出来，此时镜头把注意力集中到整个事件的趣味点上，画面也就变得洗练，其意义会更加深刻（见图 132），而那些被遮掩舍弃的部分反倒成了人们想看不能见，不得不去神游遐思的精神空间。当然，于德水这幅忍俊不禁的新闻照片的精彩之处在于他用浪漫主义情怀抒发了劳动者丰收的喜悦和壮志豪情。

图 132　周口徐砦的打麦场上（于德水）

8. 在生命状态上营造画面语言

人生在世可能有各种遭遇：有幸福，有苦难；有欢乐，有悲伤；有关爱，有愤恨；有生存，也有死亡。这些都是生命状态的具体表现。

在摄影表现中，如果把发生在同一场地两类不同性质的情景分开拍摄，而抛开矛盾的另一方可以组成一个完整的画面表达一个完整的主题，但与把矛盾的双方同时摄入一个画面形成强烈的视觉反差相比，其画面语言显然乏味得多。

在生命状态上常用的表现手法有“悲欢对比”。当某一地方出现悲欢两种不同的现象时，通过取景框将其套在一幅画面中，也就等于注入了形象活力，注入了新闻情趣，注入了意蕴。

在生命状态中值得一用的表现手法还有“生死对比”。生死两种现象同时在一处出现的机会难遇，在日常生活中车祸、行凶抢劫以及生者为死者吊唁等现场有利用这种表现手法的条件，在战争期间则常可遇到这种景况。问题的根本不在于遇到的次数多少，而在于有没有对比意识，有了对比意识就会通过角度的选择，景别的选择，时机的选择，千方百计地把一个刻骨铭心的场景（见图 63、图 106）表现好。

二、和谐表现法

利用新闻现场某一新闻形象和另一新闻形象动态、情感的协调，增加画面情趣，强化某种氛围营造画面语言的拍摄方法叫“和谐表现法”。

和谐是世界上最美好的图景，人与人需要和谐，人与自然需要和谐，团体之间需要和谐，国家之间需要和谐。全人类和谐之时也是世界和平到来之日。新闻摄影展示和谐情景就是倡导精神文明，对人类道德和社会进步都会产生积极影响。尽管当今世界有诸多矛盾，诸多纷争，但我们依然可在人与人的交往中、人与自然的交往中以及自然现象中看到和谐的一面。就摄影表现来讲，我们可从以下两方面着手：

1. 在同类和谐中营造画面语言

人与人、动物与动物、自然物之间，相似、相同与密切友好交往即是同类和谐。

在人与人和谐中又分人种和谐、性别和谐、年龄和谐。人种和谐包括同一人种与不同人种和谐；性别和谐包括同性和异性和谐；年龄和谐包括同一年龄和不同年龄和谐。

人与人的和谐应体现在相互之间的紧密联系或神情动作的一致，为了一个共同目标而采用的行为方式。如图 133，总统与士兵分别用不同动作表达了一个共同心声：祖国的利益高于一切。不用文字解释，画面中两个人的体态语言向我们传达了这样一个特定信息。摄影师的任务是解读语言符号，利用瞬间所形成的高度和谐状态，选择紧凑、别致、生动、恰当的画面形式向读者传递思想意向。

郑州晚报

国际 娱乐

The Zhengzhou Times　用新闻纸建设郑州　2003年

用战争促和平？

布什为“攻伊合理”再加砝码

新华社供本报特稿　正当人们担心可能爆发的伊拉克战争会为中东地区造成新的不稳定因素时，美国总统布什26日却多方举例，从他的角度证实，一旦解除萨达姆拥有的大规模杀伤性武器，“中东地区和平将进入一个新阶段”。

布什当日在美国企业研究所对他的保守派支持者讲话说：“‘倒萨’的成功将使中东和平进程进入一个新阶段，推动一个真正民主的巴勒斯坦国向前发展。”

布什说，失去了外界“支持恐怖分子”的援助，正处于改革中的巴勒斯坦将会更好地选择出“致力于和平、真正[illegible]成为一个“永远解除恐怖手段的和平国度”。

布什认为，将在解除萨达姆武装中受益的不仅是巴勒斯坦一方。“摩洛哥、巴林还有其他许多国家都在脚踏实地地从事政治改革，伊拉克建立新政权将为这个地区的其他国家设立一个鼓舞人心的自由例证”，鼓励他们推进各自的“民主化改革”进程。

对于中东地区的前景，布什声称，伊拉克不会再因为拥有大规模杀伤性武器而成为这一地区的威胁，“一个解放的伊拉克能够发挥自由的力量转变这个重要地区，为千百万人带来希望，使他们的生活得以改善”。

布什在讲话中强调：“我们将尽可能地留在伊拉克，但一天也不多待……美国无意确定伊拉克新政权的确切形式，这应由伊拉克人民自行决定。但我们必须确保伊拉克不会出现一个残暴的独裁者代替另一个独裁者的状况。”

图133　对伊开战前的美国白宫(《郑州晚报》报样)

动物之间的和谐包括种群和谐，大小和谐。种群和谐包括同类动物之间以及一类动物与另一类动物和谐；大小和谐包括大小相同的动物和谐和大小不同的动物和谐。

动物之间的和谐应体现在相互之间的情感交流以及动态的协调一致

(见图134)。动物之间和谐显然不是两个或两个以上的群体一般的吃草、行走和睡眠，而是在相互释放情感中碰出了精神火花。

图134 南极企鹅（美国 Frans Marten Lanting）

自然物之间和谐分物种和谐与密度和谐。物种和谐包括同类物种与异类物种和谐，密度和谐是指诸多物体布局均匀对等。

自然物种类和谐应着眼于一物与另一物姿态的一致或形成某种视觉呼应，通过一致与呼应达到写意的目的。众多的物体布局均匀对等可形成强大的阵容和视觉节奏。

2. 在异类和谐中营造画面语言

人与动物、人与自然物、动物与自然物，相近、相同与协调现象即是异类和谐。

人与动物的和谐可着眼于人与动物的感情交流（见图135），人对动物的爱护以及动物对人类关爱的情景，通过对和谐瞬间的摄取，达到营造画面趣味，营造画面情感，营造画面意境的目的。

人与自然物和谐可着眼于人对自然的依赖、爱护的情景，通过和谐的画面，让人感受到大自然的美好、人类精神的美好，并可从中悟出某些人生哲理。

图 135　有福同享——太行山猕猴自然保护区动物管理员把猴子当他的孩子看待

动物与自然物的和谐现象比较少见，我们可取其视觉联系以及动物对自然的依存关系，利用形象的象征性传达一种自然情趣，表达一种美好的情感。

第十四章
新闻照片说明词编写

说明词是新闻照片的一部分，没有说明词，人们便不知画面所表述的确切情况，画面的意境也得不到完善、升华。

第一节 说明词的形式结构与内容结构

研究新闻照片说明词的形式结构就是研究说明词的外部轮廓，探讨说明词的内容结构就是探讨说明词的组成部分，即构成因素。

一、说明词的形式结构

标题+具体说明=说明词的形式结构

这是一个极为简单的构成形式。独幅照片的说明词为一个标题，一段具体说明；成组照片（简称组照，也称“专题”、“系列”）的形式结构为一个标题，一篇总说明和每幅照片的分说明。两者的区别是，后者的整体概括较前者详尽具体。这主要取决于各自的承受力：一幅照片只能用一段简短的文字说明去表述，如用长篇大论去解释，其整个形式结构也就形成了“图轻文重”的局面，照片“主角”变成了“配角”。而组照是多幅照片并占有较大版面空间以较大规模形式出现的，可用较详细的文字详述其前因后果，否则读者“只知其然，不知其所以然”。从整体形式结构看，一篇数百或上千字的文章只占整个组照版面的几分之一，仍能保留画面的“主角”地位，组照能够承受“文章”的介入。两者的另一个区别是前者的具体说明既是对整个事件的概括，又是对画面本身的介绍；后者的具体说明则只解说画面，不概括整体，因为“总说明”在前边已经作了整体概括。

二、说明词的内容结构

麻雀虽小，五脏俱全，这是人们对新闻照片说明词提炼与完整程度的一种评价。短短的几句话何以如此呢？我们知道，新闻照片是作为一种信息形式与广大读者见面的，既然它被作为信息传递，就要具备一个完整的信息语言表达体系，才能把事情的由来经过与结果讲清楚。

说明词的内容结构包括五个方面：

1. 时间

这是新闻必不可少的要素之一。新闻的基本概念是：新近发生或新近发现的新事物。那么，我们该如何让读者相信自己所摄取的情景是新近发生、新近发现的事物呢？时间就是最实际的交待。在说明词写作时如果避而不谈时间，就会引起人们的怀疑：这是啥时候的事儿？到底是“新”闻，是“旧”闻？一般情况下，旧闻重提是没有意义的。

2. 地点

凡事都有诞生地，地点关系到事物生成的条件，关系到事物的重要性。比如，某年某月的第一场大雪，如果在冰雪之乡下雪不足为奇，如果南国广州突降大雪就是稀罕事。此外，人们在了解新闻的时候本身带有“方向性”需求，看到地点后其大脑会立即产生地域概念，随着对画面的解读，会自然而然地融入一个特定的世界。例如一看到“塔里木盆地”人们会马上联想到浩瀚的戈壁；看到“西藏”时，马上会想起雪域高原。假如说明词里缺少地点要素，人们就会把画面情景视为“无根的草”。

3. 人物（或单位）

这是新闻事物的行为主体，更是必不可少。有些事物为个人所为，这一事物的主体便以个人名称出现在说明词中；有些为单位所为，便应以单位名称出现。用真实性来要求，人与单位名称是不能写错、写别的。

4. 原由

某一新闻事物因何而发生，经过是什么，都有必要用简明扼要的语句表述出来。

5. 结果

这是事物发展规律的必然反映，人们对新闻事物不仅关注过程，更注重结果。事物主体行为的目的，事物的重要程度，事物的典型性以及报道的价值都与结果紧密联系在一起。

照片说明词有了上述五种要素，也就构成了一个完整的信息表述的语言体系，就能把一件事情说清楚。让我们通过 1984 年世界新闻摄影比赛年度最佳奖照片《博帕尔大灾难》（见图 136）的说明词看上述五要素是怎样运用的：

图 136　博帕尔大灾难（印度帕布劳·巴塞洛缪）

博帕尔大灾难

1984 年 12 月 3 日，在印度拥有 70 万人的博帕尔市，美国联合碳化物公司开办的一家农药厂发生了一起震惊世界的毒气泄漏事故。这次事故使 2 500人丧生，3 000 人濒临死亡，约有 10 万人终身残废。这是正待掩埋的一个中毒身亡的儿童。

通过上面的叙述，我们知道了这一新闻事件发生在 1984 年 12 月 3 日；发生的地点是印度；肇事者（行为的主体）是美国联合碳化物公司；事情的缘由是因农药厂毒气泄漏对当地百姓造成了极大危害；其结果是 2 500 人丧生，3 000 人濒临死亡，约 10 万人终身残废；一个中毒身亡正被掩埋的儿童即是这次事故恶果的例证。话语虽然不多，却向我们道出了一个完整的新闻故事。

文字报道、电视新闻以及广播新闻写作都要求“五要素”贯穿其中，在这一点上新闻照片说明词写作与其他新闻门类是一致的，因为，它们统属信息传播的范畴。

第二节　标题与说明词的作用

标题与下面的具体说明从轮廓看是一个文字语言表述的整体。从其组成结构看又是两个语言表述部分，并且各自发挥着不同的作用。

一、标题的多重作用

1. 名称作用

名称作用是标题的首要作用。人有人名，树有树名，山有山名，甚至水、地乃至动物都有名称，照片自然也应该有个名字才便于被人们称呼。照片称呼的作用是多方面的：作者发稿登记，编者用稿和稿酬登记，编者给作者邮寄用稿通知单，影赛组委会填写入选获奖通知，电话通知获奖信息，个展自传中的成就叙述，职称申报成果登记等都需要直书其名或直呼其名，而不能把整段文字介绍写出来，或者念出来，尤其电话通告获奖信息时是需要直接通告照片名称的，如果把整段文字读一遍，既啰唆又浪费电话费和双方的宝贵时间。如若照片没有名字，在信息传递时也只能含糊其辞了。

2. 快速理解作用

虽然照片画面直观可视，读者可从各种形象看出画面的大概意思，但由于画面所记录的只是整个事物中的“一刹那”，这一瞬间状态在对整个事件概括上仍带有一定的模糊性。如果画面下边不设标题，那么就只能一字一句地阅读具体说明才能明确作者的意图，短时间内无法满足读者的阅读欲望；如果有标题存在，则无须阅读文字，只要扫视一下标题，即可明白画面的实质内容。

论证标题的快速理解作用，并非冷落或低估具体说明。标题所发挥的是让读者“基本明确”的作用，但要透彻地理解那一幅动人的画面，就必须阅读其详细说明。

3. 表达主题作用

主题是新闻照片的灵魂，标题是新闻照片的精髓所在。灵魂是无形的，标题是有形的，灵魂的主题理所当然地应该寄附于精髓的标题上去实现作者传情达意的目的。说到底，两者原本是一回事，只不过在提法上有所区别罢了。没有标题，新闻照片的主题就显得相对松散模糊；而有了标题，新闻照片的主题就相对集中明确。

4. 画龙点睛作用

古人把抽象的龙画好之后点上眼睛，龙便有了灵性，突然飞腾起来。新闻照片产生亦是如此，把拍好的照片标上一个切中精神实质的标题，画面即会变得更加生动。例如图 135 中人与猕猴都在享受西瓜的甜蜜，当冠以《有福同享》几个字之后，顿感画面透彻了许多，其情趣也更加浓郁了。

对有一定意向，可让人感觉到却又一时难以说清的画面，用一个高度概括的词语道破实质使画面变得更加生动有力，即是新闻照片写作过程的画龙点睛。

5. 深化主题作用

新闻照片拍摄制作完毕，我们无法再改变画面的形象和画面意图，然而，根据新闻事物确定存在的客观因素和画面某种象征性的因素，运用联想的方法选择一个与其象征性形象对应的词语，拓宽画面的思想空间，使其寓意更加深邃，标题也就起到了深化主题的作用。

鉴于新闻照片标题的多种作用，它不是可有可无，而是必不可少。目前中国有许多发表在报刊上的新闻照片没有命题的习惯，既然标题的作用如此之多，为什么就不给照片起个名儿呢？新闻照片没有名称，从图直接向具体说明过渡，显然是一种不规范现象，这种现象在世界新闻摄影比赛中是绝对看不到的。

二、说明词的建设性作用

1. 补充说明扩大新闻容量

扩大容量是说明词的主要功能。新闻照片的画面形象虽然可给人以笼统地感知，并且标题也已把主题思想点了出来，使读者基本明确了作者的表达意图（即画面的中心思想），但这还没有真正形成信息传播的框架结构，信息的内容也不够充实。事物因时、因地、因人而生，因故、因果而成，这是我们强调“五要素”的依据。这些要素贯穿在说明词之中，可使人立体地感受事物的轮廓。“五要素”所形成的只是一个信息框架，只有给框架里填充具体内容，其信息才会变得丰满。

利用“五要素”叙述新闻事物的前因后果的过程，就是对新闻画面进行补充，扩大新闻容量使一种独特图像信息得以完善的过程。

2. 交待照片背后的故事

有些新闻事物情节比较曲折，用瞬间的静止画面难以言表，在这种情况下，照片说明词也就承担起讲述新闻故事的角色。说明词的这种作用多体现在专题照片的“总说明”上。

3. 引导读者思考

这是一种写意式的写作方式，也是扩充画面语言的运作方式。

某些深沉而含蓄的画面可用“说半截留半截”的写作方式。以诱惑性的言辞引导读者思考，如“WPP”获奖作品中有一幅一个少年头缠革命口号的布条，手提钢枪的画面，作者仅以“伊朗革命第五年”（见图 137）几

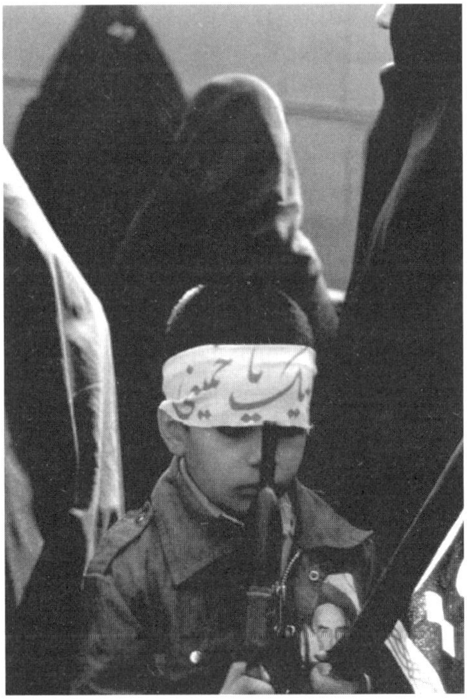

图 137　伊朗革命第五年（法国玛诺彻）

个字叙述画面，至于“伊朗革命第五年”怎么了，读者可以在画面所提供的视觉信息中找到答案：伊朗革命发展到第五个年头，是极其艰难残酷的，就连幼小的孩子也被卷入战争的旋涡。

第三节　说明词写作的基本要求

有些新闻摄影爱好者及少数摄影记者拍照片肯下气力，但写说明词却总是缺乏耐心，如此重图轻文的结果必然是事倍功半。

写好说明词，使其发挥建设性的作用，一要态度认真，二要讲究写作方法与技巧。

一、选择角度　抓住特点

这是动笔之前必须考虑的一个问题。同一事物从不同的角度去观察认识，便有不同的思想特点，在这种情况下有必要把同一事物的几个方面都考虑一下，从中抓住最有特点的一面加以叙述。

说明词在形象信息传播中既要结合画面的形象特点陈述，又不能拘泥于画面就图论图，应该发挥说明词所无法发挥的作用。结合画面的形象特点陈述就是不能游离画面漫无边际地海阔天空，应把画面形象作为出发点去联想社会、人生或自然，寻找确能对应的某一思想挂靠点，以此提炼、揭示新闻照片的思想性。不拘泥画面就图论图，就是不要单纯地为解释画面而去写说明词，画面是什么情景，已经清清楚楚了，何必再“这是”什么什么，“图为”什么什么而浪费笔墨呢？就图论图的结果是禁锢画面意境的外延，限制读者的思路，就说明词存在的本身来讲也显得多此一举。如果抓住事物的特点去写，挖掘事物的最大精神潜能，就会让说明词对画面有所贡献。

二、语言生动　激活画面

我国目前报刊上的新闻照片有一种通病，就是大多照片的说明词都是板着面孔说话，写作程序是平铺直叙，写作语言几乎都是几句套话。生活是丰富多彩的，要真实地再现生活就要真实地传达情感——结合题材的特点和画面的情调气氛用多彩的语言表达方式叙述照片上的人、照片上的景和照片上的情。如此操作的本身就能使作者自身的大脑处于兴奋状态，开阔自己的思路，激发自己的才智，找到生动恰当的语言表达方式和言辞述说画面上的故事，最终使文图形成一个生机盎然的整体。

三、简洁明了　力求深刻

单幅照片说明字数多少，成组照片中的说明文章长短没有任何法典确切定量，也没有任何权威人士作过定论。然而有一点是不容置疑的，那就是简洁明了。因为繁琐的语言非但无助于叙述主题，反倒难以切中事物的实质，妨碍主题表达。简洁不等于简单，简洁只是手段，而不是目的，其目的是求精、求透、求深。

第十五章
现代新闻摄影工作者

现代新闻摄影事业有人才造就、人才管理、作品生产、编辑印刷、出版发行等多种环节，然而在新闻摄影事业中，有前台“唱戏”的，有台旁“伴奏”的，也有后台保障的。作品生产者——新闻摄影者即是台前角色，即我们通常所说的“摄影记者”。

按说，凡是身挎照相机为报社、通讯社、杂志社等新闻媒体记录新闻事物提供新闻照片者均应称为摄影记者。其他国家为媒体拍摄、提供新闻照片者有编制在新闻单位内部的职业摄影师，也有专以新闻摄影为职业的自由摄影师。而我国由于地大物博，人口众多，仅凭新闻部门在编的摄影人员无力顾及全国各个角落发生的新闻。如《人民日报》面对13亿人口发行全国各地，报社摄影部只有数名专职摄影记者，他们即使有天大的本事也无法把全国每天发生的新闻事物采集过来。鉴于中国地广人多这一国情，为了保障各个渠道摄影信息畅通，党和国家才制定了“群众办报”的方针，除了新闻媒体设有专职摄影人员外，在各省、自治区、地、州、盟、市、县、旗均设了专职摄影报道员；另外，在“群众办报”方针的影响下，还有一些新闻摄影爱好者成了报纸杂志的业余投稿人。为了区分其身份，我国新闻宣传部门通常把这些投稿人分别称作“摄影记者”、“特约摄影记者”、“摄影通讯员”、“新闻摄影爱好者”。

第一节　职业新闻摄影师

职业新闻摄影师是以摄影事业为生，从事新闻摄影劳动的专职人员。包括摄影记者、特约摄影记者、自由摄影师。

一、摄影记者职责

通讯社、报社、画报社、杂志社等新闻媒体专门从事新闻摄影工作并获得国家新闻出版局统一印发的“记者证”的人叫“摄影记者”。依职称分，摄影记者有高级记者、主任记者、记者、助理记者。记者的专业技术职务是根据不同的业务水平、不同的学历、外语水平、任职年限等确定的。记者的职称虽有不同，其政治使命是相同的。他们都应该站在国家和人民的利益及时代的瞭望台上洞察大千世界的风云变幻，注视新的事物发生，尽可能以最快的速度、最佳的工作方式把新闻信息传递给人民大众，为人类的进步事业服务。具体地讲，摄影记者有如下职责：

1. 采摄图片稿件

对记者来说，文字记者需要采集文字稿件，摄影记者需要采摄图片稿件。作为摄影记者首先应该完成分内拍摄任务。为了统筹版面，报社对每个摄影记者的拍摄内容范围会作相应的分工，在这种情况下摄影记者工作的主要精力应该放在职责范围内，而不能抛开指令性任务，热衷于拍摄其他领域的新闻，更不能因轻新闻、重艺术而热衷于艺术创作。

摄影记者是一个崇高而神圣的头衔，摄影记者应该是一个具有高度事业心的社会工作者，在圆满完成分内任务的情况下还应作些分外工作。我们之所以提倡这一点，是因新闻摄影工作的特殊性决定的。有许多好的新闻题材可遇不可求，当精彩场面在我们眼前出现的时候，你不能因为“不属于我们的职责范围”而不拍。与精彩瞬间相遇就是机遇的降临，一个摄影记者一生难得有几次机遇，机不可失，失不再来。况且能称得上机遇的瞬间都有较高的新闻价值，拍了总会有用的。

作为摄影记者还应树立精品意识。一个记者每月在报纸上发表多少照片，报社都有具体规定。完成的篇幅多少与奖金还会挂钩。至于稿件质量高低，有的报社与奖金挂钩，有的报社与奖金没有挂钩。在这种情况下见报数量成了突出问题，稿件质量似乎成了次要问题。其实不然，“精品”应是媒体与记者永远追逐的目标。一家报刊精品发得多了，就能提高报刊的声望，在社会上扩大影响；一个记者精品发得多了，就能给读者留下深刻印象，提高自己的知名度。不仅如此，在精品意识的驱动下，摄影记者的业务水平会不断进步提高，以至个人利益、团体利益、社会利益、国家利益形成联动机制。

2. 积累史料

摄影记者不仅应该搞好摄影报道工作，还应该注意积累史料。因为摄影记者是历史的见证人，随着时间的推移，历史照片将会越来越有价值。

记者工作流动性大，相对缺乏正常的生活规律，加上任务繁重，有时顾不上去认真整理资料。其资料积累，应从这几个方面入手：

（1）只要你认为有意义的生活图景就应该拍摄下来，不管眼下能否利用，随着时代的变迁，它会越来越增值；

（2）定期整理底片，分类妥善保存；

（3）注意启用历史资料，或展出、或发表、或参赛，在特定时期，你捧出了历史，无人与你竞争。摄影家李振盛在“文革”时期拍的照片《让历史告诉未来》于20年后参加“艰巨历程”全国摄影公开赛，因其爆出了冷门而获得大奖，这是他当初始料不及的。

3. 兼撰文稿

摄影记者与文字记者一样都要接触新闻现场，摄影记者常能发现值得用文字详细报道的新闻，如果文字记者不在场，摄影记者应该承担起文字写作的责任。摄影记者兼撰文稿有三点益处：一是可以补偿文字记者不在场的损失，减少重大新闻漏报现象。二是增加练笔的机会，有利于提高摄影记者的写作水平。我国有些摄影记者文笔不佳，个别通讯员甚至连照片说明词都让人代写。优秀的摄影记者，首先应该有良好的文化素养和写作能力。三是一专多能可适应市场经济条件下的岗位竞争，在现岗位上站稳脚跟。

4. 必要的业务联络

摄影记者还应在业务上加强横向联系，更好地开展工作。

记者应首先与通讯员加强联系。基层有些通讯员有较深的业务功底，下去后应该和他们打成一片，共同努力完成采访任务。通讯员在工作、食宿、交通等方面可以给记者提供方便，有利于工作开展；基层也有不少业务素质不高的通讯员需要帮助扶持，记者对他们传、帮、带，有利于摄影队伍建设；和通讯员交朋友，通讯员还能为记者主动提供报道线索。朋友交得多了，就能形成一个庞大的信息网络。

记者还应该加强与学术组织的联络。艺术摄影和新闻摄影协会是摄影界有志之士聚集的地方，在那里可以就学术问题相互切磋，相互交流，有利于开阔自己的视野，并能及时了解新闻与艺术摄影的展览或比赛信息，抓住各种展示才华充实提高自己的机会。

此外，还要与兄弟单位同行沟通。摄影记者应该有开朗的性格，不能独来独往。与兄弟单位报社的记者交朋友能够相互启发，取长补短。

二、特约摄影记者职责

特约摄影记者的编制不在报社、通讯社，而是在新闻机关之外某一宣传部门或其他部门从事专职摄影工作，业务水平与社内记者相当而被报社正式下过聘书并获得国家新闻出版局颁发的记者证的专职摄影工作者。

特约摄影记者在宣传部门从事专业新闻报道的可以参加记者系列的职称评定。特约记者的职责是：

1. 为被聘媒体提供稿件

由于特约记者在基层工作，因此能够及时了解、接触该地区和本单位发生的新闻事物，迅速把信息传递给报社，发挥社内记者发挥不了的作用。特约记者的受聘是报社与被聘者相互自愿的，作为报社应该酌情下达任务，作为特约记者应尽力完成任务。

2. 发挥承上启下的桥梁作用

特约记者比通讯员更能直接与新闻机关取得联系，也比新闻机关便于接近通讯员，因此在报社和通讯员之间具有桥梁作用。这就要求特约记者将通讯员的活动情况、通讯员的设想和某些困难传达给报社，同样也需要将报社的报道计划和某些宣传意图协助报社通联部门转达给通讯员。特约记者除提供照片稿件外，还应给报社反映重大新闻线索。其具体任务，应以报社与其签订的任务协议书为准。

承上启下不是特约摄影记者的硬性任务，但在与上下交往的过程中特约记者可以在信息来源、业务水平提高、开阔视野等方面受益。

3. 完成本部门的各项任务

总的来说完成报社的报道任务和完成本单位的报道工作的任务是一致的。但特约记者毕竟没有社内记者那么专一，还须为其他报刊投递稿件，有时还要配合中心任务搞橱窗宣传，不可只顾应酬被特聘的报社，冷了本部门领导布置的其他工作。

被聘为特约记者的自由摄影师没有上述责任和义务。

4. 积累史料

凡是专职摄影工作者都应重视积累史料。特约记者虽然不如社内记者活动范围广，资料不如社内记者丰富，但是重视资料积累也是大有益处的。为使“资料库”丰富起来，特约记者应尽可能涉猎各种社会生活场景，拍摄更多的史料。

5. 参与学术交流

与报社和通讯社记者相比，有些特约记者的业务和学术活动范围相对狭窄一些，但在加强业务素质，提高学术水平的目标上应是和社内记者一致的。参与学术活动是提高自己的必要措施。

三、自由摄影师

西方发达国家为媒体提供新闻照片的自由摄影师约占整个新闻摄影从业者的40%，这些摄影师的敬业精神之强，摄影文化素质之高，拍摄的新闻摄影作品之精到，堪称新闻传媒界的一道风景。随着社会体制的转型，摄影文化的发展以及媒体生存的需要，近年来我国也有少量自由摄影师。作为自由摄影师，要想把新闻摄影作为谋生的职业，必须在以下几个方面作出努力：

1. 加强业务训练

媒体摄影师的事业依托、设备配置、生活保障、题材来源、采访优势和作品出路都有保障，而自由摄影师全然没有这些得天独厚的工作和生活条件，在这种情况下，要想以新闻摄影为生，最关键的一点就是必须具备出色的新闻摄影业务素质。新闻摄影的业务素质，包括新闻摄影技术知识精通、娴熟，包括新闻摄影专业知识的全面理解和创造性地运用，包括深厚的人文功底。后者是最不可缺失的，许多“国养”摄影师就是因为缺少这种文化积淀而迟迟无法进入对事物的深层进行文化思考。

自由摄影师看似个体户，其实，真正的自由摄影师的内心却装着一个世界。用社会责任感去进取，用社会眼光和社会道德去评判是非也是不可缺少的政治素养，因为任何一个新闻摄影者都必须是一个社会角色，每一件作品都来自于社会，最终回归于社会。

2. 研究媒体

媒体是新闻摄影作品的归宿，也是实现作品社会价值和经济效益的驿站。媒体摄影师的作品主攻阵地就是本报或者本刊，而自由摄影师是“无家之子”，应该有更多的作品让多家媒体认领。因此，研究媒体对自由摄影师尤其重要。研究众多媒体不仅是为自己的作品找出路，也是开阔视野、拓展新闻摄影思路不可多得的途径。

3. 与媒体签约

自由摄影师最好寻找一个事业依托，哪怕是暂时的合作关系。有依托就相对踏实，许多著名新闻摄影师都与图片社和杂志社签约。玛格南图片社、美国国家地理杂志以及中国国家地理杂志都很重视对签约摄影师的起用，它们依靠自由摄影师寻找选题，当其确认之后就会给摄影师提供一定的材料费、交通费和生活保障费，待摄影师完成任务、稿件被采用之后还会付给一定的稿酬。与媒体签约的先决条件是能力。

4. 参加新闻摄影比赛

做出色的新闻摄影师必须参加新闻摄影比赛。任何规范的新闻摄影比赛都会搭建一个学术交流的平台，在这个平台上既可展示自我，又能欣赏别人。其收获是多方面的，作品获奖可以名利双收；在参与学术交流的过程中可以找到自我，认识高人，踏上发展之路。

随着社会体制的改革和媒体市场化运作，我国的新闻摄影者已经没有一劳永逸的岗位，自由摄影师将是中国新闻摄影队伍的生力军。

第二节　业余摄影报道者

在宣传、文化、教育等其他岗位上热爱新闻摄影，有一定新闻摄影素质，与新闻媒体保持着业务联系而有一定成效的新闻摄影人员被称为业余摄影报道者。业余摄影报道者包括新闻摄影通讯员和新闻摄影爱好者。

一、新闻摄影通讯员

新闻摄影通讯员是经常与报社联系、供稿的基层摄影人员。通讯员分专职摄影通讯员和业余摄影通讯员。专职通讯员一般编在宣传教育部门从事专门的宣传报道工作，其行政职务称“干事”或“摄影员”，其单位每年都要求他们完成一定数量的见报任务。专职通讯员中不乏真才实学之士，有的可拍出高水准的新闻照片，能参加全国新闻影展或影赛，多数可独立完成采访任务。业余通讯员的专职工作不是摄影，他们各有自己的工种和岗位，只是利用业余时间采访拍摄新闻照片。

通讯员应做到以下几点：

1. 研究新闻摄影业务

专职摄影通讯员工作时间具有一定的自主权，一般情况下工作干多干少靠自觉，事业心强则有干不完的事，而且越干越想干，越学越想干，也就觉得学术与事业没有尽头；如事业心不强，有时躲在家里睡大觉或许不会扣奖金，但这样的人常觉得生活没有滋味无事可做。因此，强调通讯员努力研究业务是必要的。研究的内容应该是摄影技术与学术理论，同时，还应多实践，在实践中体会总结，有的通讯员虽然舍得在实践上下气力，整日忙碌，就是不善于总结，不习惯对成功与失败进行理智的思考，工作虽有一定成绩，却不见明显长进。如果注意理论与实践结合，注意探索，则进步速度必然高于盲目实践。

2. 向媒体提供稿件

凡是通讯员都重视稿件见报的问题。有人一年能见几十篇（张）上百篇，甚至更多；有人一年也发表不了几张照片。那么，创造丰硕成果的“秘诀”在哪里？多发稿才能多见报，但有的通讯员的发稿量不及高产通讯员的见报总数多。怎样才能保障作品问世的数量呢？这就要看是否有勤奋精神。通讯员应该做到腿勤、眼勤、嘴勤、脑勤、手勤。腿勤就是勤跑，跑得多了，见识就广，见识广了新闻的机遇就多；眼勤就是善于观察，只有勤观察才能多发现，发现多了摄取才多；嘴勤就是勤于调查，调查多了头脑自会充实，头脑充实才能保证多产照片，产好照片；脑勤就是勤于用脑，只有勤用脑才可能拍出不同凡响的作品；手勤就是勤拍摄、勤发稿，勤奋的手是成功的桥，是幸福的源。

3. 做好本单位的宣传工作

由于新闻摄影具有宣传功能，摄影通讯员在基层的工作任务是搞新闻报道，橱窗宣传也是其中的一项工作。橱窗宣传任务多为照片展览，搞好这项工作对公对私都有益：

（1）本部门、本行业庆功表彰应该到场拍摄，以便布置“光荣榜”，这样有利于配合中心任务搞宣传，有利于协助领导做鼓动工作，鼓舞大家的士气。

（2）把见报的照片集中起来举办一次“作品展”有益于增加领导和群众的集体荣誉感，同时你也能得到领导和群众的真正理解。

（3）把没有见报洗得多余的照片集中起来展览，既可以活跃群众的文化生活，又可以变废为宝，提高劳动价值。

二、新闻摄影爱好者

新闻摄影爱好者是在不同工作岗位对新闻摄影抱有一定兴趣的人。随着我国经济的繁荣和照相机工业的发展，20 年以前一般人想都不敢想的“洋货”——照相机频频步入家庭，于是大批新的摄影爱好者从家庭中走了出来。他们虽然在器材条件和知识方面不够富有，但都有一颗炽热的心，每一位记者，每一位摄影家无一不是从“爱好”开始的。一个新闻摄影爱好者怎样提高自己的新闻摄影能力呢?

1. 培养浓厚的新闻摄影兴趣

既然是摄影爱好者，都有一定的摄影兴趣。问题在于这种兴趣能否保持或提高。有的可能因工作、财力或学而无门使自己爱好的温度逐渐下降以至永远告别新闻摄影；有的会克服重重困难成为一名专职摄影工作者，做出成就。一个新闻摄影爱好者要保持久盛不衰的进取热情，一方面应该主动接触专职新闻摄影工作者，多和他们交朋友，以取得帮助；另一方面还应该看一些摄影杂志，多参观一些展览和比赛作品，多研究报纸上的新闻照片和电视新闻联播，不断充实自己。

2. 大胆投稿

有些爱好者认为自己不行，有自卑感，不敢给报社投稿，习作也就没有问世的希望。其实不必背这个包袱，自己认为有意义的事物就大胆拍，大胆投，一旦某张照片被报纸选用，就会增加一份勇气和动力，对新闻摄影也就更加热爱。兴趣越高，照片拍得越多，成功的机会就越多。

3. 工作摄影两不误

摄影爱好者的本职工作不是摄影。学摄影，拍照片，不能占用上班时间。如果对工作和摄影的关系处理不当，人在岗位心想摄影，弄不好会造成工作事故，受到领导的批评指责，为此伤了心，会挫伤摄影的积极性。当然，有自信心，有远大抱负的新闻摄影爱好者知道如何处理工作与摄影的关系。

第三节 图片编辑

图片编辑是新闻摄影领域的第二线工作人员。其工作任务是负责组稿、编稿、发稿。一家报刊的图片处理是否有特色，能否把出色的新闻照片推到版面上，在很大程度上取决于图片编辑的业务素质。正规的报刊都有摄影部(或称处、组)，在这个专门机构里有摄影记者，也有少量的图片编辑。图片编辑通常为各个版面组稿，编发由摄影部控制的摄影专版。这个专版多用来刊发图片故事，偶尔也用来编发综合专版。

作为图片编辑首先要懂得新闻知识，有深厚的文化功底和较强的写作能力。因为图片编辑经常要站在政治高度和文化高度上对图片进行宏观把握，有时需要亲自动手写摄影专题的报道文章（总说明)，并且还要负责修改记者及通讯员的文稿，把文字内容的质量关。

图片编辑还应该是一个摄影行家。如果不懂新闻摄影，就不知新闻稿件的新闻价值何在。不懂新闻摄影拍摄，就不懂得新闻照片的形象表现力，不懂得新闻摄影作品的价值构成，不懂得新闻摄影的创新点和发展趋势。只有懂得新闻摄影，才能做到“慧眼识真金”，“好照片好用”。

图片编辑必须具备良好的审美能力。这种能力将被用于优秀作品的发现上，用于图片的编排上。图片的版面处理，尤其是专题照片需要用审美眼光去处理文字与图片的关系、图片之间的关系，用对立统一的哲学理念把握图片版式的格局。

第十六章
新闻照片发稿

新闻摄影者用自己的智慧和辛勤劳动拍摄的新闻照片享有著作权，作者有投稿发表的权利。一旦作品问世，其劳动成果的水平也就得到了有关专业人士的认可，即会实现作品的社会价值，在作品实现社会价值的同时也就实现了作者的自我价值。总之，发表新闻照片有利于媒体，有利于社会，也有利于个人。当今社会新闻出版业十分兴旺，中国有数以千家的新闻媒体，新闻图片的市场非常广阔。这就给广大摄影者提供了施展才能的园地。

第一节　发稿范围

新闻媒体遍布全国各地和世界各地，但概括起来发表新闻照片的途径只有5种。

一、报纸

报纸是发表新闻照片的主要阵地。目前，我国地市以上的有关权力机构都办有报纸，依级别层次划分，有中央、省、地市三级报纸；依类别划分，有党报、行业报两大类；依年龄划分，有老年报、青年报、少年报；依时令划分，有早报和晚报；依地区划分，有大陆各省及港、澳、台地区的报纸；以文字划分，有汉、蒙、藏、维吾尔、哈萨克、朝、英等多种文字的报纸。上述每类报纸每期都需要大量的新闻照片。《人民日报·海外版》、《中国青年报》、《中国日报》、《羊城晚报》、《南方周末》、《深圳特区报》等在全国影响较大的报纸都重视图片的运用，这些报纸不仅图片用量大，而且好的新闻照片舍得占用版面，一幅新闻价值高、视觉冲击力强的照片可用半个版乃至整版刊登。文图“两翼齐飞”已成报纸的大趋势，各省、各行业的报纸均已认识到图片的作用，河南的《城市早报》在第70期（104版）中竟刊用了667幅图片。

摄影作者有发表作品的权利，也有获得报酬的权利。凡是被媒体刊发的照片都应该给作者支付相应的稿酬。西方发达国家新闻照片的稿酬可高达上千美元，因而西方的自由摄影师完全可用稿酬养活自己。中国随着市场经济的发展，新闻照片稿酬也在不断提高，省级报刊发一幅新闻照片一般在数十元人民币，有的报刊的稿酬可高达数百元人民币，《人民摄影报》于20世纪90年代在一版刊出的大照片每幅支付500元，年终从所有列出的照片中评出三个大奖，每个获奖者可获10 000元奖金。总之，新闻图片发稿也是在市场经济条件下运作的，只有这样，新闻摄影事业才会繁荣，专业摄影记者才有可靠的工资保证和生活保证，自由摄影师才会得以生存。

拍一张好照片不易，作为作者，一幅好作品总想多投几个地方得到更好更多的回报。过去一些报刊反对一稿多投，其目的是保护本报的权益。现阶段，依然有反对一稿多投者，如果对方没有与作者签订"著作专有使用权"书面协议，其要求是得不到法律保护的，作者可以重投其他报刊或比赛。报纸用稿的特点是以单幅为主，以组照为辅。新闻价值高，画面丰富多彩的组照才有望刊出。

二、杂志

杂志是文图并用的期刊。除了纯文学、纯理论杂志之外，其他各类杂志都会利用一定数量的新闻图片或艺术照片。因为图片可装点版面、可抒情达意、可拓宽刊物立体的阅读空间，如新华社的《瞭望》周刊、《北京周报》、《世界博览》、《南风窗》、《三联生活周刊》、《公民与法制》、《读者》等刊物都重视利用新闻照片。

不同杂志对新闻照片的需求和新闻照片内容的侧重点是不同的，有的偏重于生活新闻，有的偏重于社会新闻，有的偏重于政治经济方面的新闻，有的则偏重于军事新闻，应根据杂志需求的特点投稿。

杂志用稿的特点是以组照为主，以单幅为辅，对新闻照片的质量要求高。

三、画报

画报是一种新闻性与艺术性结合的产物，随着社会信息化的发展，中外画报开始向纪实性与新闻性倾斜，因而画报也是新闻照片发表的重要阵地。《人民画报》、《中国画报》是中国国家级画报，《解放军画报》是解放军总政治部主要面对部队办的军事生活刊物；此外，各省也都办有画报。广州的《新周刊》是一家具有时代特色、新闻性强、文化韵味浓厚的画报，该刊喜欢发表具有形象特色、新闻价值较高、照片水准上乘的新闻专题，是20世纪末在大众心目中最有影响的画报之一。

画报的用稿特点是：组照占绝对优势，独幅照片只在《来稿选登》或《光影世界》栏目中偶尔利用，并且多为艺术照片。

四、新闻摄影展览

新闻摄影作品展览是专业摄影师与业余摄影师角逐展出精品的地方，新闻摄影作品展主要由各省、自治区和中国新闻摄影学会主办。入选这种展览，主办者通常不向作者支付稿酬，尽管如此，仍有众多新闻摄影者踊跃参加，因为，能在展览中入选，可以证明作者的学术水平达到了一定水准，是金钱所难以换取的荣誉。

影展照片入选的特点是：同设单幅与组照两类照片，其作品的新闻性强，画面形象生动，每幅照片都有独到之处，照片影像素质要求高，制作的篇幅大，清晰度高。

五、新闻摄影比赛

新闻摄影比赛通常是摄影组织及摄影杂志主办，某些有实力的公司和财团资助的学术活动。如世界新闻摄影比赛由荷兰皇家航空公司赞助，每年向世界各国征稿；联合国环境摄影比赛主要由日本佳能公司赞助面向全球摄影者征稿；中国新闻摄影学会举办的中国新闻奖，由日本尼康公司或国内一些大企业赞助。而《摄影世界》杂志所举办亚洲华人摄影比赛的新闻奖也由日本佳能公司资助。由于各类新闻影赛均有经济后盾，获奖者可获得数目可观的奖金或价值较高的相机或其他名牌产品。

新闻摄影比赛比新闻摄影展览的竞争更激烈，获奖者名利双收，作为比赛的组织者，举办赛事的目的不是让哪个作者受益，而是通过比赛促进新闻摄影事业的繁荣与进步。作为获奖者不仅可获得名誉与物质利益，更大的受益在于通过参赛提高自己的新闻摄影的学术水平。当然，比赛的形势是僧多粥少，只有少数人有获奖的机会，多数人要在心理上承受失败的精神压力，如果心理调节得好，失败会转换为精神财富。

摄影比赛入选获奖作品的特点是：照片的影像精良，拍摄难度大，视觉新颖生动，画面的独创性强。

第二节 投稿常识

自己满意并且确有一定质量的新闻照片，未必能发表；有些画面不精彩甚至有某些不足的照片却能刊登出来。这是什么原因呢？其中也是有章可循的。

一、研究投稿对象

不同的媒体和影事活动需要不同内容的照片，例如报纸的行业报，就有工人、农民、教育、法制、卫生、经济、军事、科技等多种多样的报纸，每家报纸设有不同的版面和栏目，不同报纸的不同栏目对照片需求的内容方向是不同的。在这种情况下，就应首先研究各个报纸的各个栏目，有针对性地投稿，其照片发表的命中率就高，如果稿件投递不对路，即使是佳作，编辑也不得不忍痛割爱。

不同媒体和影事活动所需要的内容质量也有所不同，例如《中国青年报》对新闻照片选材与画面质量都要求专业水准，而有些地市报编辑对图片的质量就没有过高的要求，与《中国青年报》显然有一定差距，如果按地市报发表的标准对待《中国青年报》，投出去的照片必然是有去无回。当然，地市报编辑也希望能获得高素质的新闻照片，只是苦于管辖的范围小，摄影人才相对缺少，客观因素决定其无法与《中国青年报》抗衡，在这种情况下，作者如果能把优秀新闻照片对口投递到地市报，其命中率会大大提高。再如新闻摄影比赛入选获奖的照片又比一般报纸采用的专业水准高，如果拿可供一般报刊发表的照片参加国际影赛，其获奖的希望几乎等于零，同样能在国际大赛体育类中获金奖的照片投递到某省办的经济开发报未必能够派上用场，因为内容不对口。

摄影记者对本报所开设的栏目以及稿件的质量要求十分熟悉，一般无须再深入探讨，但摄影记者为其他报刊投稿、参加摄影比赛同样需要研究发稿对象。新闻摄影通讯员和新闻摄影爱好者要想让已经拍成的新闻照片获得高效益，则必须事先研究不同的报纸，研究不同的栏目，甚至还要研究编辑的口味。

二、大胆投稿

新闻摄影爱好者往往因缺乏自信心而不敢投稿。其实，有些新闻照片的拍摄成功带有一定的偶然性，当你学会操作照相机掌握用光技巧和构图的基本常识之后，偶然与某一新闻事件相遇你拍了下来，对口发到某一报社未必不能用。有第一次成功，就会有第二次成功，随着一次次的成功，你可得到一次次的激励，一次次积累经验，使自己逐渐成为一个具有专业水准的摄影师。如果总是前怕狼，后怕虎，担心寄出去不给发，就会把有发表价值的新闻照片扼杀在摇篮里，以至于永无出头之日。如此长久的不自信永远不可能成为“师”和“家”。

有针对性地投稿与大胆投稿是两码事：前者强调的是减少盲目性，使照片有的放矢地获得高效率；后者是在研究报刊、研究报刊栏目、研究摄影比赛的基础上知己知彼有效地利用照片，使自己在新闻摄影探索中尽快成熟起来。

三、与编辑沟通

作为新闻摄影爱好者，照片拍到一定成熟阶段时，应尽可能与报社的有关编辑取得联系，以便求得编辑或评委的当面点评，对报社或影赛的内容和稿件质量透彻了解。当面联系的另一点好处是能用的照片编辑可当即留下备用，不便采用的照片可当即讲明不用的理由，作者既可从中得到某种启示也可减少不必要的浪费，因时间与邮资问题报社对落选照片一般是不退稿的。

与编辑评委沟通的目的不应是开后门、拉关系，其出发点应放在开放自我、主动进取、快速提高专业水平上。只有这样，一个摄影爱好者才能发展成一个健康向上、前景远大的摄影师。

四、抢时间，争效益

如前所述，新闻与时间是紧密联系的，其效益与时间也是密切相关的，同一个重大事件，往往有诸多摄影者拍摄，在群雄逐鹿的情势下，就看谁的作品最先到编辑手里，如果编辑急于发排，通讯员的稿子赶到本社记者之前，通讯员也就占据了优势。对新闻摄影来说时间就是效益，照片拍摄成功，一定要快速制作照片，快速编写说明词，以最迅速的图像传递方式把图像成品尽早传到编辑手中。

五、照片尺寸适当

往报纸投稿一般应以电子邮件方式发送。各家媒体对图片的像素（尺寸）有自己的要求，用电子邮件发送时不可太大，也不可太小；过大的图片发送的速度慢，过多占用媒体邮箱的空间，下载速度慢，编辑反感；过小的图片浏览效果差，无法作为发稿照片使用。

新闻摄影展览和摄影比赛尺寸也有具体要求,超过规定尺寸或不足规定尺寸都将取消参评资格,影赛前务必阅读征稿启事,严格按规定尺寸制作照片。

投稿前应询问照片尺寸要求，如果是参赛则需填写参赛表，表格上通常有尺寸要求。

六、文字内容完善

新闻照片的文字通常附在画面背后，具体内容包括：照片标题、具体说明、作者姓名、联系地址、邮政编码、联系电话和电子邮箱。

七、酌情装裱

照片经过装裱可营造一种形式美感，也能为画面添彩，因此有些作者在装裱上很下工夫，以便吸引编辑、评委。于是，装裱也就成了竞争的一种手段。照片是否装裱，作者行动不一，在编辑部和评委会可以看到来稿五花八门，有的照片裱得很精美，有的裱得较粗俗，有的压根没有装裱，三种情况对评判者产生三种不同影响，装裱上档次的沾光，不装裱的相对吃亏，低档装裱更吃亏。编辑选片、评委评片应该评画面的自身素质，受到外界影响之后，其注意力会或多或少地分散，以致造成不能客观公正地打分。不统一的装裱已经影响了正常的评选秩序，为了公平评选有些影赛组织作了专门规定，在征稿启事中声明“一律不得装裱”或“按同样的纸卡同样的尺寸统一装裱”(《人民摄影报》新闻影赛和《中国环境报》征稿就是这样要求的)。在这种情况下，应严格按要求行事，不许装裱的，硬装裱会被取消参赛资格；要求装裱的，不装裱也可能被取消参赛资格，即使不取消资格评选时也会吃亏。

对装裱不作明确规定，装裱一下利大于弊。报刊征稿一般不作具体规定，但很少有编辑倡导装裱。